www.ingramcontent.com/pod-product-compliance
Lightning Source LLC
Chambersburg PA
CBHW061206070526
44583CB00025B/3133

به نام مناسب ترین واژه ها

به رسم محبت به نام خدا

تقدیم به

از طرف:

وقتی شیرین

کتابی برای پدر و مادرهایی
که کودکان ۳ تا ۶ ساله دارند.

زبون شدی

به قلم: نغمه کشاورز

سریال کتاب: P1945320005

سرشناسه :KSV 2020

عنوان: وقتی شیرین زبون شدی

زیر نویس عنوان: کتابی که همه مادران و پدران باید بخوانند (۳ تا ۶ سالگی)

نویسنده: نغمه کشاورز

شابک کانادا: 9781989880036ISBN

موضوع: فرزندپروری، والد پروری ، تربیت ، والدین آگاه ، ارتباط صحیح با فرزند،

مشخصات کتاب: کتاب صحافی مقوایی سایز رقعی A5

تعداد صفحات: 258

تاریخ نشر در کانادا: جولای ۲۰۲۰

تاریخ نشر اولیه:۲۰۲۰

Kidsocado Publishing House

خانه انتشارات کیدزوکادو

ونکوور، کانادا

تلفن: +۱ (۸۳۳) ۶۳۳ ۸۶۵۴

واتس آپ: +۱ (۲۳۶) ۳۳۳ ۷۲۴۸

ایمیل: info@kidsocado.com

وبسایت انتشارات: https://kidsocadopublishinghouse.com

وبسایت فروشگاه: https://kphclub.com

سلام هم زبان

دستیابی ایرانیان مقیم خارج از کشور به کتاب های بسیار متنوع و جدیدی که به تازگی در ایران نگاشته و چاپ می شود، محدود است. ما قصد داریم این خدمت را به فارسی زبانان دنیا هدیه دهیم تا آنها بتوانند مانند شما با یک کلیک در آمازون یا دیگر انتشارات آنلاین کتاب هایی در زمینه های مختلف را خریداری کنند و درب منزل تحویل بگیرند.

خانه انتشارات کیدزوکادو تحت حمایت مجموعه آموزشی کیدزوکادو این افتخار را دارد تا برای اولین بار کتاب های با ارزش فارسی را که با زبان فارسی نگارش شده است از شرکت های انتشاراتی بزرگ آن لاین مانند آمازون و ایی بی بارنز اند نابل و هم چنین وبسایت خود انتشارات در اختیار ایرانیان مقیم خارج از ایران قرار دهد.

از اینکه توانستیم کتابهای جدید و با ارزشی که به قلم عالی نویسنده گان و نخبگان خوب ایرانی نگاشته شده است را در اختیار شما قرار دهیم بسیار احساس رضایتمندی داریم

این کتاب ها تحت اجازه مستقیم نویسنده و یا انتشارات کتاب صورت گرفته و درآمد حاصله بعد از کسر هزینه ها، به نویسنده پرداخته می شود.

خانه انتشارات کیدزوکادو در قبال مطالب داخل کتاب هیچگونه مسئولیتی ندارد و صرفاً به عنوان یک پخش کننده است.

و شما خواننده عزیز ما را با گذاشتن نظرات در وب سایتی که کتاب را تهیه کرده اید به این کار فرهنگی دلگرمتر کنید.

آن پنجره که دوردست‌ها را به من نشان می‌دهد تو هستی!

آن در که راه را برایم می‌گشاید تو هستی! مهربانی توست که ایمان من شد و باور توست که من را واداشت کارهای غیرممکن را ممکن کنم.

این کتاب را تقدیم به همسر مهربان، همراه و یاری‌رسان زندگی‌ام مهدی می‌کنم

از پله‌ها بالا آمدم و ناگهان با صحنه عجیبی مواجه شدم. از زیر درب اتاقی که ارشیا، پسر ۵ ساله‌ام، آنجا تنها بود ماده سفیدرنگی بیرون می‌زد. در آن لحظه حتی متوجه نشدم که آن ماده سفید دود است، ماده شیمیایی است و یا خاک ... فقط با تمام قوا خود را به در رساندم تا دستگیره درب را پایین دادم و در را باز کردم، هزاران فکر بد و هولناک که مادران معمولاً استاد پروراندن آن‌ها هستند، از سرم گذشت.

اکنون‌که در حال یادآوری این قضیه هستم ۷ سال از آن اتفاق می‌گذرد و ارشیا تنها چند روز است که کیک تولد ۱۲ سالگی‌اش را فوت کرده است.

آن روز یکی از روزهای تابستانی بود، مانند بقیه سه‌شنبه بعد ظهرها، آن روز هم در شرکت جلسه داشتم و چون در یک شرکت با همسرم کار می‌کردم در آن جلسه باید هر دو حضور داشتیم. ارشیا را از مهدکودک برداشتم و درحالی‌که بسیار عجله داشتم که به جلسه برسم، به او شام دادم. تمام مدت که ارشیا داشت ساندویچش را می‌خورد در مورد اتفاق‌هایی که در مهدکودک افتاده بود، حرف می‌زد و من داشتم در گوشی موبایلم برنامه جلسه و مواردی که باید مطرح شود را می‌خواندم و فقط به ارشیا سر تکان می‌دادم و ادای مادرهایی را درمی‌آوردم که در حال توجه هستند.

به شرکت که رسیدیم ارشیا را به دفتر کار خودم در طبقه بالا بردم. طبق معمول هر سه‌شنبه پشت میزم نشست و مشغول نقاشی شد. در کشو میزی مقداری اسباب‌بازی، مداد رنگی و کمی خوراکی گذاشته بودم و ارشیا تا برگشتن من خودش را مشغول می‌کرد. به خاطر دارم که درحالی‌که از اتاق بیرون می‌رفتم از من پرسید، آوا امروز در مهدکودک دندانش در دهانش تکان می‌خورد. میشه به من بگی چرا؟ به او گفتم "الان وقت ندارم زمانی که برگشتم برایت توضیح می‌دهم"

به جلسه رفتم و ۲ ساعت بعد که از پله‌ها بالا می‌آمدم دیدم که از زیر درب دفتر کارم دود سفیدی بیرون می‌زند. از ترس اینکه بلایی بر سر ارشیا آمده باشد داشتم می‌مردم. خودم را به درب اتاق رساندم و آن را باز کردم ارشیا سرتاپا سفید جلو من ایستاده بود. ابتدا نفس راحتی کشیدم، می‌دیدم که سالم است اما چند لحظه بعد با صحنه‌ای روبرو شدم که باورنکردنی بود. اتاق زیر گرد سفیدرنگی بود که نمی‌دانستم چیست. این گرد را می‌شد مانند دود، در هوا حس کرد.

۷

تمامی پرونده‌های مشتریان، صندلی‌ها، میز، پرینتر و کتاب‌ها در قفسه مملو از این پودر سفید بود. نمی‌توانستم حرفی بزنم. روی زمین این‌قدر از این پودر سفید ریخته شده بود که جای قدم‌هایمان مشخص می‌شد. رد قدم‌های ارشیا را گرفتم و تا آشپزخانه که مجاور اتاق کارم بود ادامه داشت، درب یکی از کابینت‌ها باز بود و آنجا با قوطی پنج کیلویی کافی میت [1] مواجه شدم که خالی‌شده بود و از همه بدتر در آشپزخانه این پودر با آب هم قاتی شده بود.

آن شب تمیزکاری شرکت به کمک ۳ تن همکارانم تا ساعت ۲ شب طول کشید.

اما این اتفاق تا صبح فکر مرا درگیر کرد و نتوانستم بخوابم؛ زیرا پسر ۵ ساله من بسیار پسر آرامی بود و تاکنون چنین شیطنت‌هایی نکرده بود. حال چه شده بود که ناگهان این‌همه خراب‌کاری را توانسته بود در مدت ۲ ساعت انجام دهد، حتماً دلیلی داشت. شیر خشک این‌قدر در دفتر من پخش‌شده بود که تا ماه‌ها بعد زمانی که روی زمین راه می‌رفتیم از میان درزِ کف‌پوش‌های چوبی گرد سفیدرنگ بلند می‌شد.

۱- شیر خشکی که با قهوه و یا نسکافه استفاده می کنند

از زبان کودکان:

ما، در پرانرژی و پرجنب و جوش‌ترین دوران سنی خود هستیم و این کتاب به خاطر ما نوشته‌شده است. در این کتاب دلایل رفتارهایمان بررسی‌شده است، اینکه چرا گاهی لجبازی می‌کنیم، جیغ می‌کشیم و یا به دخترخاله‌مان اسباب‌بازی نمی‌دهیم. چرا در خانه خود خوب رفتار می‌کنیم اما در خانه خاله آن‌همه بهانه‌جویی می‌کنیم، دلیل اینکه یک روزهایی با مادر و پدر مخالفت می‌کنیم و یا نمی‌خواهیم کاری که آن‌ها می‌خواهند انجام دهیم و غذایی که می‌گویند را بخوریم، چیست. این کتاب هدیه‌ایست به شما مادرها و پدرهای مهربان که دنیای ما را بهتر بشناسید. سپاس از اینکه ما این‌قدر برای شما مهم هستیم، سپاس که به خاطر ما، وقت می‌گذارید و این کتاب را می‌خوانید. ما به کمک شما نیاز داریم آینده ما تا حد زیادی در دستان شما است و قبل از هر چیز مهم است که ما را بشناسید و دنیا را با چشمان ما ببینید. تا بتوانیم ارتباط بهتری را باهم داشته باشیم. سپاس که این‌قدر مهربان هستید.

پیشگفتار

تحمل لجبازی یک کودک و گفتن بارها و بارها نکن، نرو، پرت نکن، داد نزن و ... کار آسانی نیست، شاید بسیاری از ما تا ۲ سالگی کودکمان احساس ناتوانی نکردیم اما همین‌که او پا به ۲ یا ۳ سالگی گذاشت از اینکه والد هستیم خسته شده‌ایم.

روزانه جواب دادن به ۵۰۰ سؤالی که برای آن‌ها پیش می‌آید و در هر جواب هزاران سؤال دیگر پیدا می‌شود قدرت جادویی و دانایی و تمرکز بسیار بالایی می‌خواهد.

حتماً با دوست یا خانواده‌تان همراه با کودکتان درجایی بوده‌اید و تا با دوست خود شروع به صحبت می‌کنید، کودکتان با یک سؤال و یا یک کاری که دارد صحبتتان را قطع می‌کند و اجازه حرف زدن به شما نمی‌دهد.

تمامی این لحظات شاید برای شما سخت گذشته باشد.

به یاد داشته باشید که پرورش کودکان یک سفر طولانی از شادی بی‌وقفه نیست و لحظات سخت و موقعیت‌های اذیت کننده هم دارد. توانایی شما برای پذیرفتن و مواجه‌شدن با این احساسات، به شما کمک می‌کند تا مسیر پیوند خود با فرزندتان را پیدا کنید.

چرا این کتاب را نوشتم؟

مدت‌ها بود درزمینهٔ فرزندپروری مطالعه داشتم و به‌عنوان یک مادر ادعای این را داشتم که متد پرورشی‌ام بسیار مُدرن است؛ اما ساده‌ترین اصول فرزندپروری را نمی‌دانستم. آن اتفاق منظورم همان داستانی است که ابتدای کتاب گفتم، چشمان من را باز کرد.

دو سال بعد از آن شب، سه‌شنبه شب‌ها هنوز جلسات کاری من برقرار بود و به دلیل ارتقای شغلی، ساعات کاری و مسئولیت من بیشتر هم شده بود، اما نه دیگر با آن صحنه روبرو شدم و

وقتی شیرین زبون شدی

نه کار کردنم روی روابطم با پسرم تأثیر منفی می‌گذاشت. مطالعات و تحقیقاتم درزمینهٔ روابط و نیازهای انسانی و همچنین ساختار مغز درهای جدیدی در دنیای مادر بودنم باز کرد و می‌دانم که بسیاری از شما مادران و پدران هم مانند من هرروز با اتفاق‌های جدید روبرو می‌شوید.

مادران، پدران و مربیانی که کودکان ۳ تا ۶ ساله را پرورش می‌دهند بارها سؤالاتی نظیر این‌ها را از خود پرسیده‌اند:

- **چرا کودک من لجبازی می‌کند؟**
- **چرا به حرف من گوش نمی‌کند؟**
- **چه می‌شود که گاهی بین او و من جنگی پایان‌ناپذیر درمی‌گیرد؟**
- **با همه تصمیمات من مخالفت می‌کند؟**
- **چرا اسباب‌بازی‌هایش را با بقیه قسمت نمی‌کند؟**
- **کودکم مدام با کودکان دیگر دعوا راه می‌اندازد و گاهی آن‌ها را می‌زند؟**
- **به دنبال راهی هستم که مطمئن شوم متد که برای پرورش فرزندم بکار می‌گیرم جدیدترین و بهترین متد است؟**
- **احساس می‌کنم از زمانی که بچه‌دار شده‌ام آرامش از خانه ما رفته است؟**
- **احساس می‌کنم کنترل گاهی از دستم خارج است؟**

روزی که متوجه شدم که سؤالات بالا فقط برای من تنها وجود ندارد و بیشتر والدین برای به دست آوردن جواب‌های سؤالاتشان به دنبال راه‌حل می‌گردند تصمیم گرفتم چکیده آنچه آموختم و به‌عنوان یک مادر تجربه کردم را با مادران

و پدران در دنیا تقسیم کنم.

پیشگفتار

من قبل از اینکه یک مربی والدین باشم یک مادرم.

وقتی شیرین زبون شدی

در درجه اول از شما سپاسگزارم که این کتاب را تهیه‌کرده‌اید و وقت می‌گذارید تا مطالبی بسیار مهم، در باب فرزندپروری بخوانید، زمانی که برای آموزش خود می‌گذارید در زندگی فرزند و فرزندان شما یک سرمایه‌گذاری محسوب می‌شود تا در آینده وقت و انرژی کمتری برای حل و روبرویی با مشکلات صرف کنید و به شما تبریک می‌گویم که جزء معدود کسانی هستید که به دنبال آموزش‌های جدید درزمینهٔ پرورش فرزندان هستند، در خانه‌های ما تعداد کتاب‌های لاغری بیشتر از کتاب‌های رشد فردی و روابط انسانی است. بیشتر ما به‌اندازه‌ای که خرید لباس کودک خود وقت می‌گذاریم برای سلامت روان و روابط خود با او وقت نمی‌گذاریم. متأسفانه، فقط عده بسیار قلیلی در کشور ما به دنبال یادگیری راه‌های جدید ارتباطی هستند و اینکه شما اکنون در حال مطالعه این کتاب هستید بدان معناست که شما جزء آن دسته معدود هستید.

درزمینهٔ پرورش فرزند می‌توان هزاران صفحه نوشت، اما در عصر امروز که انسان‌ها وقت برای کارهای روزمره کم می‌آورند بهترین راه، خواندن چکیده مهم از سال‌ها مطالعات، تحقیقات، سمینارها و کارگاه‌های دانشمندان در این حیطه است. در این کتاب تعدادی نکات کلیدی و مهم را گرد هم آوردم که انجام آن نه‌تنها امکان‌پذیر است، بلکه نتایج بسیار قابل‌توجهی را در بر خواهد داشت. از این نکات به‌عنوان ابزارهای پرورش یادشده است.

ازنظر من همان‌طور که در کتاب "**وقتی به دنیا اومدی**"[1] هم گفتم هر پدر و مادری برای ارتباط گرفتن با فرزند خود، نیازمند به یک صندوقچه ابزار هستند که این ابزارها عبارت‌اند از راهکارها و متدهای درست و صحیح پرورشی و تربیتی. هر چه صندوق شما به ابزارهای جدید و وسایل کاربردی بیشتری مجهز باشد، زندگی را برای خود و فرزندتان راحت‌تر می‌کند.

تا بوده و نبوده انسان‌های زیادی پا به این دنیا گذاشته‌اند که همه در کودکی در نقش فرزند بوده‌اند. صندوق ابزار اجداد ما، بسیار خالی بود شاید در آن فقط دو ابزار قدیمی تنبیه بدنی و تهدید کردن بود و شاید در مواردی از فرزند صالح‌تر برای تضعیف و کوچک کردن بقیه فرزندان استفاده می‌کردند؛ و اما پدربزرگ‌ها و مادربزرگ‌های ما، تشویق را به جعبه‌ابزار خود اضافه کردند.

---

[1] کتاب دیگری از این نویسنده برای والدینی که کودکان ۰ تا ۳ سال دارند

حال‌آنکه پدران و مادران ما ابزارهای بیشتری برای پرورش ما داشتند مانند همراهی بیشتر، مهربانی و ...

زمانه با سرعت بسیار زیادی روبه‌پیشرفت است و ما در عصر ارتباطات، به وسایل و ابزارهای بسیار بیشتر و مؤثرتری برای داشتن آینده بهتر برای فرزندمان نیاز داریم. دیگر نه تنبیه بدنی جواب می‌دهد و نه حتی بعضی از تشویق‌های مادی و معنوی! اما مادرها، پدرها و مربیان امروز این اطلاعات را از کجا بیاموزند؟ آنچه ما والدین امروزی آموخته‌ایم بیشتر از والدینمان یاد گرفته‌ایم.

در دنیای امروز متأسفانه بیشتر تمرکز والدین به‌سلامت جسمی و زیبایی ظاهری کودکان است، این‌که چه بخورد، چه بپوشد، چه کنند که کمتر مریض شود و چه مهدکودکی بیشتر کلاس‌های آموزشی دارد. اکثر کتبی که در ایران نگاشته شده در جهت آموزش این‌گونه موارد است و البته نمی‌گوییم که این موارد مهم نیست اما یک والد کامل، والدی است که به رشد جسمانی، هوش و رشد رفتاری کودکش هم‌زمان و با تعادل بپردازد.

متأسفانه گروه کمی وقت برای این مهم می‌گذارند که درست زندگی کردن را به کودکانشان بیاموزند. بسیاری از ما والدین از بابت جسمانی و تحصیلی بسیار خوب پرورش یافته‌ایم اما راه‌های ارتباط مؤثر داشتن با دیگران را نیاموخته‌ایم و بسیاری از ما اکنون درگیر مشکلات خانوادگی و روابطی هستیم. بسیاری از ما هنوز یاد نگرفتیم خودمان را دوست داشته باشیم، بسیاری از ما از "نه گفتن" می‌ترسیم و یا منتظریم تا بقیه تأییدمان کنند. بعضی از ما ترس‌هایی داریم که از کودکی برایمان مانده است. اعتمادبه‌نفس نداریم و یاد نگرفتیم از زندگی لذت ببریم. بسیاری از ما را از لو لو یا پلیس یا آمپول ترسانده‌اند و هنوز یاد نگرفته‌ایم با ترس‌های زندگی‌مان کنار بیاییم.

من بسیاری از مادران و پدران را دیده‌ام که ساعت‌ها در مراکز خرید برای پیدا کردن لباس و وسایل کودک وقت می‌گذرانند و یا مادرانی که اینترنت را به دنبال دستور غذای جدید و یا کلاس‌های آموزشی زیر و بالا می‌کنند، اما در یک کلاس آموزشی برای پرورش رفتار و شخصیت کودک شرکت نکرده‌اند و خوشحالم که شما جزء آن دسته نیستید.

وقتی شیرین زبون شدی

در این کتاب چه یاد می‌گیریم؟

در این کتاب ابتدا کمی با **روحیات** کودک در سنین ۳ تا ۶ سال و **دنیای واقعی او** آشنا می‌شویم. با نیازهای **واقعی** او مانند نیاز به خواب، تغذیه، نیازهای اجتماعی، فیزیکی و روانی آشنا می‌شویم و تفاوت آن را با **خواسته‌های** او متوجه می‌شویم. در فصل دوم دلایل کارها و رفتارهایش را می‌شناسیم. بسیاری از مواقع به دلیل اینکه نمی‌دانیم در ذهن او چه می‌گذرد نمی‌توانیم با او ارتباط خوبی برقرار کنیم، پس ابتدا عالم کودکی را خوب می‌شناسیم سپس با چگونگی کارکرد مغز آشنا می‌شویم، شناخت مغز به ما کمک می‌کند که بتوانیم به کودکمان بیشتر نزدیک شویم تا او به ما **اعتماد** کند و بهتر بتواند دلایل حرف‌های ما را درک کند و به حرف‌هایمان گوش کند از طرفی یاد می‌گیریم که ما نیز به او اعتماد کنیم. در فصل‌های بعدی کتاب، به متُد بسیار کارآمد فرزندپروری می‌پردازیم و می‌آموزیم که چگونه یک والد بااقتدار **مثبت** شویم.

والدگری بااقتدار مثبت به ما کمک می‌کند بدون اینکه دعوا، گریه و ناراحتی در خانه باشد با فرزندمان ارتباط بگیریم در این خانه فرزندان از بازی و تعامل لذت می‌برند و والدین نیز **خوشحال‌اند و آرامش** دارند. والدگری بااقتدارمثبت پیش‌نیاز این است که بیاموزیم چگونه با کودک خود ارتباط بگیریم. زمانی که راه‌های **شنیدن و درک کردن** او را یاد گرفتیم او نیز بیشتر ما را درک می‌کند و کمتر با ما مخالفت می‌کند. سپس مبحث **دل‌بستگی ایمن** گفته می‌شود که به ارتباط بهتر با کودک به ما کمک می‌کند کودک یاد می‌گیرد که **سرسختی و لجبازی** را برای همیشه کنار می‌گذارد و **مسئولیت‌پذیر** می‌شود.

در فصل بعد به مبحث بسیار مهم **بازی** می‌پردازیم که تمام زندگی کودک است. چگونه بازی‌ها را هدفدار کنیم که مغز کودک رشد عالی پیدا کند و به کودکی **خلاق و باهوش** تبدیل شود.

پیشگفتار

در ادامه با مبحث **هوش عاطفی** و یا ایی-کیو آشنا می‌شویم تا بتوانیم به کودکانمان یاد دهیم که با شکست‌ها و مشکلات به‌عنوان یک فرصت برای پیدا کردن راه‌حل درست، روبرو شوند و یاد بگیرند به‌جای اینکه عصبانیت را با گریه و طغیان نشان دهند، به دنبال راه‌حل بگردند. در فصل بعدی می‌آموزیم که چگونه به **زبان گفتاری و نوشتاری** کودک کمک کنیم و ذهن او را برای رفتن به مدرسه آماده کنیم. در ادامه همین بخش به اهمیت داستان‌ها و قصه‌ها می‌پردازیم.

توجه و توقع والدین از کودک کلید موفقیت او در آینده است. زمانی که بدانیم میزان و کیفیت بهینه، **توجه و توقع** والدین چقدر باید باشد و آن را به کار بگیریم می‌توانیم مطمئن شویم که کودک ما به بهترین‌ها در هر زمینه‌ای دست می‌یابد زیرا **انگیزه** کافی برای یادگیری خواهد داشت و می‌تواند یاد بگیرد **متمرکز** باشد و از هوش و توانایی‌هایش به بهترین نحو استفاده کند و در آخر به مشکلات معمول والدین می‌پردازیم و برای آن مشکلات راهکار می‌دهیم مشکلاتی مانند، پرسیدن سؤال زیاد و حرف زدن کم یا زیاد، مشکلات روحی و تیک‌های عصبی که کودکان که در این سنین ممکن است با آن‌ها روبرو شوند، وابستگی به تلویزیون، موبایل و تبلت، لجبازی، بدخوابی و بدغذایی و بسیاری از مشکلات دیگر.

در این کتاب داستان‌ها و مثال‌هایی گفته‌شده است که اگرچه واقعی هستند اما تمام اسم‌های برده شده مستعار بوده و هیچ‌کدام اسم‌های واقعی نیستند.

فهرست

بخش اول: شناخت کودک

شناخت کودک ۳ تا ۶ ساله:
بمب انرژی
من دیگر همه‌چیز را به یاد دارم
همه‌چیز بازی است
زبان

شناخت نیازهای کودک ۳ تا ۶ ساله:
قبیله من کجاست
من مؤثرم
انسان موجودی است اجتماعی
نیازهای عاطفی
تفاوت نیازها و خواسته‌ها
خواب
تغذیه
نیازهای ورزشی و بازی

شناخت هیجانی
شناخت اجتماعی
شناخت فیزیکی
توسعه شناختی

بخش دوم: در دنیای تو چه می‌گذرد

کودک سرسخت از ابتدای تولد
چرا کودکم بهانه‌جویی می‌کند؟
شناخت کودک ۳ تا ۶ ساله
گام اول شناخت کاسه‌های نیاز
نیاز به قدرت
نیاز به توجه
گام دوم: شناخت بیشتر واحد فرماندهی
مغز راست و مغز چپ
دوستی مغز چپ و راست

مغز بالا و مغز پایین
دوستی مغز بالا و پایین
یکپارچگی حافظه
حافظه آشکار و حافظه نا آشکار
گام سوم: تفاوت‌های کودکی با نوزادی
گام چهارم: شناخت خودمان

بخش سوم: اقتدار مثبت

گام‌به‌گام تا رسیدن به اقتدار مثبت:
گام اول: ذهن آگاهی
گام دوم: اتصال قبل از اصلاح
گام سوم: خداحافظی با ابزارهای ممنوع
۱- انتقاد
۲- سرزنش
۳- شکایت
۴- نق زدن و سرکوفت،
۵- تهدید کردن
۶- تنبیه و مجازات کردن
۷- رشوه دادن
چیزی به نام کودک بد نداریم!
گام چهارم: تصمیم‌گیری بکن فرزندم
تصمیم‌گیری برای خودش
تصمیم‌گیری برای خانه
تصمیم‌گیری برای شما
درخواست کمک از کودک
گام پنجم: برنامه‌ریزی و روال روزانه
گام ششم: شوخ‌طبعی
گام هفتم: به دنیای کودک سفر کنید
سفر به سیاره کودک
گام هشتم: به کودک احترام بگذارید!
گام نهم: حرکت مصمم و ادامه‌دار!
گام دهم: صبور و آرام باشیم
گام یازدهم: اعتمادسازی کنیم
گام دوازدهم: محدودیت‌ها

بخش چهارم: ارتباط با کودک

پایه‌های اصلی روابط مؤثر
شنیدن مؤثر

درک متقابل

تئوری انتخاب ولیبام گلسر

نظریه توجه و توقع و انواع والدگری ها

والدگری بی‌اراده

والدگری دیکتاتوری

والدگری غافل

والدگری بااقتدار مثبت

همراهی و همدلی

دل‌بستگی

دل‌بستگی ایمن- نا ایمن

پاسخگویی مؤثر

بخش پنجم: پرورش هوش عاطفی

ایده اولیه ایی-کیو یا هوش هیجان

ایی-کیو یا هوش هیجانی با آی-کیو یا هوش دانشی چه فرقی دارد

رشد هوش هیجانی برای کودکان ۳ تا ۶ سال

گام اول، شناخت احساسات درونی خود

گام دوم، نام‌گذاری احساسات درونی خود

گام سوم، یافتن دلیل، اتفاق، رفتار و یا نگرش پشت یک احساس

گام چهارم، همدلی است

گام پنجم یافتن راه‌حل صحیح برای برخورد با مشکل

تمرینات رشد هوش عاطفی و یا EQ

آموزش محدود کردن رفتار بعد از به وجود آمدن یک احساس

آیا باید احساسات منفی‌ام را از کودکم پنهان کنم؟

چگونه می‌توانم برای کودکم، یک رهبر هوش عاطفی باشم؟

استفاده از هوش عاطفی در زمان مشکلات

بخش ششم: بازی – خلاقیت:

نظریه فردریک فروبل.

تئوری خلاقیت در برابر احساس گناه اریک اریکسون

سؤال پرسیدن

خلاقیت (ابتکار عمل و لجبازی)

بازی و شرایط بازی

بازی با کودکان دیگر

بازی با پدر و مادر

بازی‌هایی که کودکان به‌تنهایی انجام می‌دهند

بهترین بازی‌هایی که کودک در سنین ۳ تا ۶ سال انجام می‌دهد

فعالیت‌های غیر آکادمیک
علاقه به بازی با بزرگ‌ترها
سفر به سیاره فرزند
ادا بازی
آیا تخیل خوب است؟
داشتن تخیلات و دوست‌های خیالی چه زمانی خطرناک است
چگونه با کودکان بازی کنیم
اسباب‌بازی
چه اسباب‌بازی‌هایی بهتر است
اسباب‌بازی‌ها باید حس کنجکاوی کودکان را برانگیزند
اسباب‌بازی‌ها بهتر است برقی، باتری و شارژی نباشد
اسباب‌بازی‌هایی که از رنگ‌های طبیعی ساخته‌شده‌اند
کودکان را فقط در معرض یک نمونه اسباب‌بازی خاص قرار ندهید
کودکان را از یک نوع اسباب‌بازی خاص منع نکنید
اسباب‌بازی‌ها بهتر است مناسب سن کودکتان باشند
بهترین اسباب‌بازی‌ها اسباب‌بازی‌های ساده و خودساز هستند
اسباب‌بازی‌های باید برای بچه‌ها قابل‌اعتماد باشد
اسباب‌بازی‌ها ارزش‌ها را برای کودکان می‌سازند

بخش هفتم: زبان گفتاری و داستان:

داستان رویا
ده دلیل که من باید برای کودکم داستان بخوانم
زبان کودک من
از سه تا چهارسالگی
از چهار تا پنج‌سالگی
کتاب خواندن
۱۰ راهکار که کودکمان به کتاب علاقه‌مند شود
چگونه داستان تعریف کنیم/ چگونه کتاب بخوانیم
داستان خوانی مقدمه آموزش خواندن و نوشتن فقط برای کودکان ۵ سال به بالا

بخش هشتم: توجه زیاد - توقع زیاد

تئوری توجه- توقع
آیا من یک والدگری بی‌اراده هستم؟
اگر خود را جز این دسته می‌بینید اقدام بعدی چیست؟
آیا من یک والدگری دیکتاتور هستم؟
اگر خود را جز این دسته می‌بینید اقدام بعدی چیست؟
آیا من یک والدگری غافل هستم؟

اگر خود را جز این دسته می‌بینید اقدام بعدی چیست؟

آیا من یک والدگری بااقتدار مثبت هستم؟

توجه مناسب چیست؟

فرق بین نیازها و خواسته‌ها

تحسین یا تشویق

توقع مناسب چیست؟

بگو چی می‌خوای!

توقع باید مشخص باشد!

در بازی تکرار گیر نکنیم

توقع باید پله پله باشد

انگیزه سازی

از هلیکوپتر بودن پرهیز کنید

اقداماتی برای پرورش قدرت انگیزه سازی در کودکان

من توقع دارم فرزندم مسئولیت‌پذیر باشد.

قانون طلایی من و مسئولیت‌های من

بخش نهم : نگرانی ها و مشکلات والدین و راهکارها

بدخوابی:

بدخوراکی:

ترس از هیولا، زامبی و تاریکی

تیک عصبی (لکنت زبان، خوردن ناخن)

نق زدن و بدعنقی

مشکل همیشگی " حوصله‌ام سر رفته،

دروغ‌گویی

سختی در دوست‌یابی و شریک نکردن دوستان در بازی و اسباب‌بازی

فحاشی و تکرار کلمات زشت:

مخالفت و جنگ با والدین

وابستگی به تلویزیون، تبلت و یا تلفن والدین

زیاد حرف زدن و سؤالات زیاد کودک

احساس گناه‌کاری

لجبازی

رئیس بازی

مدیریت زمان

بخش اول

شناخت کودک

فرزندان مانند گل‌ها هستند، نمی‌توانیم رنگ گلی که خواهیم داشت و یا زمانی که شکوفه خواهد داد را کنترل کنیم؛ اما می‌توانیم علف‌های هرز را بچینیم و آن را آب دهیم و هرس کنیم تا کمک کنیم گلی زیباتر به بار آید.

ویلیام سیزر

مادران و پدرانی که دو یا سه سال اولیه کودکشان را پشت سر گذاشته‌اند می‌دانند که کودک در سنین زیر سه سال کنترل بدن و رفتارهای خود را کمتر دارد، اما بعد از ۲ و نیم الی ۳ سالگی آرام آرام با شناخت دنیای اطرافش به‌طور مثال شناخت و آگاهی از خطرات احتمالی و بیشتر شدن تجاربش به‌تدریج کنترل بیشتری روی جسم و رفتارش دارد و به همین نسبت کار پدر و مادر به نظر می‌آید که کمتر می‌شود؛ چون اکنون نیازی نیست زمانی که بالای مبل می‌رود نگران باشند به یک‌باره خودش را به زمین پرت کند. او اکنون می‌داند که اگر روی مبل بالا و پایین می‌پرد به لبه آن نزدیک نشود چون به زمین می‌خورد و این زمین خوردن درد و آسیب به دنبالش دارد؛ اما نکته اینجاست که کار پدر و مادر راحت‌تر نمی‌شود، بلکه بسیار دشوارتر می‌شود زیرا اکنون با انسانی روبرو هستند که حافظه بلندمدتش ساخته‌شده و دارای اراده می‌باشد و حرف‌های ما را بی‌چون‌وچرا مانند قبل نمی‌پذیرد. از طرفی هزاران سؤال در ذهن خود دارد که

وقتی شیرین زبون شدی

مرتباً آن سؤال‌ها را می‌پرسد و اگر جواب قابل‌قبول نگیرد کوتاه نمی‌آید و در ذهن کوچکش جواب‌ها را به هم وصل می‌کند. در ادامه به تفسیر این تغییرات بیشتر می‌پردازیم

شناخت کودک ۳ تا ۶ ساله

بمب انرژی

کودکان از سنین دوسالگی به بعد به یک بمب انرژی تبدیل می‌شوند که نمی‌توانند حتی یک ثانیه را بدون فعالیت خاصی سپری کنند این بمب انرژی از صبح که از خواب بیدار می‌شود و چشمانش باز می‌شود به حرکت و جنب جوش مشغول است تا زمانی که از خستگی به خواب می رود. این مسئله اگرچه برای ما مراقبین سخت و خسته‌کننده است اما در ساخت شخصیت کودکان حیاتی است.

آن‌ها برای کسب تجربه و شناخت توانایی‌های خود نیاز دارند که انرژی زیادی داشته باشند کودکان در این زمان گلوکز زیادی مصرف می‌کنند که **تغذیه مناسب**، این گلوکز را برای آن‌ها فراهم می‌کند و این انرژی به آن‌ها کمک می‌کند که در برابر ناتوانی‌ها، موفق نشدن‌ها و نبودن‌ها در کل کاستی‌ها، سریع نا امید نشده و پا پس نکشند و ما در فصل‌های بعد بیشتر به این موضوع می‌پردازیم که چگونه از این انرژی در راه پیشرفت آن‌ها استفاده کنیم.

من دیگر همه‌چیز را به یاد دارم

تغییر دیگری که کودک در سنین بین ۳ تا ۴ سالگی پیدا می‌شود البته برای بعضی از کودکان از ۲ سالگی شروع می‌شود، ساخته‌شدن حافظه بلندمدت است.
ابتدا بگذارید کمی در مورد سیستم حافظه باهم صحبت کنیم:
بر اساس تحقیقات دانشمندان مغز و اعصاب در دانشگاه کویین لند استرالیا[1] به‌تازگی پی برده‌اند که ما بخش جداگانه‌ای به نام حافظه نداریم، بلکه چیزی که به‌عنوان حافظه وجود دارد ارتباط‌های مغزی[2] هستند. زمانی که در نتیجه انجام فعالیت‌ها در زندگی تجربیاتی کسب می‌کنیم، درنتیجه این تجربیات، مسیرهایی در مغز در بین سلول های مغزی شکل می گیرند که این مسیرها اگر

---

[1] Queensland Brain Institute
[2] Synapses

فصل اول: شناخت کودک

زیاد تکرار شوند به‌صورت حافظه نام‌گذاری می‌شود. در اصل حافظه، مسیرهای عصبی هستند که با تکرار کارها و رفتارهای انسان، و دیدن و شنیدن تجربیات دیگران شکل می‌گیرند. زمانی که کودک یک‌بار از مبل بیافتد این مسیر برای او شکل می‌گیرد که با راه رفتن روی لبه مبل امکان افتادن وجود دارد و زمانی که کودک از لبه مبل راه نمی‌رود نمی‌افتد و وقتی بارها از لبه مبل راه نرفت و نیافتاد در مغز او این مسیر عصبی ساخته می‌شود که اگر از لبه مبل راه نروم نمی‌افتم و این مسیر به‌صورت مسیر عصبی دائمی می‌ماند و کودک با زیادشدن سنش به دلیل بیشتر شدن تجربه و اتفاقات تکراری مسیرهای عصبی بیشتر و مؤثرتری را شکل می‌دهد و این باعث شکل‌گیری حافظه بلندمدت او می‌شود. منطق نیز از به وجود آمدن این ارتباط‌ها شکل می‌گیرد؛ زیرا زمانی که کودک به تجربیات گذشته فکر می‌کند، تصمیم منطقی می‌گیرد که روی لبه مبل راه نرود.

> کودکانی که تجربیات بیشتری دارند، تصمیمات منطقی تری می گیرند.

اگر به ابتدایی‌ترین خاطره‌ای که خودتان به یاد می‌آورید فکر کنید، خواهید دید که آن خاطره به سنین بعد از ۳ سالگی بازمی‌گردد.

پدر و مادرانی که فرصت تجربه‌های بیشتری را به کودکان با بازی و سؤال پرسیدن می‌دهند کودکانی با حافظه بلندمدت تر و قوی‌تر دارند.

همه‌چیز بازی است

اگر فقط می‌خواستم یک کلمه در مورد سنین ۳ تا ۶ سالگی بنویسم، فقط می‌نوشتم

"بــــــــــازی"

بازی بزرگ‌ترین و مهم‌ترین بخش شکل‌گیری شخصیت کودکان در سنین ۳ تا ۶ سال است.

وقتی شیرین زبون شدی

آن‌ها نه‌تنها همه‌چیز را بازی می‌بینند بلکه به آن نیاز دارند. اهمیت بازی به حدی زیاد است که اکنون شرکت‌های بزرگ دنیا آموزش‌های مهم تخصصی‌شان را با بازی‌ها به کارمندان ارائه می‌دهند. جیمز میلر[1] در کتاب *تئوری بازی در کار*[2] اولین بار اهمیت بازی در دنیا حتی برای بزرگ‌سالان و در محیط کاری را بیان کرده است. حال زمانی که بازی این‌قدر در ساخت شخصیت بزرگ‌سالان و پیشرفت درزمینهٔ های کاری تأثیر دارد، پس می‌تواند برای کودکان بسیار مهم و سازنده باشد.

برای بخش اول در شناخت کودکتان کافی است بدانیم که بازی بخش عمده‌ای از زندگی او را تشکیل می‌دهد و اگر هم قرار است آموزشی ببیند بهتر است از طریق بازی یاد بگیرد. به دلیل اهمیت این موضوع یک بخش را به‌طور کامل به بازی‌ها اختصاص داده‌ایم؛ که در آن بخش می‌آموزیم که هر بازی چه قسمتی را به کودک آموزش می‌دهد و بهترین بازی‌ها چیست.

---

[1] James D. Miller
[2] Game Theory at Work.

فصل اول: شناخت کودک

زبان

کودک ۳ ساله تقریباً توانایی گفتن ۱۰۰۰ کلمه را دارد و می‌تواند بین ۳۰۰۰ تا ۵۰۰۰ هزار از کلمات ما را متوجه شود. درصورتی‌که از کلمات استفاده نمی‌کند و کمتر حرف می‌زند و یا به نظر می‌رسد که کلام ما را متوجه نمی‌شود می‌تواند دلایل دیگری داشته باشد. ازجمله اینکه زمانی که به حرف زدن افتاده است، مادر و پدر صبر کافی نداشته و سعی در درست کردن و کامل کردن کلام او داشته‌اند و یا زیاد به او ایراد گرفته‌اند. اگر کودک وانمود می‌کند که شما را نمی‌فهمد شاید نیاز به توجه بیشتری از شما دارد.

به‌هرحال کودکی که در سن ۳ و نهایتاً تا ۳ و نیم نمی‌تواند با زبانش و با کلمات متنوع با شما ارتباط برقرار کند و یا کلمات ساده شما را متوجه نمی‌شود باید به پزشک نشان داده شود.

من یک انسان بااراده‌ام و تو شاید بهتر از من نمی‌دانی!

سال‌هاست که روی کره زمین انسان‌ها می‌آیند و می‌روند و روزبه‌روز بشر پیشرفت‌های روزافزونی می‌کنند، یکی از دلایل مهم رشد و پیشرفت بشریت این بوده که فرزندان هر نسل با استفاده از یافته‌های نسل‌های قبلی، اکتشافات جدید می‌کردند و تجربیات جدید رقم می‌زدند و خلاقیت انسان باعث این‌همه فن‌آوری و پیشرفت امروزی بشر است.

> **اگر قرار بود فرزندان هر نسل تنها کاری را می‌کردند که مادر و پدرانشان به آنها دیکته می‌کردند نسل ما هنوز غار نشین و شکارچی بود.**

درس اول والد بودن این است که یاد بگیریم که ما بهتر از فرزندانمان نمی‌دانیم و نمی‌توانیم. ما تنها یک راهنما هستیم که به آن‌ها کمک کنیم فراتر از ما بروند و بیشتر از ما بدانند و تجربه کنند. ما نه صاحب آن‌ها هستیم و نه دستوردهنده.

شناخت نیازهای کودک ۳ تا ۶ ساله:

- قبیله من کجاست!

همان‌طور که تا اینجا گفتیم یک کودک ۳ ساله سرشار از انرژی است و نیاز به مقدار بسیار زیاد بازی و فعالیت متنوع دارد در جریان بازی احتیاج دارد به دنیای پیرامون خود احساس تعلق کند. انسان‌ها از زمان پیدایش بشر به‌صورت قبیله‌ای زندگی می‌کردند و نیاز انسانی به تعامل ازجمله نیازهای اساسی است. آلفرد آدلر[۱] از آن به‌عنوان احساس متعلق بودن یاد می‌کند. کودک از زمان به دنیا آمدن همواره در حال یافتن قبیله و امن‌گاه‌هایی هست که به آن تعلق دارد. از امن‌گاه سینه پرمهر مادر شروع می‌شود و به خانواده و بعد مدرسه، دانشگاه، حلقه دوستان، محل کار و شهر ختم می‌شود.

این نیاز و دانستن و درک آن در کودک بسیار مهم است. فرزند شما نیاز دارد که به خانه احساس تعلق کند و اگر این احساس تعلق در سنین کودکی به‌صورت محکم پایه‌ریزی شود در سنین بحرانی بلوغ به‌سادگی متزلزل نمی‌شود.

در ادامه این کتاب یاد می‌گیریم که چطور به کودکمان یاد دهیم که نیاز احساس تعلق خود را پوشش دهد. در سنین ۳ تا ۶ سال کودک با قبیله‌های بیشتری آشنا می‌شود ازجمله بستگان، محله، شهر و مهدکودک.

- من مؤثرم!

آلفرد آدلر به نیاز دیگری نیز اشاره داشت و آن نیاز احساس مؤثر بودن است کودک ۳ ساله نیاز دارد که بداند در خانواده، مهدکودک، فامیل و شهرش خاص و مثمر به ثمر است. این

---

[۱] آلفرد آدلر از روانشناسان بنام اتریشی بود، نظریه علایق اجتماعی او و همکارانش به نام تئوری آدلِرین[۱] به دو نیاز بسیار مهم انسانی اشاره می‌کند و می‌گوید انسان‌ها برای برآورده شدن این دو نیاز به دنیا می‌آیند:

۱- احساس تعلق

۲- احساس مثمر ثمر، خاص و مهم بودن

احساس نیاز با تحسین ساخته نمی‌شود بلکه باید برای کودک شرایطی فراهم شود که بداند سازنده و مفید است و به وجود او در این دنیا نیاز است.

- انسان موجودی است اجتماعی!

انسان ۳ ساله شروع می‌کند به آموختن ارتباط اجتماعی و آرام آرام می‌آموزد که برادر و خواهر او نه‌تنها جای او را نمی‌گیرند بلکه ارتباط برقرار کردن با آن‌ها چه لذت‌بخش است و او اکنون به مقدار زیادی نیاز به بازی باهم سن و سال‌های خود دارد در بخش هوش اجتماعی بیشتر به آن می‌پردازیم.

- نیازهای عاطفی

نیازهای فیزیکی او نسبت به ۳ سال گذشته شروع به کمتر شدن می‌کند، در این سن کودک کفش خودش را می‌پوشد، خودش دستش را می‌شوید و آماده می‌شود که به‌تنهایی حمام کند؛ اما نیازهای عاطفی همچنان پابرجاست. کودک همچنان نیاز دارد شنیده و دیده شود. اکنون او بیشتر از قبل درک می‌کند که شما واقعاً به او گوش می‌دهید و یا سرتان را فقط تکان می‌دهید و ادای گوش دادن درمی‌آورید.

مادر برای کودک ۳ ساله تا ۵ ساله هنوز محور عاطفی است و او به دنبال دل‌بستگی عاطفی امن (دراین‌باره به تفسیر در فصل ۴ توضیح خواهیم داد) در مادر بیشتر است تا در پدر؛ اما نقش پدر در زندگی او پررنگ‌تر از قبل می‌شود و پدر می‌تواند با بازی با او آموزگاری بی‌نظیر برای کودک باشد.

تفاوت نیازها و خواسته‌ها

درک نیازهای کودک در این دوران برای مادر و پدر بسیار ساده‌تر از ۳ سال اول و سنین بلوغ است زیرا کودک حرفش را میزند. نیاز و خواسته‌اش را به‌طور مستقیم و بدون طعنه بیان می‌کند و گفتنی است که معنای طعنه را هم درک نمی‌کند.

درک نیازهای کودک و تفاوت آن با خواسته‌ها، یکی از وظایف مهم والدین است. پدر و مادر باید نیازهای کودک را بشناسند و همه آنها را برآورده سازند. در درجه دوم خواسته هایش را هم

بشناسند و خواسته‌هایش را درک کنند، اما همه آنها را برآورده نسازند و بعضی از آن‌ها برای کودک برآورده سازند. درک تفاوت بین خواسته و نیاز کودک برای مادر و پدر در تمام دوران فرزندپروری از جمله نکته های کلیدی پرورش است.

مرز بین خواسته ها و نیاز ها بسیار باریک است.

گاهی مادرها و پدرها خواسته‌های کودک را به نیازها و وظایف خود تبدیل می‌کنند. اینجاست که کودک لوس و بی‌دست‌وپا می‌شود. گاهی هم پدرها و مادرها این‌قدر خواسته‌های کودک را ندیده می‌گیرند که او در حسرت آن خواسته می‌ماند و زمانی که اراده به دست خودش افتاد، خود را در آن خواسته یا امثال آن خواسته‌ها غرق می‌کند و یا زمانی که والد شد کودک لوس پرورش می‌دهد به فکر اینکه کودک او، همان حسرت‌ها را نداشته باشد.

یک تبلت جدید می‌خواهم:

در یک دورهمی چهارشنبه‌سوری با خانواده سینا آشنا شدم. سینا ۴ ساله بود و زمانی که تمام کودکان در حال بازی و پریدن از آتش و شادی بودند، سینا در ماشین پدرش نشسته بود و با تبلتش کار می‌کرد و ناگهان از ماشین بیرون آمد و آن تبلت را پرت کرد و به مادرش گفت "باید یک تبلت جدید برام بخری این زود باطری‌اش تموم می شه"
سونیا مادر سینا به او گفت: "می‌خوای بیای با بچه‌ها بازی کنی؟"
سینا گفت: "نه بچه‌ها من را می‌زنند و حوصله‌ام سر می‌رودا"
سونیا مادر سینا در مقابل گروه مادرانی که بچه‌هاشون را به آن دور همی برای بازی آورده بودند خجالت‌زده شد و گفت نمی‌دونم چرا این پسره این‌قدر لوس و پررو شده است.

اما من می‌دانستم. سعید، همسر سونیا در خانواده بسیار سختگیر و دیکتاتور با ۵ خواهر و برادر بزرگ شده بود. حسرت‌های زیادی داشت؛ اما اشتباه او این بود که می‌خواست کودکانش این احساس حسرت که او در کودکی داشت را نداشته باشند. چون این حسرت‌ها هنوز او را اذیت

می‌کرد. سعید ساعت‌ها کار می‌کرد تا رفاه زیادی برای بچه‌هایش ایجاد کند و متأسفانه سونیا و سعید در درک تفاوت نیازها و خواسته‌های پسرانشان بسیار در اشتباه بودند.

اردلان تنها پسر خانواده:

اما داستان دوم مربوط به اردلان است او تنها پسر خانواده است و در سن ۵ سالگی است، مادرش سپیده نام دارد. سپیده بسیار زن منظم و مرتبی است او به اینکه غذاهای طبیعی و ارگانیک درست کند بسیار اهمیت می‌دهد. سپیده روزی به دفتر کار من آمد و بسیار نگران بود گفت اردلان در تولد دوستش ۵ آبمیوه خورده است و تمام مدت بجای بازی با بچه‌ها در حال خوردن تنقلات بوده و آبروی او را برده است واکنش اردلان یک واکنش حسرت‌آمیز به آب‌میوه و تنقلات بوده است. دور از انتظار نیست که کودکی که به بیشتر نیازها و خواسته‌هایش نه بگویند در آینده به حسرت‌هایش، با پناه آوردن به دوستی‌های ناباب و مواد مخدر جواب دهد. گاهی قوانینی برای خانه و خانوادمان طراحی می‌کنیم و بیشتر به اجرای آن تمرکز می‌کنیم اما در جریان این قوانین فراموش می‌کنیم که فرزندانی به بار می‌آوریم که شاید بسیار از لحاظ فیزیکی سالم‌اند اما از لحاظ روانی بسیار مریض و ناسالم‌اند. در قسمت برنامه‌ریزی، بیشتر در مورد فیلترهای برنامه‌ریزی و یافتن مرز بین خواسته و نیاز صحبت می‌کنیم.

خواب:

نیازمندی به خواب:

کودک در سنین ۳ تا ۵ سال نیاز است که در میان‌روز یک خواب نیمروزِ کوتاه بروند و مجموع خوابی که کودک سه‌ساله نیاز دارد ۱۲ تا ۱۳ ساعت است که بهتر است ۱ تا ۱ و نیم ساعت آن بعدظهرها باشد.

زمانی که کودک به ۴ سالگی می‌رسد میزان خوابش یک ساعت کمتر می‌شود، اما بهتر است خواب بعدظهر هنوز باشد اما از سنین ۵ سالگی مادر و پدر بهتر است خواب نیمروز را آرام آرام کمتر کنند و کودک می‌تواند ۱۰ ساعت تا ۱۲ ساعت بخوابد و نیازش کاملاً برآورده می‌شود.

وقتی شیرین زبون شدی

نکته بسیار مهم این است که کودک بااینکه رشد مغزی‌اش به‌اندازه ۰ تا ۳ سال زیاد و سریع نیست اما هیپوتالاموس[1] مغز شب‌ها وظیفه دارد تجربیاتی که در طی روز کسب می‌کند را دسته‌بندی و مرتب کند و مغز نیاز به شارژ شدن دوباره دارد. خواب کمتر از ۱۱ ساعت برای بچه‌های سه و چهار سال و کمتر از ۱۰ ساعت برای بچه‌های پنج و شش سال یک تهدید جدی برای رشد نکردن کافی مغز است.

در مورد خواب باید گفت کودکان باهم متفاوت هستند، بعضی نیاز بیشتر و بعضی نیاز کمتری به خواب دارند؛ اما همان‌طور که خواب کم، خوب نیست خواب زیاد هم کودک را تنبل و چاق می‌کند؛ و فرصت تجربیات را از کودک می‌گیرد. بدن انسان خیلی زود به شرایط عادت می‌کند.

کیفیت و ساعات خواب هم مهم است. ممکن است کودک من ۱۲ ساعت هم بخوابد اما ساعت ۱۲ شب تا ۱۲ ظهر بخوابد این خواب با کم خوابیدن برای بدن فرقی ندارد.

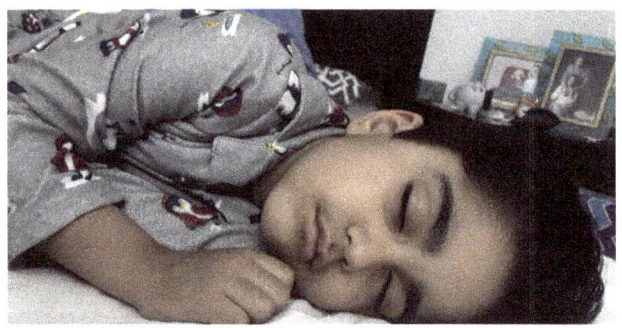

هورمون ملاتونین[2]، هورمونی است که کار تنظیم خواب را در بدن دارد. به‌طورمعمول در کودکان ۳ ساله حدود ساعت ۸ یعنی زمانی که هوا به تاریکی می‌گذارد شروع به ترشح این هورمون می‌کند و بهترین زمان برای خوابیدن کودک بین ساعت ۸ تا ۹ شب است و صبح نیز با پایین آمدن میزان هورمون ملاتونین و افزایش هورمون کورتیزول بدن آماده بیدار شدن می‌شود. اگر

---

[1] Hypothalamus
[2] **Melatonin**, hormone secreted by the pineal gland. In humans, melatonin plays an important role in the regulation of sleep cycles

کودک دیر بخوابد، به دلیل اینکه خسته است امکان دارد تا دیرتر هم بخوابد اما بدن به خواب عمیق نمی‌رود و هماهنگ با هورمون‌ها نیست. پس بهتر است شرایط را در خانه به‌گونه‌ای مهیا کنیم که فرزند ما بین ساعت ۸ تا ۹ به خواب برود و بین ساعت ۷ تا ۸ صبح بیدار شود و بعد ظهر هم ۱ تا ۱ و نیم ساعت بخوابد.

کیفیت خواب بسیار بستگی به فعالیت‌های روزمره به‌ویژه نوع فعالیت و غذای دو تا سه ساعت قبل خواب دارد.

تغذیه

آیا هیچ‌گاه شده است که غذا، میوه و یا خوراکی را دوست نداشته باشید و سال‌ها از خوردن آن امتناع می‌ورزید؟شاید هم یک روز آن را امتحان می‌کنید و می‌بینید که سال‌ها بی‌جهت به آن خوراکی نه گفته‌اید و حتی دلیل آن را نمی‌دانید که چرا از آن متنفرید.

من هویج دوست ندارم:

یکی از دلایل بسیار مهم بهانه‌جویی کودکان نسبَت به غذاها و ایرادگیری و نخوردن آن به دلیل قدرت‌جویی است و ربطی به مزه هویج یا نرم شدن بیش‌ازحد سوپ و یا وجود عدس در برنج نیست. کودکان در حال ثابت کردن به خودشان و دیگران هستند که قدرت و توانایی انتخاب دارند. کودکان در این سنین به دنبال این هستند که ببینند توانایی مقاومتشان در برابر بکن و نکن‌های مادر و پدر و مربی چقدر است.

در فصول بعدی باهم یاد می‌گیریم که چگونه می‌توان در کمال قدرت دادن به کودکان به تغذیه خوب آن‌ها هم توجه کرد.

رفتار و برخورد اطرافیان می‌تواند عادات غذایی کودکان را شکل دهد.

سرعت رشد بدنی کودک در سنین ۳ تا ۶ سالگی بسیار زیاد است به حدی که گاهی والدین از اینکه لباس‌های کودک به‌سرعت از آن‌ها کوچک می‌شود شکایت دارند. این بدان معناست که کودکان نیاز به تغذیه بسیار سالم دارند از طرفی بسیاری از کودکان ۳ تا ۵ ساله شروع می‌کنند به ایراد گرفتن از غذاها.

وقتی شیرین زبون شدی

نیازهای ورزشی و بازی.

کودک حرکات فیزیکی را در این سنین از دیدن حرکات دیگران می‌آموزد. او همواره در حال ادا درآوردن و کپی کردن دیگران مخصوصاً افراد و کودکان بزرگتر از خودش است و حرکاتی را که می‌بیند دوست دارد که تکرار کند. او از پدر و مادر یاد می‌گیرد که چطور از پله بالا و پایین کند و از کودکان دیگر یاد می‌گیرد که چطور سرسره بازی کند یا حتی در سرسره از قسمتی که سر می‌خورند بجای نردبان، بالا برود!

و باز دوباره تکرار می‌کنم اگر قرار بود فقط در این کتاب یک کلمه می‌نوشتم این جمله را می‌نوشتم

بازی تمام من است.

بازی بزرگ‌ترین دوست کودکان است. هر نکته آموزشی باید در بازی به کودکان آموزش داده شود. کودکان نیاز دارند ساعت‌ها در روز بازی کنند که بهتر است مقداری از آن ساعات بازی، در محیط‌های باز مانند پارک و با کودکان دیگر باشد

شناخت هیجانی

کودکان ۳ ساله با پا گذاشتن به این سن شروع می‌کنند که احساسات خود و دیگران را بشناسند و در این زمان به گریه دیگر کودکان توجه می‌کنند و صدای گریه کودک دیگر آن‌ها را هم ناراحت می‌کند با اضطراب آشنا می‌شوند و زمانی که روی مبل بالا و پایین می‌پرند مانند قبل بی‌مهابا نیستند و احتمالات را به خاطر می‌آورند و ترس و هیجان را در خود شناسایی می‌کند. به دنبال شناخت این احساسات، از اینکه می‌توانند این احساسات را در دیگران هم شناسایی کنند لذت می‌برند و این را راهی برای ارتباط می‌بینند.

در بخش هوش هیجانی نقش مادر، پدر و اطرافیان را در رابطه با هر چه قوی‌تر کردن این هوش بررسی می‌کنیم.

- ### ارتباط کیفیت با مادر و پایه‌ریزی روابط آینده

بااینکه نقش پدر نسبت به سنین قبل از دوسالگی بسیار پررنگ‌تر می‌شود اما هنوز کودک ارتباط عاطفی خاصی با مادر دارد و نیازمند امنیتی است که از زمان تولد برایش فراهم‌شده است. کیفیت این ارتباط که به آن دل‌بستگی ایمن می‌گویند در شکل‌گیری کیفیت روابط کاری و خانوادگی کودک در آینده بسیار مؤثر است.

شناخت اجتماعی

انسان موجودی است اجتماعی و دلیل برتری انسان با موجودات دیگر در روی زمین به دلیل قدرتی است که انسان‌ها از "باهم بودن و باهم متحدشدن" گرفتند و متأسفانه بزرگ‌ترین و بدترین اتفاقات بشر زمانی بوقوع پیوست که انسان دست از اتحاد برداشت مانند جنگ‌ها.

کودکان تا قبل از دوسالگی بیشتر مشغول شناخت خود هستند و بیشتر خود محورند؛ اما با پا گذاشتن به دو سالگی به دیگران و وجود آن‌ها به‌عنوان انسانی دیگر آگاه می‌شوند. دیگر انسان‌ها فقط برای رفع نیاز آن‌ها به وجود نیامده‌اند و از سه‌سالگی درک روابط اجتماعی با شکل‌گیری درک احساسات دیگران و یا بهتر بگویم درک متقابل شروع می‌شود. کودکان می‌آموزند که نوبت چیست و لذت بازی گروهی برایشان هویدا می‌شود.

آرام آرام به محیط‌هایی که در آن کودکان دیگر هستند علاقه‌مند می‌شوند و این علاقه‌مندی می‌تواند پایه‌گذار ساخت هوش اجتماعی مؤثر و کارآمد در کودک شود که در تمام زندگی برایش کاربرد دارد.

به‌طور طبقه‌بندی‌شده کودکان توجهشان به سه نکته مهم معطوف می‌شود که آن‌ها عبارت‌اند از:

- درک متقابل
- رعایت نوبت
- علاقه به بازی گروهی

پدر و مادر کودک را به سمت یادگیری درست آن‌ها با قرار دادن آن‌ها در محیط‌های که باتجربه همراه باشد هدایت می‌کنند.

شناخت فیزیکی:

در این سال‌ها، یک کودک قوی‌تر می‌شود و شروع به نگاه کردن به دیگران می‌کند. در بیشتر موارد پدر، مادر و مخصوصاً خواهر و برادر بزرگ‌تر خود را الگو می‌کند. از شروع ۴ سالگی علاقه

فصل اول: شناخت کودک

دارد با بچه‌های بزرگ‌تر از خودش بازی کند که این بسیار طبیعی است و با شروع مدرسه این مسئله کمتر خود را نشان می‌دهد.

در سن ۳ سالگی، اکثر کودکان می‌توانند به سمت پله‌ها بروند و در یک مرحله از آن بالا بروند آن‌ها می‌توانند یک توپ را هدف‌دار پرت کنند و خطوط ساده را با مداد بکشند. تا سن ۵ سالگی، می‌توانند لباس خود را بپوشند.

توسعه شناختی:

یک کودک در این سن توانایی استدلال و به خاطر سپردن را پیدا می‌کند. در این سال‌ها، بچه‌ها حروف الفبا، شمارش و رنگ‌ها را یاد می‌گیرند. کودکان بین ۲ تا ۵ سالگی به‌تدریج یاد می‌گیرند چگونه احساسات خود را مدیریت کنند. در سن ۲ سالگی بیشتر کودکان می‌توانند حداقل ۵۰ کلمه بگویند. تا سن ۵ سالگی یک کودک ممکن است هزاران کلمه را بشناسد و بتواند مکالمات را ادامه دهد و داستان تعریف کنند.

خلاصه این بخش:

- کودک ۳ ساله با شناخت دنیا و بیشتر شدن تجاربش، به‌تدریج کنترل بیشتری روی رفتارش دارد؛ اما کار پدر و مادر راحت‌تر نمی‌شود، بلکه بسیار دشوارتر می‌شود زیرا اکنون با انسانی روبرو هستند که حافظه بلندمدتش ساخته‌شده و دارای اراده می‌باشد و حرف‌های ما را بی چون‌وچرا مانند قبل نمی‌پذیرد.
- کودکان از سنین دوسالگی به بعد به یک بمب انرژی تبدیل می‌شوند کودک نیاز به مقدار بسیار زیاد بازی و فعالیت متنوع دارد.
- کودک با زیادشدن سنش به دلیل بیشتر شدن تجربه و اتفاقات تکراری مسیرهای عصبی بیشتر و مؤثرتری را شکل می‌دهد و این باعث شکل‌گیری حافظه بلندمدت او می‌شود.
- بازی بخش عمده‌ای از زندگی او را تشکیل می‌دهد و اگر هم قرار است آموزشی ببیند بهتر است از طریق بازی یاد بگیرد.
- درس اول والد بودن این است که ما یاد بگیریم که ما بهتر از فرزندانمان نمی‌دانیم. ما تنها یک راهنما هستیم.
- کودک احتیاج دارد به دنیای پیرامون خود احساس تعلق کند و احساس کند که خاص و مثمر ثمر است.
- نیازهای فیزیکی او نسبت به ۳ سال گذشته شروع به کمتر شدن می‌کند، اما نیازهای عاطفی او همچنان پابرجاست.
- درک نیازهای کودک و تفاوت آن با خواسته‌ها، یکی از وظایف والدین است. پدر و مادر باید نیازهای کودک را برآورده کنند و همه خواسته‌هایش را درک و بعضی از آن‌ها را برآورده کنند.
- کودک در سنین ۳ تا ۵ سال نیازبه۱۲ تا ۱۳ ساعت خواب دارد و در ۵ تا ۶ سالگی که بهتر است ۱۰ تا ۱۲ساعت در شبانه روز بخوابند.
- یکی از دلایل بدغذایی قدرت‌جویی است و ربطی به مزه هویج ندارد.
- کودکان ۳ ساله با پا گذاشتن به این سن شروع می‌کنند که احساسات خود و دیگران را بشناسند.
- کودکان نیازهای اجتماعی دارند و در این سنین توجهشان به سه نکته مهم معطوف می‌شود که آن‌ها عبارت‌اند از: درک متقابل، رعایت نوبت و علاقه به بازی گروهی.

بخش دوم

در دنیای تو چه می گذرد

آرتین به آشپزخانه آمد و به مامانش که در حال درست کردن شام بود نگاهی انداخت. احساس گرسنگی می‌کرد، به اطراف نظری انداخت تا چیزی برای خوردن بیابد. یک بشقاب پر از کیک‌های فنجانی تازه نظرش را جلب کرد، مامان‌بزرگ آن کیک‌ها را تازه پخته بود و برای آن‌ها آورده بود. به سمت بشقاب روی کابینت رفت دستش را دراز کرد به آن‌ها نمی‌رسید و گفت: "من گرسنه‌ام، کیک می‌خوام."

مریم، مادر آرتین گفت: "تا یک ساعت دیگر شام آماده می‌شود و بعد از شام می‌توانی کیک بخوری"

آرتین گفت: "لطفاً، خیلی گرسنه‌ام!"

مادر گفت: "نه پسرم. اگر الان آن کیک‌ها را بخوری دیگر نمی‌تونی، شام بخوری"

آرتین حرف مادر را نشنیده گرفت و روی نوک انگشتانش ایستاد و بدنش را کشید تا دستش به بشقاب رسید. مادر خودش را به آن سمت رساند و بشقاب پر از کیک‌های خوشمزه را به دورتر ه۰۰ل داد و گفت:

وقتی شیرین زبون شدی

"همین‌که گفتم آرتین. کیک برای بعد از غذا!"

آرتین شروع کرد به گریه و نق زدن. مادر به او توجهی نکرد. آرتین برای اینکه نظر مادر را جلب کند شروع کرد به کوبیدن درب یکی از کابینت‌ها و بارها آن را باز کرد و دوباره بست. مادر که کلافه شده بود گفت: "آرتین از کیک بعد از شام هم خبری نیست."

آرتین صدایش را بلند کرد و مادر که دیگر به تنگ آمده بود شروع کرد به بحث کردن با آرتین و هر چیزی می‌گفت آرتین ۵ ساله جوابی به او می‌داد.

معلوم بود که این جنگ بارها و بارها تکرار شده است، چون آرتین ۵ ساله حسابی در جواب دادن خبره شده بود و بعد از ۱۵ دقیقه بحث‌وجدل و دعوا، مادر، آرتین را زیر بغل گرفت و او را به اتاق برد و درب را برویش قفل کرد و گفت هر وقت تصمیم گرفتی که مانند یک کودک خوب و حرف‌گوش‌کن رفتار کنی از اتاق بیرون خواهی آمد.

چقدر این داستان برای بعضی از ما مادران و پدران که کودکان ۳ تا ۶ ساله داریم آشناست، این‌طور نیست؟

در این فصل می‌خواهیم دلیل این رفتارهای کودک را بررسی کنیم و بدانیم چرا آرتین و دختران و پسران همواره به جنگ با والدین می‌پردازند و تا روزی چندین بار بحث‌هایی شبیه این پیش نیاید آرام نمی‌نشینند. بسیاری از پدران و مادران اعتقاد دارند که کودک آن‌ها سرسخت و لجباز است و با بچه‌های دیگر فرق دارد.

البته تا حدی اشتباه نمی‌کنند کودکان با خلق‌وخوهای[1] متفاوتی به دنیا می‌آیند اما نیازهای اساسی کودکان همه یکسان است و شیوه تقاضای آن از والدین متفاوت است. در حقیقت این مورد زیاد به خلق و خوی متفاوت کودکان مربوط نمی‌شود بلکه بستگی به این دارد که اخلاق متفاوت کودک در این سنین صفر تا ۲ سالگی، چقدر بزرگ‌نمایی شده است که منجر به هدایت کودک به سمت کودک سخت تر شده باشد.

---

[1] در باره خلق و خو در کتاب وقتی به دنیا اومدی به تفسیر توضیحاتی داده شده است و تست و توضیحات را می توانید در کتاب کیانا ۲ و در وب سایت کیدزوکادو نیز بیابید

خبر خوب این است که حتی اگر این اتفاق افتاده باشد برای تبدیل کودک سرسخت به کودک خوشحال و پذیرا دیر نیست.

کودک من از بدو تولد کودک سختی بوده و قابل تغییر نیست:

برای بسیاری از مادران و پدران که اعتقاد دارند، کودک آن‌ها متفاوت و سرسخت است و این ارتباطی به روابط والدین ندارد این متن را لطفاً بخوانید:

طی تحقیقات گسترده و بسیار معروف دو محقق به نام‌های توماس و چیس[1] در مورد خلق‌وخو و شیوه فرزندپروری که در سال‌ها ابتدایی که در سال ۱۹۶۳ در نیویورک انجام شد، این دو محقق با آزمایش‌های کلینیکال و تست خلق‌وخوی کودکان و تغییرات در رفتاری که کودکانی با خلق‌وخوی مشابه دارند در طی دوره ده ساله، به این نتیجه رسیدند که رفتارهای کودک، کاملاً با شیوه فرزندپروری والدین و میزان و نوع دل‌بستگی آن‌ها با کودک ارتباط مستقیم دارد و خلق‌وخویی که کودک با آن به دنیا می‌آید آن چیزی نیست که باعث رفتارهای او بشود.

رفتار و شخصیت کودک کاملاً به شیوه‌ای که با او برخورد می‌شود ارتباط دارد و خلق‌وخو نیز با این شیوه بازسازی می‌شود. پدران و مادران می‌توانند کودکی با خلق‌وخوی آسان را تبدیل به کودک بهانه‌جو و سرسخت کنند و یا یک کودک سخت را تبدیل به کودک خودساخته و مستقل کنند.

به شما پیشنهاد می‌کنم که اگر با این مبحث و با دانشمندان رفتارشناسی دنیا موافق نیستید هم‌اکنون کتاب را به زمین بگذارید و اگر از شرکت ما محصولی تهیه کردید آن را نیز پس دهید. چون اگر اعتقاد ندارید که شما توانایی پرورش کودک موفق را ندارید و کودک شما فرزندی ذاتاً سرسخت است، این مباحث به درد شما نمی‌خورد.

[1] **Thomas and Chess** *Temperament Type*

وقتی شیرین زبون شدی

چرا کودکم بهانه‌جویی می‌کند:

زمانی که نطفه یک انسان شکل می‌گیرد دو ظرف نیاز نیز با او شکل می‌گیرد که انسان همواره از تولد تا لحظه وداع با دنیا، در حال پر کردن این دو ظرف نیاز است.

این دو ظرف عبارت‌اند از:

زمانی که نیازهای ابتدایی هر فردی مانند غذا، آب، هوا و ... رفع شد تمام رفتارهای انسان برای رفع این دو نیاز روانی است. این دو خواسته حتی روی نیازهای حیاتی شخص نیز تأثیر می‌گذارد.

به‌طور مثال فردی که برای رسیدن به هدفش اعتصاب غذا می‌کند.

آرتین در مثال بالا تلاش می‌کند با تصمیم‌گیری‌هایی که فقط او انجام می‌دهد ظرف قدرتش را پر کند و یا با کوبیدن درب کابینت جلب‌توجه کند.

فصل دوم: در دنیای تو چه می‌گذرد

شناخت کودک ۳ تا ۶ ساله

- گام اول شناخت کاسه‌های نیاز

ظرف‌های نیاز انسانی باید با مواد اولیه مناسب پر شوند در غیر این صورت باعث اثرات بد در رفتار در کوتاه‌مدت مانند گریه، طغیان و جنگ در خانواده و اثرات بد شخصیتی در بلندمدت مانند کمبود اعتمادبه‌نفس و بی‌انگیزگی در آینده می‌شوند.

مواد اولیه مناسب جهت پر کردن ظرف‌های نیاز دارای خصوصیات ویژه ایست که در فصول آینده به آن می‌پردازیم در اینجا می‌خواهم با مراجعه به کیانا ۲ که با این کتاب آمده است، تمامی‌رفتارهای کودکتان که در یک روز انجام می‌دهد را بنویسید و انتخاب کنید که آیا این رفتار برای رسیدن به قدرت است و یا توجه و یا هر دو...

لازم به ذکر است که اندازه و شکل ظرف‌های توجه و قدرت برای افراد مختلف کمی متفاوت است. (برای اطلاع بیشتر به وب‌سایت بخش ظرف‌های نیاز رجوع کنید) اما یکسری اصول یکسان برای همه وجود دارد ازجمله:

۱- ظرف‌های نیاز محدودیت دارند اگر به‌اندازه کافی با مواد مناسب پر بشوند، نیازی نیست که با مواد نامناسب پر شود.
به‌طور مثال کودکی که لجبازی می‌کند به دلیل اینکه ظرف قدرت یا توجه او خالی است اگر به میزان مناسب در طول روز قدرت و توجه مثبت بگیرد دیگر لجبازی نمی‌کند.

۲- ظرف‌های نیاز اگر با مواد نامناسب پر شوند به آن مواد عادت می‌کنند برای تغییر آن به مواد نامناسب زمان و صبر زیادی می‌طلبد.
اگر کودکی به تخیل کردن، دروغ گفتن و یا پرحرفی برای پرکردن ظرف توجه می‌پردازد و مادر و پدر تصمیم می‌گیرند نوع توجه را به سمت توجه مثبت عوض کنند، کودک توجه مثبت را تا مدتی پس می‌زند تا اینکه به توجه مثبت برای پر کردن ظرف نیازش عادت کند.

وقتی شیرین زبون شدی

برای اینکه بتوانیم با کودک خود ارتباط مـؤثری برقرار کنیم گام اول برای ورود به دنیای او شناخت راه‌هایی ایست که او قدرت و توجه را طلب می‌کند.

- گام دوم: شناخت بیشتر واحد فرماندهی

ابتدا کمی درباره مغز بدانیم؛

مغز انسان یک ارگان پیچیده است، در حدود ۱/۴ کیلوگرم وزن دارد، حدود ۱۰۰ میلیارد نورون و ۱۰۰ تریلیون اتصال دارد. مغز فرمان اصلی همه آنچه فکر می‌کنیم، احساس می‌کنیم و انجام می‌دهیم را صادر می‌کند. مغز انسان دائماً در حال سازمان‌دهی مجدد خود است. نوزادی که متولد می‌شود مغزی حدود ۳۰۰ تا ۴۰۰ گرم دارد اما در سه‌سالگی مغزش حدود ۱۳۰۰ تا ۱۴۰۰ گرم می‌رسد که حدوداً به‌اندازه مغز یک بزرگ‌سال است. بسیاری از دانشمندان معتقدند که از سن ۳ سالگی دیگر سلول مغزی ساخته نمی‌شود اما اتصالات مغزی همواره در حال شکل‌گیری است. ساخت اتصالات جدید مغزی به ما انسان‌ها کمک می‌کند که از نظر جسمی و شناختی تغییر کنیم. ایجاد ارتباطات و اتصالات جدید و متفاوت باعث ایجاد تجربه‌های زندگی و یادگیری می‌شود. مغز و شناخت تفاوت آن با نوزادی بسیار مهم است.

این قسمت برگرفته از کتاب The whole-brain[1] استاد برجسته دکتر دنیل سیگل می‌باشد.

تقسیم‌بندی‌های مغز:

۱- مغز راست و مغز چپ

مغز ما به دونیمه یا نیمکره تقسیم می‌شود. در هر نیم‌کره، مناطق خاص و عملکردهای خاصی را کنترل می‌کنند. دو طرف مغز ما بسیار شبیه به هم هستند، اما تفاوت زیادی در نحوه پردازش اطلاعات وجود دارد. باوجود سبک‌های متضاد آن‌ها، دونیمه مغز مستقل از یکدیگر کار نمی‌کنند و دائماً در حال تعامل باهم هستند.

اکثر افراد یا چپ مغز و یا راست مغزی هستند به این معنی که یک طرف مغز آن‌ها مسلط بر دیگری است. اگر بیشتر در تفکر خودتان تحلیلی و روشمند هستید، گفته می‌شود که چپ مغز هستید. اگر تمایل دارید خلاق‌تر یا هنری تر باشید، راست مغز هستید. این تئوری مبتنی بر این واقعیت است که دو نیمکره مغز متفاوت عمل می‌کنند. این موضوع نخستین بار در دهه ۱۹۶۰ به لطف تحقیقات نورو ساینس *راجرز اسپری*[2] برنده جایزه نوبل آشکار شد. مغز چپ کلامی، تحلیلی و منظم‌تر از مغز راست است. بعضاً مغز چپ را مغز دیجیتال می‌نامند. در مواردی مانند خواندن، نوشتن و محاسبات بهتر است. مغز راست خیال‌پرداز است، به دنبال نوآوری است به رنگ‌ها و موسیقی علاقه دارد و به مسائل با دید کلی می‌نگرد.

تصمیم گیری های خوب و موفق را کودکی انجام می دهد که راست و چپ مغزش در تعادل باشد.

---

[1] The **Whole-brain Child**: Siegel, Daniel J., and Tina Payne Bryson. 12 Revolutionary Strategies to Nurture Your **Child's** Developing Mind.
[2] Roger Wolcott Sperry

وقتی شیرین زبون شدی

کودکان زمانی که به دنیا می‌آیند، تقریباً با تساوی تسلط بر دو مغز به دنیا می‌آیند؛ یعنی تعادل مغز چپ و راست. این تعادل به‌مرور که سن افراد تغییر می‌کند کمتر می‌شود و ما تمایل به تمرکز به یک سمت مغز پیدا می‌کنیم و این تغییر دلایل مختلفی دارد.

مثال: آریان در کودکی علاقه زیادی به ریاضی نشان می‌داد و مادر و پدرش که هر دو نیز مهندس و عاشق ریاضی بودند او را بسیار تشویق کردند با تکیه به اینکه ژن کودکشان ریاضی‌دان است. او را در راه‌هایی بردند که در سن ۵ سالگی جدول‌ضرب را حفظ بود. تشویق‌های آن‌ها کودک را به سمت چپ مغزی شدن گرایش داد.

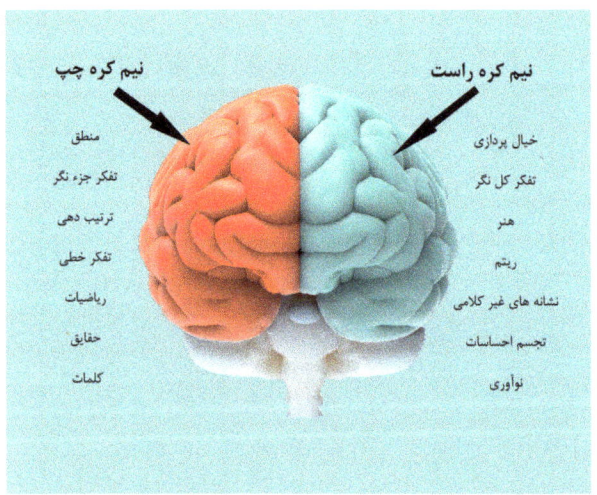

به نظر شما کدام نیم‌کره مغز بیشتر در زندگی کاربرد دارد؟

یک انسان کامل و یا یک کودک کامل، کودکی است که از تمام قسمت‌های مغز استفاده کند. زمانی که به مشکلی برمی‌خورد به آن مشکل هم نگاه کلی کند و هم جزییات را در نظر داشته باشد. هم با دید منطقی به آن نگاه کند و هم به اثرات بعدازآن روی خود و اطرافیان فکر کند و تصمیم‌گیری نهایی را فقط با تکیه بر یک سمت مغز انجام ندهد. زمانی

فصل دوم: در دنیای تو چه می گذرد

که با فردی در ارتباط اجتماعی است هم به کلمات او دقت کند و هم به نشانه‌های غیرکلامی و زبان بدن او. این نوع استفاده از دو نیم‌کره اگرچه در لحظه غیرارادی است اما قابل‌برنامه‌ریزی است.

دوستی مغز چپ و راست

حال چه کنیم که این هر دو سمت مغز کودکمان را باهم رشد دهیم؟

- کودک را به یک نوع بازی و فعالیت خاص سوق ندهید.
- زمانی که با کودک حرف می‌زنید و یا به او آموزش می‌دهید هم کلمات درست را به او یاد دهید و هم‌زبان بدن به او یاد دهید.
- زمانی که به مشکلی برمی‌خورد با کودک در مورد آن مشکل صحبت کنید و قضیه را از داخل و بیرون برای او شرح دهید.

  مثلاً کودک شما اسباب‌بازی‌اش را به دوستش نمی‌دهد

  از او این سؤال‌ها را بپرسید:

  جزئی‌نگر و از داخل: چرا دوست نداری اسباب‌بازی‌ات را به دوستت بدهی؟ آیا نگرانی که دوست تو آن را به تو بازنگرداند.

  کلی‌نگری و از بیرون: اگر ما به خانه او برویم و تو بخواهی با عروسک او بازی کنی، آیا ناراحت نمی‌شوی که او آن اسباب‌بازی را به تو ندهد؟

- داستان‌هایی که برای آن‌ها تعریف می‌کنیم، بسیار به رشد متناسب مغز آن‌ها کمک می‌کند.
- اگر استعداد خاصی دارند مانند ریاضی، سعی کنید او را به یک هنر نیز تشویق کنید مانند نقاشی یا موسیقی

وقتی شیرین زبون شدی

برای دیدن بازی‌ها و ورزش‌های مخصوص کودک سه تا ۶ ساله که به رشد متناسب مغزی کمک می‌کند به کتاب کیانا ۲ مراجعه کنید.

۲- مغز بالا و مغز پایین

طبقه‌بندی بعدی مغز مربوط به واکنش‌های ابتدایی ما و تصمیم‌گیری ما با تکیه بر قسمت عاطفی و یا قسمت منطقی است.
طبقه بالا و یا کورتکس مغز مرکز تصمیم‌گیری‌های منطقی بر اساس شواهد و تجربیات است و طبقه پایین مغز مرکز احساسات و واکنش‌های آنی است.
طبقه بالا بهتر است یا طبقه پایین؟

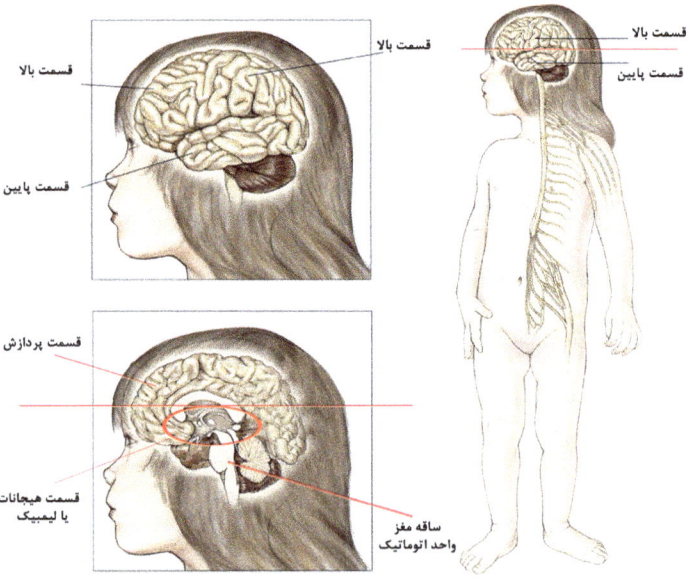

فصل دوم: در دنیای تو چه می گذرد

طبقه بالای مغز:
کورتکس یا قشر مغز منطقی، قسمت بالای مغز است. پیشرفته‌ترین قسمت مغز انسان است و وظیفه تفکر، ادراک، تولید و درک زبان را بر عهده دارد. بیشتر پردازش اطلاعات در این قشر مغز اتفاق می‌افتد.

طبقه پایین:
قسمت پایین مغز یا لیمبیک سیستم[1] که در بعضی از کتاب‌ها از آن به‌عنوان مغز میانی یاد می‌کنند، مجموعه‌ای از ساختارها در مغز است که با احساسات و حافظه سروکار دارد. لیمبیک سیستم دارای یک عملکرد خودگردان است که باعث می‌شود ترشح هورمون‌ها را از غدد درون بدن در پاسخ به محرک‌های عاطفی تنظیم می‌کند و همچنین در تقویت رفتار نقش دارد. به این قسمت از مغز سگ نگهبان می‌گویند و از زمان تولد فعالیت خود را شروع می‌کند. این قسمت از مغز به ما کمک می‌کند زمانی که یک شئ به سمت ما می‌آید خود را به کناری بکشیم و یا چشمانمان را ببندیم و یا در برابر یک حیوان وحشی قدرت فرار داشته باشیم. این قسمت، احساسات ما را رقم می‌زند و ارتباطات مغزی گذشته را هر جا که قسمت بالای مغز نیاز داشته باشد به یاد می‌آورد. درصورتی‌که این قسمت از مغز آسیب ببیند، انسان نمی‌تواند زندگی کند.

گروهی از دانشمندان ۱۵۰ سال پیش برای جلوگیری از ایجاد بیماری‌هایی مانند افسردگی اقدام به برداشتن قسمتی از لیمبیک کردند و بعد از مدتی مشاهده کردند که بیماران یا در اثر بی‌احساسی خودکشی کردند و یا بیماری‌های سایکوسماتیک[2] آن‌ها را از پا درآورد.

دوستی بالا و پایین مغز

همکاری مستقیم بالا و پایین مغز باعث می‌شود که انسان در تعاملات و اتفاقات روزمره بتواند با کمک مغز پایین به‌اندازه کافی هیجانات و درنتیجه آن هورمون‌های موردنیاز ترشح

---

[1] The limbic system
[2] Psychosomatics: به بیماری های جسمی گفته می‌شود که در اثر مشکلات روانی ایجاد شده باشد

وقتی شیرین زبون شدی

کند و اطلاعات خوبی را با بررسی حافظه موردنیاز به طبقه بالا بدهد تا طبقه بالا پردازش موردنیاز را انجام بدهد و تصمیم درستی بگیرد.

واحد فرماندهی کودکان زمانی که به دنیا می‌آیند، بیشتر طبقه پایین مغز است، دلیل بسیاری از گریه‌های آن‌ها و درک نکردن بسیاری از حرف‌های ما همین است اما با شکل‌گیری تجربیات و یادگیری روزبه‌روز بیشتر شدن ارتباطات مغزی آن‌ها بیشتر و بیشتر از طبقه بالا استفاده می‌کنند.

ازنظر دانشمندان تا ۲۵ سالگی مغز بالا به‌اندازه‌ای کامل می‌شود که می‌توان گفت دیگر توانایی این را دارد که یک تصمیم را به‌طور کامل با استفاده از مغز بالا بگیرد اما تا قبل از ۲۵ سالگی هنوز ارتباطات کامل نیست، کودک ۳ تا ۶ ساله اما هنوز به مقدار بسیار زیادی از مغز پایین فرمان می‌گیرد و نمی‌توانیم انتظار داشته باشیم که به‌صورت بسیار منطقی حرف ما را درک کند اما ما می‌توانیم ارتباط خوب و مناسب طبقه بالا و پایین مغز را به کودکان به‌آسانی آموزش دهیم.

اما نکته بسیار مهم این است که راه ورود طبقه بالای مغز، طبقه پایین است. در صورتی می‌توانیم با یک انسان ارتباط سازنده و منطقی داشته باشیم که ابتدا مغز پایین ما درب را برایش بازکرده باشد.

طبقه بالای مغز فقط یک درب دارد آن‌هم طبقه پایین است.

فصل دوم: در دنیای تو چه می گذرد

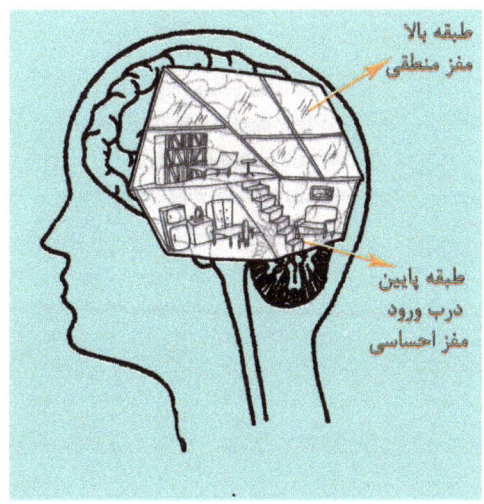

مثال:

آرزو در حال گردگیری بود که صدای جیغ بسیار بلندی از اتاق سعید شنید! سعید پسر ۶ ساله‌اش بود که گریه و فریاد می‌زد! آرزو خودش را به اتاق او رساند و دید هواپیمای اسباب‌بازی لگوی که سعید ساعت‌ها مشغول ساختنش بود روی زمین افتاده و تکه‌های آن همه جا پخش‌شده است و سعید در حال گریه و داد زدن است او قرمز شده بود و غیرقابل‌کنترل بود، به سمت اتاق سارا خواهر ۴ ساله‌اش یورش برد. آرزو به دنبال او دوید. سعید عروسک باربی سارا را برداشت و به سمت سارا پرت کرد. سارا نیز در آن لحظه شروع به گریه کرد و آرزو بلافاصله سعید را گرفت، اما او همچنان فریاد می‌زد و گریه می‌کرد.

آرزو نیز عصبانی شده بود و بر سر هر دو داد کشید و آن لحظه او نیز مانند سارا و سعید کنترل خود را ازدست‌داده بود و به این فکر می‌کرد که این دو بچه اگر من نباشم ممکن است همدیگر را بکشند و اصلاً به عواقب رفتارشان فکر نمی‌کنند.

در این مثال هر سه نفر یعنی سعید، سارا و حتی مادرشان آرزو از مغز بالا و پایین هم‌زمان استفاده نکردند به‌صورتی که

۵۵

وقتی شیرین زبون شدی

سارا: فقط با تکیه به طبقه بالای ذهن تصمیم گرفته است که اسباب‌بازی برادرش را خراب کند بدون اینکه به احساس برادرش بعد از این اتفاق فکر کند. (طبقه پایین که هوش عاطفی یا هوش هیجانی نامیده می‌شود در اینجا با طبقه بالا همکاری نداشته است.)

سعید: سعید تنها با استفاده از مغز پایین و قسمت هیجانی بدون توجه و دخیل کردن طبقه بالای مغز تصمیم به انتقام از خواهر کوچک‌تر را گرفت. اگر سعید یاد بگیرد از تکنیک‌هایی که در فصول آینده گفته خواهد شد استفاده کند می‌تواند در چنین مواقعی زمانی که عصبانی می‌شود تصمیمات بهتری از پرت کردن اشیاء و یا جیغ زدن بگیرد.

آرزو (مادر سارا و سعید): آرزو یک مدل برای بچه‌هاست. مادری که در چنین شرایطی نمی‌تواند خودش را کنترل کند و سر بچه‌ها فریاد می‌زند. به آن‌ها یاد می‌دهد که فریاد زدن یک واکنش منطقی است؛ زیرا بچه‌ها از مادران و پدران خود یاد می‌گیرند. یادگرفتن کاری که آرزو کرد، یعنی اشتباهاً به مغز منطقی یاد بدهیم که زمان بحران "داد زدن" درمان کار است. این‌گونه است که کودک یاد می‌گیرد که حتی با استفاده از بالا و پایین مغز بازهم تصمیمات اشتباه بگیرد. مادر بعد از بازگرداندن آرامش وقتی با هر دو کودک به‌طور جداگانه وقت گذراند و بدون قضاوت و گشتن به دنبال مقصر اصلی بهتر است بسیار قاطعانه با سارا صحبت کند و به او تمرینات هوش عاطفی بدهد و او همدلی را آموزش دهد. در بخش ششم به آن می‌پردازیم.

۳- یکپارچگی حافظه:

آریان پسری ۵ ساله بود مادرش برای مشکلی که داشت پیش من آمد او شب‌ادراری داشت و حتی اگر مایعات هم کمتر می‌خورد و مادرش او را نصف شب به دستشویی می‌برد اما هنوز آریان کمی رخت خواب را خیس می‌کرد؛ اما مسئله داشت حادتر هم می‌شد و آریان بیشتر روزها هم اسهال داشت و دکتر به مادرش گفته بود او هیچ مشکلی از بابت معده و وضعیت بدنی ندارد.

فصل دوم: در دنیای تو چه می گذرد

آریان اضطراب داشت.

اضطراب یکی از معمول‌ترین سندروم‌های کودکان در سنین ۳ تا ۹ سال است. اضطراب دلایل بسیاری دارد اما یکی از دلایل آن می‌تواند یک حادثه قدیمی باشد که در ذهن کودک درست جا نگرفته باشد و بدین معنی که اتفاقی در حافظه نا آشکارش، او را آزار می‌دهد و باعث اضطرابش می‌شود.

وقتی شیرین زبون شدی

حافظه آشکار و حافظه نا آشکار

حافظه آشکار زمانی است که ما از تجربیات خود به‌صورت خودآگاه استفاده می‌کنیم به‌طور مثال به خانهٔ شخصی برای اولین بار رفته‌ایم و زمان خداحافظی برای اینکه کلید ماشین را کجا گذاشته‌ایم فکر می‌کنیم و به حافظه آشکار خود رجوع می‌کنیم و به یاد بیاوریم کلید را زمان ورود کجا گذاشته‌ایم.

استفاده از حافظه نا آشکار زمانی است که به دلیل اتفاقات زیاد مشابه و یا مهم بودن یک اتفاق به‌طور ناخودآگاه آن اتفاق در ذهن ثبت می‌شود و ما آن حافظه را به‌صورت ارادی صدا نمی‌کنیم بلکه آن خاطره به‌صورت نا آشکار، در رفتار ما خودش را نشان می‌دهد؛ مانند زمانی که به‌طورمعمول کلید را در جیب کناری کیفمان پیدا می‌کنیم و درب ماشین را باز می‌کنیم و دوباره کلید را همان‌جا قرار می‌دهیم. این کار را غیرارادی و به دلیل تمرین زیاد بدون فکر کردن به آن انجام می‌دهیم و یا زمانی که در حین رانندگی ماشین جلوی ما ترمز می‌کند، ما ناخودآگاه ترمز می‌کنیم. زمانی که اتفاق تلخی رخ می‌دهد و از نظر ذهن ما دلایل منطقی ندارد و یا احساسات بسیار شدید با آن خاطره ثبت‌شده باشد، آن خاطره به‌صورت حافظه نا آشکار در ذهن ما می‌ماند و بدون اراده ما در رفتار ما تأثیر می‌گذارد؛ مانند شبادراری و اسهال آریان.

آریان در کودکی مریضی سختی گرفته بود و آن مریضی در حافظه نا آشکار آریان بسیار نامنظم جا افتاده بود. در آن دوران مادر و پدر آریان بسیار باهم دعوا می‌کردند که در ذهن آریان ثبت شده بود که بیماری او با دعوای والدینش یکی است و یا علت و معلول هم است. آریان جسته‌گریخته خاطراتی از آن دوران به یاد می آورد که باعث اضطراب شدید در او می‌شد.

تمرین یکپارچگی حافظه برای آریان بعد از چند جلسه مشاوره به او کمک کرد که تفاوت دعوای والدین و مریضی‌اش برایش مشخص شود و مریضی‌اش به‌عنوان یک خاطره آشکار اما بد برایش دوباره ساخته شد.

یک خاطره تلخ اما آشکار خیلی بهتر از یک خاطره مبهم نا آشکار است.

برای یکپارچگی حافظه چه کنیم؟

- سؤالات مناسب با سن کودکان درباره گذشته به آن‌ها کمک می‌کند که یاد بگیرند خاطرات را درست طبقه‌بندی کنند.

  مثال: دیروز که به خانه دوستت رفته بودی چه اتفاق‌هایی افتاد؟ نهار چه خوردی؟ آیا بازی کردی؟

- تعریف داستان‌هایی که در آن مشابه اتفاقات تلخ گذشته افتاده اما آخر آن داستان نتایج خوب داشته است.

- تعریف بدون تحریف در مورد گذشته خود که کمک می‌کند کودک بداند که او تنها در این دنیا نیست که تجربیات عجیبی دارد.

  مثال: برای آریان تعریف خاطراتی از طرف مادر و پدر کمک می‌کند. وقتی ۵ ساله بودم، مریضی سختی گرفتم بسیار تب داشتم ابتدا داروها را نمی‌خوردم چون خیلی تلخ بودند اما مریضی‌ام بدتر شد مرا ۳ روز در بیمارستان بردند. خیلی می‌ترسیدم؛ اما بعد با خوردن داروهایی که دکتر داد خوب شدم و دیگر آن بیماری را نگرفتم.

- بازسازی اتفاقات گذشته و فرصت دادن به کودک برای تعریف آنچه درگذشته اتفاق افتاده است.

  مثال: زمانی که من و پدرت دعوا کردیم را به یاد داری؟ چه احساسی کردی؟ آیا از اینکه ما از هم جدا شویم می‌ترسیدی؟ بگو در اتاق چه کردی؟ بگو دوست داشتی چه کنی؟ می‌بینی که دعوا تمام شد. همه‌چیز الان بهتر است.

- زمان روبرویی با مشکلات بجای پرت کردن حواس کودک به چیز دیگری، با او در آن مورد و مشکل صحبت شود (به‌اندازه توانایی کودک).

مثال: کودکی ۴ ساله از آشنایان به پدر دوستش که سرطان داشت و نمی‌توانست راه برود ذل زده بود. مادرش او را از صحنه دور کرد و به او پیشنهاد بازی داد. این کار را نکنید به‌جای آن با کودک در آن باره صحبت کنید: پدر دوستت مریض شده؟ آیا دوست تو ناراحت است؟ مریضی خوب نیست. حتماً دوست تو از اینکه پدرش نمی‌تواند مثل قدیم راه برود خیلی ناراحت است. تو می تونی بیشتر با او بازی کنی که کمتر ناراحت باشد؟ دیگر می‌توانی چه کمکی به دوستت کنی؟

گام سوم: تفاوت‌های کودکی با نوزادی

یکی از بارزترین تفاوت‌های نوزادی و کودکی این است که در زمان نوزادی کودک نیازهای اولیه و ثانویه خود را به‌صورت کاملاً مشخصی با استفاده از ابزارهای بسیار ساده‌ای مانند گریه کردن بروز می‌دهد؛ اما در سنین کودکی به دلیل شکل‌گیری تجربیات و درک شناختی بیشتر کودک از هیجاناتش، دیگر مانند قبل نیازهایش را فریاد نمی‌زند و مادر، پدر و یا مراقب بهتر است به آن‌ها هیجانات توجه کنند و راه را برای ارتباط پیدا کنند به داستان پریا توجه کنید:

پریا دختر ۵ ساله ایست که دارای یک خواهر کوچک ۱ ساله به نام پرنیان است. پرنیان متأسفانه درگیر بیماری تنفسی است و از زمانی که به دنیا آمده است بسیاری از شب‌ها را در بیمارستان می‌گذراند و مادر نیز به همراه او می‌ماند از طرفی به دلیل بیماری‌های تنفسی مادر هنوز به پرنیان شیر خودش را می‌دهد و دلش نمی‌آید که او را از شیر بگیرد و اما تحمل این موضوع برای پریا بسیار سخت است او مجبور است شب‌هایی از مادر دور بماند و شب‌هایی هم که مادر خانه است به دلیل شیر دادن به پرنیان و حساسیت مریضی او، پرنیان را در کنار تخت خودش می‌خواباند. این باعث شده که پریا از مادر بسیار دور باشد.

پریا دختری بود آرام و با خلق‌وخویی بسیار آسان، این باعث شد که پدر و مادر مرتباً این شخصیت خوب او را قوی‌تر کنند.

فصل دوم: در دنیای تو چه می‌گذرد

> این یکی از راههایی است که یک شخصیت در ما نهادینه می‌شود، پر رنگ کردن و یا دامن زدن به آن شخصیت از طرف اطرافیان و نتایجی که از تکرار آن بدست می‌آید.
>
> چه شخصیت مثبت باشد و چه منفی

اگر پرنیان در سن زیر سه سال بود، بسیار گریه می‌کرد تا بتواند در آغوش مادر قرار بگیرد و یا درخواست شیر می‌کرد؛ اما اکنون او ۵ سال دارد ازنظر حافظه، قدرت به یادآوردن تجربیات و تحلیل آن را با استدلال دارد.

بیاییم گامهای اول و دوم و سوم را در اینجا باهم بررسی کنیم؛

پریا در ذهن خود می‌گوید؛ پرنیان باعث شده که مادر، من را کمتر دوست داشته باشد. باید کاری کنم که من را دوست داشته باشد (نیاز به توجه) اما مادر همیشه می‌گوید من دختر آرام و صبوری هستم پس اگر صبور باشم من را بیشتر دوست دارد (رشد بخش حافظه و تجربیات مغز).

مادر بسیار خسته است، من مادرم را دوست دارم، نمی‌خواهم او را ناراحت کنم (رشد بخش هیجانی مغز)، پرنیان اما مادر را خسته می‌کند باید کاری کنم که پرنیان مادر را خسته نکند (نیاز به قدرت)

باعث می‌شود که پرنیان دست به رفتاری بزند که مثلاً صبح زود پرنیان را به اتاق خودش ببرد تا مادر بیشتر بخوابد و یا ناخودآگاه مغزش باعث شود که او تب کند و یا به دلیل اضطراب تیک عصبی بگیرد؛ اما اگر می‌توانست مانند کودکی برای رسیدن به آغوش مادر گریه کند دیگر روزها مجبور نمی‌شد این افکار را در سر بپروراند و کارها و رفتارهای عجیب کند.

یک مادر کامل، با توجه به اینکه می‌داند کودکان در سنین ۳ به بعد نیازهای خود را به صورت مستقیم طلب نمی‌کنند، اما نیاز آن‌ها به توجه و قدرت نه‌تنها وجود دارد

وقتی شیرین زبون شدی

بلکه بزرگ‌تر نیز شده است. قبل از اینکه کودک بخواهد با رفتارهای منفی نیازهایش را رفع کند راه‌هایی برای ارتباط با او می یابد و منتظر طلب نیاز نمی‌نشیند.

ظرف قدرت من بزرگتر شده است.

دومین تفاوت کودک زیر سه سال شما با کودک بالای سه سال بزرگ‌تر بودن قابل‌ملاحظهٔ ظرف قدرتش است.

فصل دوم: در دنیای تو چه می گذرد

کودکان زیر دو سال در بیشتر در حال شناخت خود و اطرافیان هستند اما کودکان بعد از سنین ۲ سالگی به دنبال شناخت این هستند که چقدر **توانایی** دارند و در این دنیا چقدر **مثمر به ثمر** هستند.

ایجاد فضایی که بتوانند بسیار تصمیم‌گیری کنند و نتایج تصمیمات خود را ببینند بسیار مهم است.

زمانی کودک ۱ و نیم ساله شما به‌راحتی می‌پذیرفت که زمان غذا رسیده است چون شما می‌گفتید: "بیا غذا بخور"

اما اکنون کودک ۴ ساله نمی‌پذیرد و بهتر است، به او قدرت دهیم تا خودش انتخاب کند.

مثال:

- ساعت روی ۱۲ آمد نهار می‌خوری و یا روی ۱۲:۳۰؟
- نهار را در نهارخوری می‌خوری یا در آشپزخانه؟

تفاوت دیگری که کودک ۳ ساله با نوزادی خود دارد این است در سنین پایین‌تر تشویق والدین برای انگیزه سازی کودک کافی به نظر می‌رسید، اگرچه که تشویقی که تحسین‌آمیز باشد راه مناسبی حتی در سنین کودکی نیست، اما اکنون کودک نیاز به مولد انگیزه ساز قوی‌تر و درونی‌تری دارد، و به‌تدریج که کودک بزرگ می‌شود بیشتر به نتایج اتفاقات بسنده می‌کند تا آفرین و بارک‌الله‌های والدین.

تفاوت عمده دیگر همان‌گونه که در فصل قبل گفتم، تفاوت در نوع بازی‌های کودک است. در این سنین نیاز به بازی‌های گروهی بیشتر باوجود و همراهی والدین دارد.

گام چهارم: شناخت خودمان

پرورش فرزند یکی از بزرگ‌ترین فرصت‌ها در زندگی است که پدر و مادر خود نیز ازنظر شخصیتی، رشد پیدا کنند. در طی مسیر فرزندپروری فرصت‌هایی به ما داده می‌شود که خود را بشناسیم و تغییراتی در ارتباطاتمان بدهیم. مادر و پدرانی که خود را به سمت پیشرفت تغییر نمی‌دهند و

وقتی شیرین زبون شدی

فکر می‌کنند که ازنظر شخصیتی بی‌عیب و نقص هستند، متأسفانه نمی‌توانند فرزندان موفقی را پرورش دهند. همه ما نیاز به رشد داریم کودکی که روند رشد شخصیتی و شوق آموزش پدر و مادر را با چشم خود می‌بیند، او نیز یاد می‌گیرد که در تمام طول زندگی در حال بهبود خود و ارتقای شخصیت خود می‌باشد.

مانند پدری که زمان عصبانیت از کوره در می‌رود و سر فرزندش داد می‌زند به فرزندش یاد می‌دهد که فریاد زدن می‌تواند راه خوبی برای عصبانیت باشد، و یا مادری که از کودکش می‌خواهد که چیزی را از همسرش مخفی کند به او راه دروغ و مخفی‌کاری را نشان می‌دهد و پدری که بیشتر اوقات خود را با موبایل است و به کودکش به‌طور کامل گوش نمی‌دهد نمی‌تواند توقع داشته باشد که کودکش با کودکان دیگر اسباب‌بازی‌هایش را قسمت کند و به آن‌ها گوش کند و درکشان کند.

اما زمانی که مادر یا پدری سعی می‌کنند یاد بگیرند به‌جای از کوره دررفتن، آرامش خود را بیابند و از راه درست با کودک ارتباط برقرار کنند حتی اگر از روی عادت چندین بار اشتباه کنند و دوباره آن را درست کنند کودک یاد می‌گیرد که آموزش و یادگیری راه مناسبی است و او نیز سعی در یافتن راه‌هایی است که به سمت پیشرفت تغییر کند.

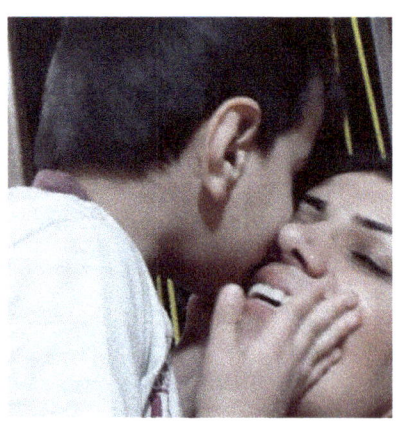

سـؤال بسیار خوبی که بسیار از من پرسیده می‌شود این است که گاهی والدین در اینکه چقدر سخت‌گیر یا آسان‌گیرند و یا تا چه حد باید از کودکانشان انتظار داشته باشند به شک می‌افتند و نمی‌دانند مرز و حد بعضی از محدودیت‌ها و آزادی‌ها کجاست؟

در کتاب کیانا یک تست شخصیتی والدین گذاشته‌ایم که می‌توانند تا حدی خود را بشناسید و بر اساس آن تست مسیر تغییر خود را پیدا کنید. این تست را می‌توانید در وب‌سایت زیر نیز پیدا کنید.

https://kidsocado.com

من با پدران و مادران زیادی در ارتباط بوده‌ام و بسیاری از آن‌ها حتی به این موضوع فکر نکرده‌اند که تغییر و رشد شخصیتی نیاز دارند و تنها به فکر رشد کودک خود بوده‌اند؛ اما اگر واقعاً می‌خواهند کودکی داشته باشند که روزبه‌روز موفق‌تر و خوشحال‌تر باشد باید بدانند که تعالی شخصیت خود والدین به‌عنوان الگوی کودک به نظر من گام اول باید باشد تا گام چهارم؛ و تعالی شخصیتی از شناخت خود شروع می‌شود که بسیار سخت‌تر از شناخت دیگران است.

خلاصه بخش ۲:

- کودکان با خلق‌وخوهای متفاوتی به دنیا می‌آیند اما نیازهای اساسی آنهاهمه یکسان است و شیوه تقاضای آن از والدین متفاوت است و این بستگی کمی به خلق‌وخوی متفاوت کودکان دارد.
- رفتار و شخصیت کودک کاملاً به شیوه‌ای که با او برخورد می‌شود ارتباط دارد و خلق‌وخو نیز با این شیوه بازسازی می‌شود.
- انسان همواره از لحظه تولد در حال پر کردن این دو ظرف نیاز است.۱ = قدرت ۲ = توجه
- برای ورود به دنیای کودک شناخت راه‌هایی که او قدرت و توجه را طلب می‌کند مهم است.
- مغز ما به دو نیمکره تقسیم می‌شود. هر نیم‌کره، مناطق خاص و عملکردهای خاصی را کنترل می‌کنند مغز چپ در خواندن، نوشتن و محاسبات بهتر است. مغز راست خیال‌پرداز است و به دنبال نوآوری است یک کودک کامل، کودکی است که از تمام قسمت‌های مغز استفاده کند.
- همکاری مستقیم بالا و پایین مغز باعث می‌شود که انسان در تعاملات و اتفاقات روزمره بتواند با کمک مغز پایین به‌اندازه کافی هیجانات و اطلاعات خوبی را با بررسی حافظه موردنیاز به طبقه بالا بدهد؛ اما نکته بسیار مهم این است که راه ورود طبقه بالای مغز، طبقه پایین است.
- حافظه آشکار زمانی است که ما از تجربیات خود به‌صورت خودآگاه استفاده می‌کنیم. حافظه نا آشکار زمانی است که به دلیل اتفاقات زیاد مشابه و یا مهم بودن یک اتفاق به‌طور ناخودآگاه در ذهن ما آن اتفاق ثبت می‌شود. تمرین یکپارچگی حافظه کمک می‌کند که خاطرات را درست طبقه‌بندی کنند.
- یک خاطره تلخ اما آشکار خیلی بهتر از یک خاطره مبهم نا آشکار است.
- یکی از بارزترین تفاوت‌های نوزادی و کودکی این است که در زمان نوزادی، او نیازهای اولیه و ثانویه خود را به‌صورت مشخصی بروز می‌دهد. در سنین پایین‌تر تشویق والدین برای انگیزه سازی کودکان کافی به نظر می‌رسد ، اما اکنون کودک نیاز به مولد انگیزه ساز قوی‌تر و درونی‌تری دارد.
- در طی مسیر فرزندپروری فرصت‌هایی به ما داده می‌شود که خود را بشناسیم و تغییراتی در ارتباطاتمان بدهیم؛ اما اگر واقعاً می‌خواهید کودکی داشته باشند که روزبه‌روز بهتر و موفق‌تر و خوشحال‌تر باشد باید بدانید که تعالی شخصیت خود والدین به‌عنوان الگوی کودک به نظر من گام اول باید باشد

بخش سوم

اقتدار مثبت

بیشتر کتاب‌های فرزندپروری با معرفی انواع متدهای فرزندپروری شروع می‌شوند و مادران و پدران را طبقه‌بندی می‌کنند و بعد راه‌حل درست را می‌گویند.

این طبقه‌بندی‌ها همه درست هستند و دانشمندان روانشناسی سال‌ها برای رسیدن به این طبقه‌بندی‌ها بررسی و تحقیق کرده‌اند اما من قبل از اینکه مربی والدگری شوم زمانی که این کتاب‌ها را می‌خواندم دائماً به دنبال این بودم که بدانم من در کدام دسته قرار دارم و همسرم در کدام دسته و یا اطرافیانم؛ اما واقعیت این است که در روابط و رفتارشناسی نمی‌توانیم خودمان را صرفاً در یک دسته قرار دهیم زیرا ممکن است، من رفتارهایی را انجام دهم که به دو دسته مربوط می‌شود و این مسئله مرتباً فکر مرا درگیر می‌کرد که "من چه نوع پدر یا مادری هستم؟" بجای اینکه به روی این متمرکز باشم که "چه نوع مادری و پدری بهتر است باشم" و یا "چگونه رفتار کنم" که بهترین خودم باشم.

برای همین تصمیم گرفتم که متد اقتدار مثبت را که بهترین و جدیدترین متد فرزندپروری است در این کتاب بیاورم و شیوه تبدیل شدن به یک والد با اقتدار مثبت را در این فصل توضیح دهم. بدین ترتیب بدون اینکه به اعتمادبه‌نفس من به‌عنوان یک والد خدشه‌ایی وارد شود، هرروز یک‌قدم به سمت والد بااقتدار مثبت پیش بروم.

بسیاری از ما والدین برای ورزش کردن، آشپزی کردن و یا حتی رفتن به یک مسیری که تاکنون نرفته‌ایم از برنامه، نقشه و یا یک روش پیروی می‌کنیم؛ اما پرورش یک کودک از تمام کارهای

وقتی شیرین زبون شدی

بالا مهم‌تر است در اصل آینده و سرنوشت یک انسان در دستان ماست و آن انسان عزیزترین دارایی ما در زندگی است. پس آیا نباید یک برنامه، روش و اصل را در دست داشته باشیم؟

آیا نباید برای این مهم ساعت‌ها آموزش ببینیم؟

بسیاری از ما زمانی که نوزادمان بسیار کوچک است والدگر خوبی هستیم، زیرا نوزاد کوچک از خود اراده‌ای ندارد و ما برای او خدا و قدرت مطلق به‌حساب می‌آییم. اما همین‌که کودکمان اراده پیدا می‌کنند، ارتباط با کودک بسیار مشکل می‌شود؛ زیرا که او با ما مخالف است و نظرات خود را دارد و بسیاری از کارها و تصمیمات او ازنظر ما شاید اصلاً درست نباشد.

دنیا در چند دهه اخیر بسیار تغییر کرده است. دانش بشر در تمام زمینه‌ها زیاد شده است از طرفی بین نسل امروز و نسل آینده فاصله زیادی وجود دارد و برعکس قدیم دیگر تجربه هایی که از پدران و مادرانمان به ما رسیده است قابل استفاده برای فرزندمان به‌طور کامل نیستند همان‌طور که تجربه آن‌ها برای شغلی که انجام می‌دادند برای آموزش به ما کافی نبود و ما برای پیدا کردن کار مجبوریم به دانشگاه برویم و یا آموزش جدید بگیریم.

دانش انسان به چگونگی پرورش کودک نیز بسیار رشد کرده است. اکنون برای اینکه بتوانیم فرزندی توانا، مسئول، با اعتمادبه‌نفس و باانگیزه بپرورانیم، می‌توانیم آموزش ببینیم درصورتی‌که در نسل‌های قدیم پدر و مادرها به این امور توجهی نمی‌کردند.

در شیوه اقتدار مثبت، یک والد و یا مراقب بااقتدار مثبت همواره باید سه خصوصیت مهم داشته باشد:

مهربان - آرام - مصمم

واقعیت این است. زمانی که کودک ما به دنیا می‌آید همه ما این سه خصوصیت را داریم اما به‌مرور که کودک رشد می‌کند این خصوصیات در ما کمتر شده و یا آن‌ها را از دست می‌دهیم؛ زیرا زمان نوزادی، گریه کودک ما را از کوره درنمی‌برد و از او عصبانی نمی‌شویم، اما زمانی که کودکمان

فصل سوم : اقتدار مثبت

بزرگ‌تر می‌شود یا زمانی که برای خرید یک اسباب‌بازی در فروشگاه فریاد می‌زند و گریه می‌کند آن زمان آرامش را از دست می‌دهیم.

در این فصل می‌آموزیم که در تمامی شرایط چطور در ارتباط با کودکمان با او **مهربان** باشیم، **آرامش** خود را حفظ می‌کنیم و در نظرات و تصمیم‌گیری‌های عادلانه‌مان **مصمم** بمانیم.

گام‌به‌گام تا رسیدن به اقتدار مثبت:

بسیاری از ما، والدین کاملی هستیم و شاید تعدادی از گام‌های یک مادر و پدر بااقتدار مثبت را نیز در ارتباط با کودکمان به کار می‌گیریم اما هنوز کودکمان برای دریافت توجه ما، گاهی کارهایی می‌کند که ما را در جمع خجالت‌زده می‌کند و یا با ما بسیار مخالفت می‌کند. یکی از مهم‌ترین دلایل این است که گام‌های اقتدار مثبت باید همه در کنار هم باشد. این گام‌ها در کنار هم‌معنا پیدا می‌کنند به‌طور مثال پدری که به فرزندش اجازه تصمیم‌گیری می‌دهد (گام ۴)، ابزارهای ممنوعه را نیز به کار نمی‌برد (گام ۳)، بسیار هم مصمم است (گام ۹)، به فرزندش هم احترام می‌گذارد (گام ۸)، اعتمادسازی می‌کند (گام ۱۱)، همیشه نیز صبور و آرام است (گام ۱۰)، اما قبل از اصلاح رفتار اتصال برقرار نمی‌کند (گام ۲) و شوخ‌طبعی ندارد (گام ۶) و مهربانی خود را نشان نمی‌دهد، کودکش کاسه نیازش پر می شود و خودش را در دنیا مثمر به ثمر می داند اما بسیار نیاز به توجه دارد. او ممکن است کارهای عجیبی انجام دهد که پدر را کلافه کند. در نوجوانی به پدر فقط احترام می‌گذارد و در مقابل او کاری انجام نمی‌دهد که پدر دوست ندارد اما خارج از دید پدر ممکن است کارهایی انجام دهد که برای آینده نوجوان خوب نیست در ارتباط با آدم‌ها مشکل خواهد داشت.

مثال دوم مربوط به مادری است که برعکس بالا بسیار مهربان است، شوخ‌طبعی دارد و احترام می‌گذارد و اتصال کامل با کودکش دارد از ابزارهای ممنوعه نیز استفاده نمی‌کند، اما حرکتش مصمم نیست. برنامه‌ریزی و روال دقیقی ندارد همچنین در گام ۴ به‌صورت صحیحی تصمیم‌گیری‌ها را به کودک نمی‌دهد این مادر در ساختن اعتماد برای کودک نیز مشکل دارد. کودک او برای جلب‌توجه کاری عجیب نمی‌کند و لجبازی و مخالفت نیز نمی‌کند اما کودک با بی‌انگیزگی بزرگ می‌شود و به دنبال هدف‌های بزرگ در زندگی نمی‌رود شاید در نوجوانی کار

وقتی شیرین زبون شدی

اشتباهی انجام ندهد اما در بزرگ‌سالی نیز احساس مهم نبودن و بی عزت‌نفسی دارد به‌طورکلی خود را توانا نمی‌بیند.

حال که به این دو مثال توجه کردید، حتماً به اهمیت استفاده از گام‌ها پی برده‌اید.

خبر خوب این است که کودکان در سنین ۳ تا ۶ سال بسیار سریع تغییر می‌کنند و با اجرای صحیح گام‌های این متد پرورشی، تغییر را در کودکانتان به‌اندازه وسیعی خواهید دید.

نکتهٔ مهم این است که اگر شیوه شما کاملاً با این شیوه فرق دارد، ممکن است با شروع تغییر، کودک شما که بسیار باهوش است و سریعاً متوجه تغییر شما می‌شود بخواهد شما را آزمایش کند. به‌طور مثال شما که تا دیروز، او را برای کار اشتباهش سرزنش می‌کردید و از امروز می‌خواهید مانند یک رهبر عمل کنید و از او تنها سؤال بپرسید که او خودش به اشتباهش پی ببرد، او از این کار شما تعجب کرده و برای آزمایش ما چندین بار آن اشتباه را انجام می‌دهد؛ زیرا می‌خواهد ببیند که شما هنوز همان مادر و پدر قدیمی هستید و این تغییر اتفاقی بوده و یا واقعاً شیوه رفتاری شما تغییر کرده است. پس شما نیز صبور و مصمم باشید و به حرکتتان ادامه دهید.

۱۲ گام تا رسیدن به اقتدار مثبت:

گام اول

ذهن آگاهی

داستان هاله و پسر ۴ ساله‌اش دانیال:

ذهن آگاهی به من کمک کرد تا زودتر و زودتر احساسات خود را تنظیم کنم تا بتوانم نفس بکشم و تمام این معانی و نگرانی‌هایی که "خودم به آن‌ها دامن می‌زدم" را به "کار ساده روزمره" در ذهنم تبدیل کنم. من و دانیال شروع به استفاده از شوخ‌طبعی کردیم تا چرخه استرس‌زای قبل را بشکنم ... همان چرخه‌ای که من خیلی کار داشتم و دانیال نیاز به توجه داشت و من را عصبانی می‌کرد و ...و کارهایی می‌کرد که من را کلافه کند، اما اکنون به‌جای فریاد زدن، من به او می‌گویم که دستگاه عصبانی سنج من (اسم آن را موزسنج گذاشته ام) درجه‌اش پایین می‌آید (تو موز من را کم کرده‌ای!") و او از من سؤال می‌کند. "مامان، دوباره موزهایت کم شد؟" تعداد موزهای دستگاهت (از ۱۰ مورد) چقدر است؟" او این‌گونه می‌تواند درک کند که من تا چه حد ناراحت هستم و رفتار خود را تنظیم می‌کند. به او نیز کمک می‌کند که عواطف خود را تنظیم کند. ذهن آگاهی به من کمک کرد که بتوانم درک کنم که هیچ‌چیز مهم‌تر دیدن دنیا آن‌گونه که فرزندم می‌بیند نیست. بودن در لحظه و وقت گذاشتن برای درک دنیای آن‌ها زندگی را خیلی لذت‌بخش‌تر کرد. ما چقدر گاهی زندگی را جدی می‌گیریم.

هاله

ذهن آگاهی حالتی است که ما بتوانیم بر تمام افکار و احساسات خود تسلط داشته باشیم. ذهن آگاهی توانایی برای حضور در لحظه است، آگاهی از اینکه در کجا هستیم و چه‌کاری انجام

می‌دهیم. *جان کبات زین*[1]، معروف به پدر ذهن آگاهی، ذهن آگاهی را به‌عنوان "آگاهی لحظه به لحظه و قضاوت نکردن" تعریف می‌کند. این ذهن آگاهی سه خصوصیت عمده دارد:

۱- **تمرکز:** توانایی تمرکز و توجه کامل به حرف و احساس کودکتان.
۲- **وضوح حسی:** توانایی پیگیری مؤلفه‌های حسی لحظه به لحظه.
۳- **برابری:** توانایی حفظ آرامش روحی، منظور از آرامش یکنواختی روان و رفتار است به‌ویژه در شرایط دشوار.

بیشتر ما در محل کار و یا در شرایط بیرون از خانه و یا ارتباط با غریبه‌ها به مقدار زیادی ذهن آگاه هستیم یعنی خوب گوش می‌کنیم، تمرکز می‌کنیم و کمتر قضاوت می‌کنیم چون دلیل کارش را نمی‌دانیم و سعی می‌کنیم که رفتار ناشایستی نکنیم که خجالت‌زده نشویم.

فرض کنید رئیس شما در پارکینگ اداره با ماشین شما تصادف می‌کند! آیا عصبانیت و ناراحتی خود کنترل می‌کنید و بااینکه به نظر می‌رسد خسارت زیادی به شما وارد شده است حتی ممکن است از رئیس اداره‌تان درخواست خسارت نکنید.

اما اگر کودکتان زمان آب بازی روی ماشینی که شسته‌اید، آب بریزد، شاید بیشتر عصبانیت را نشان دهید بااینکه کثیف شدن ماشین قابل جبران است. زیرا معمولاً در خانه و در ارتباط با فرزندان و همسرمان نیازی نمی‌بینیم که به رفتارمان تمرکز کنیم و به حرف‌ها و احساساتشان کاملاً توجه کنیم و معمولاً آن‌ها را سریعاً قضاوت می‌کنیم و مسائل دیگر را مهم‌تر می‌بینیم، شاید راحت‌تر عصبانی شویم و در کل، ذهن آگاهی را خاموش می‌کنیم یا درجه آن را کم می‌کنیم.

این همان ماشینی است که وقتی رئیستان با آن تصادف کرد و عصبانی نشدید یا بر رفتار خود کنترل نشان دادید اما زمانی که کودکتان روی همان ماشین آب بریزد و کثیفش کند، حتماً ناخودآگاه سر او داد می‌زنید که من " تازه ماشین را از کارواش آوردم"

ذهن آگاهی یعنی همان کنترل در رفتار

[1] Jon Kabat-Zinn

فصل سوم : اقتدار مثبت

نکته ۱: منظور این نیست که بگذارید کودک هر کاری بکند منظور این است که قبل از فریاد زدن بر سر او و سرزنش و سرکوفت، با تمرکز به رفتارتان، روش درست را به کار بگیرید.

ذهن آگاهی کمک می‌کند که رفتارهای خوب و مناسب به‌مرور جای خود را به واکنش‌های آنی بدهد بعد از مدتی به‌صورت خودکار رفتارهایمان بهتر خواهد شد.

وقتی شیرین زبون شدی

گام دوم
اتصال قبل از اصلاح

کودکتان به زمین می‌خورد زیرا بند کفشش را نبسته است و به او تذکر داده بودید! زانویش خراشیده و قرمز شده است. با گریه به سمت شما می‌آید:

شما می‌دانید که اشتباه از خودش است.
می‌دانید که او بیشتر از نیاز گریه می‌کند.
می‌دانید زانویش باید ضدعفونی شود.
می‌دانید اگر کمی پماد ویتامین آ بمالید دردش هم کم می‌شود.
می‌دانید که چیز خاصی نیست و خوب می‌شود.

این‌ها تماماً اصلاح است. این موارد به طبقه بالای مغز یعنی مغز منطقی مربوط می‌شود اما اگر فصل قبل را خوانده باشید می‌دانید که راه ورود به طبقه بالا، طبقه اول است. طبقه بالا هیچ درب و پنجره ورودی ندارد.

راه ورود به طبقه اول اتصال است. برای اینکه کودکتان بدون داد و فریاد به‌راحتی به شما اجازه دهد زانویش را ضدعفونی کنید، پماد بمالید و به او بگویید زود خوب می‌شود و به او اشتباهش که نبستن بند کفش بود را تذکر دهید باید ابتدا:

- ✓ مشتاقانه به سمت او بروید.
- ✓ به او فقط گوش کنید و با چشم مهربان اوضاع او را ببینید.
- ✓ او را در آغوش بگیرید.
- ✓ به او بگویید: باید خیلی دردناک باشد.

فصل سوم : اقتدار مثبت

- ✓ به او بگویید: حتماً خیلی درد می‌کند و ناراحت شده‌ای که این‌همه گریه می‌کنی و نشان دهید که او را می‌فهمید.

آنگاه است که به کودک متصل شده‌اید و او درب طبقه پایین را باز می‌کند تا شما به بالا بروید و اصلاح را انجام دهید.

برای اطلاعات بیشتر به این ویدیو توجه کنید:

https://kidsocado.com

وقتی شیرین زبون شدی

گام سوم
خداحافظی با ابزارهای ممنوع

این قسمت یکی از پر چالش‌ترین گام‌ها برای پدرها و مادرهاست. به دلیل اینکه ما از کودکی با این ابزارها بزرگ شده‌ایم. ابزارهای اصلی نسلی که ما کودکانش بودیم، ابزارهایی مانند انتقاد، تنبیه، سرزنش و سرکوفت و امثال این‌ها بود[1]. در ما استفاده از این ابزارها از کودکی برنامه‌ریزی شده است اما قابل‌بحث نیست که این ابزارها دیگر کاربردی در دنیای امروز ندارد و شخصیت فرزند ما با این نه‌تنها ساخته نخواهد شد بلکه بسیار نامناسب شکل خواهد گرفت.

نکته اول: اگر رفتار پدران و مادران ما اشتباه بود، پس چرا بعضی از ما خوب شکل‌گرفته‌ایم؟

جواب: نسل ما با نسل کودکان امروزی بسیار فرق دارد. همانگونه که در قدیم مردم به راحتی بدون اینترنت و موبایل زندگی می کردند و اما اکنون حتی یکروز بدون آن دوام نمی آوریم. در دنیا تغییرات بسیاری بوجود آمده است کودکان ما رشد شناختی بیشتری دارند در ثانی علم روانشناسی و رفتارشناسی سرعت رشد بیشتری دارد و عموم جامعه در حال یادگیری و بکارگیری این علوم هستند و ما قادر نیستیم همان رفتاری را کنیم که پدران و مادران ما برای تربیت ما بکار گرفتند. در ضمن اگر پدران و مادران ما نیز از این علوم آگاه بودند نسل ما انسانهای با اعتماد به نفس تری بود.

نکته دوم: پدر و مادرها بهترین خودشان را در زمان خود انجام داده‌اند، پس به آن‌ها نباید خرده بگیریم. دانش امروزه بسیار راحت‌تر و گسترده‌تر در اختیار بشر قرارگرفته است.

نکته سوم: با توجه به اینکه ما با استفاده از این ابزارها عادت کرده‌ایم، برای بکار نگرفتن این ابزارها نیاز به به‌کارگیری ابزار اول یعنی ذهن آگاهی داریم.

---

[1] اگر پدر و مادر شما از این قائله مستثنی بودند، بسیار خوش شانس بوده‌اید.

فصل سوم : اقتدار مثبت

با این مقدمه به گام سوم بپردازیم؛
گام سوم؛ برای همیشه با این هفت ابزار خداحافظی کنید؛

۱- **انتقاد،**
مثال "اتاقت چرا این‌قدر نا مرتبه! تو خیلی بی‌مسئولیتی!"

۲- **سرزنش،**
مثال "توی مهمانی اصلاً بچه خوبی نبودی همیشه من را خجالت‌زده می‌کنی"

۳- **شکایت،**
مثال مادر از کودک به پدر شکایت می برد "خسته‌ام کرده است، از صبح تا شب دارم تو این خونه کار می کنم و زحمت می‌کشم اما اون اصلاً رعایت نمی‌کند"

۴- **نق زدن و سرکوفت،**
مثال "مواظب باش، گلدون را نشکنی، این‌قدر این‌ور و اون‌ور، ندو"

۵- **تهدید کردن،**
مثال "اگر شامت را تمام نکنی خبری از قصه نیست"
"بزار بابات بیاد خونه من می‌دونم و تو!"

۶- **تنبیه و مجازات کردن،**
مثال "چون دفتر برادرت را پاره کردی، تلویزیون نمی‌توانی ببینی و باید بری توی اتاقت و تا شب بیرون نیای"

۷- **رشوه دادن**
مثال "اگه شامت را تا ته بخوری، می‌تونی بیای توی تخت من بخوابی."

چیزی به نام کودک بد و خوب نداریم!

رفتارها بد و خوب هستند!

تمام جملات بالا اشتباه هستند، نه‌تنها باعث تکرار نشدن آن رفتار بد نمی‌شوند، بلکه باعث می‌شوند که کودک احساس گناه، ناتوانی و بد و بی‌عرضه بودن در درون خود بکند.

اگر در زندگی از این ابزارها استفاده می‌کنید نگران نباشید چون شما تنها انسان و پدر و مادری نیستید که این کار را می‌کنید؛ اما انتظار من این است که با یادگیری گام‌های اقتدار مثبت و آشنایی باهوش عاطفی بعد از اتمام کتاب و یا بسته آموزشی فرزند موفق بتوانیم بسیاری از جملات و رفتار اشتباه را به جملات و رفتار بهتر تبدیل کنیم و به یک رهبر هوش عاطفی بااقتدار مثبت تبدیل شویم که نتیجه آن لذت از فرزندپروری و لذت از نتیجه کارمان است.

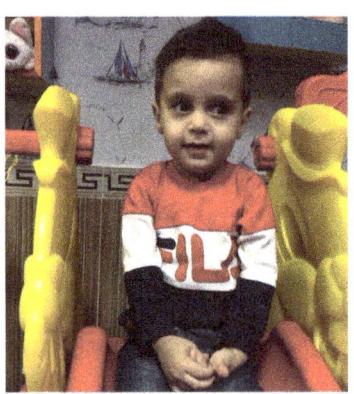

گام چهارم
تصمیم گیری بکن فرزندم

فرض کنید که تازه ازدواج کرده‌اید. همان روزهای اول می‌فهمید که همسر شما بسیار مستبد است و فکر می‌کند که فقط خودش درست می‌فهمد. به لباس شما گیر می‌دهد (البته گاهی فکر می‌کنید که اشتباه هم نمی‌کند، او کمی باسلیقه‌تر از شماست). به رانندگی شما گیر می‌دهد، زمانی که به خرید لوازم منزل می‌روید اگر نظرش با شما یکی نباشد از دست شما ناراحت می‌شود و نظر شما را کاملاً اشتباه می‌داند و زمانی که در جمع دوستان باهم هستید، حرف‌های شما را تصحیح می‌کند. شاید همسر شما از شما در مواردی باتجربه‌تر است، اما حتی اگر خیلی از شما باتجربه‌تر باشد بازهم این نوع رفتار، شما را آزار می‌دهد و بعد از مدتی اعتمادبه‌نفس خود را از دست می‌دهید.

زمانی که به کودکانمان اجازه تصمیم‌گیری نمی‌دهیم، به لباسی که می‌پوشد گیر می‌دهیم. می‌خواهیم برایش بازی انتخاب کنیم و زمانی که در حال حرف زدن جلو دیگران است، جملاتش را کامل می‌کنیم. به آن‌ها دقیقاً همین حسی را می‌دهیم که در مثال بالا همسرمان به ما داده بود. پس بهتر است بجای اینکه برایش انتخاب کنیم، اجازه دهیم تصمیم‌گیری‌هایی بکند و حتی اگر اشتباه است اما با ایجاد فرصت‌های بسیار مهارت انتخاب درست را یاد بگیرد بجای اینکه ما مرتباً برایش انتخاب کنیم.

در این گام کار ما این است که هرروز به‌اندازه موردنیاز ظرف قدرت کودکمان را با تصمیم‌گیری‌هایی که به او می‌دهیم پرکنیم:

در شبانه‌روز بسیاری از فرصت‌ها وجود دارد که می‌توانیم به کودکمان اجازه دهیم تا با انتخاب‌هایش توانایی‌های خودش را محک بزند. او باید یاد بگیرد که اگر انتخاب اشتباهی کند آن انتخاب اشتباه برایش توابعی دارد و با تنها توضیحات ما یاد نخواهد گرفت و بهتر است تجربه کند و از آن اشتباه‌ها درس بگیرد. این انتخاب‌ها برای کودک می‌تواند ظرف قدرتش را پر کند و

فصل سوم : اقتدار مثبت

او احساس ارزشمندی می‌کند. درنتیجه اگر به‌اندازه کافی در روز تصمیم‌گیری کند دیگر برای کسب قدرت به دنبال مخالفت با والدین نمی‌باشد.

مثال بالا را به یاد بیاورید: اگر همسر شما تصمیم‌گیری در مواردی که شما از پس آن برمی‌آیید را به عهده شما بگذارد و به نظر و عقیده شما احترام بگذارد، شما هم از اینکه در مواردی که او توانایی بهتر دارد تصمیم‌گیری کند ناراحتی ندارید.

چند نکته برای سپردن تصمیم به کودکان ۳ تا ۶ ساله:
نکته ۱: برای اینکه در انتخاب‌ها گیج نشوند، بهتر است انتخاب بین دو موضوع را به آن‌ها پیشنهاد کنید:
مثال: به نظرت کاپشن آبی قشنگ‌تر یا کاپشن سبز؟
می‌خواهی کفش سفیدت را بپوشی یا کفش بنفش را؟

نکته ۲: در مواردی که خطر آن‌ها را تهدید نمی‌کند، حتی اگر انتخاب اشتباه است، اجازه دهیم نتیجه انتخابشان را ببینند.

نکته ۳: به آن‌ها اجازه دهید تصمیماتی را برای شما نیز بگیرند، البته تصمیماتی که حتماً بتوانید نظر آن‌ها را اجرا کنید و نه که برعکس آن را انجام دهید.
مثال اشتباه: به نظرت با ماشین بریم پارک و یا پیاده (زمانی که اصلاً نمی‌توانید پیاده بروید)

۱- تصمیم‌گیری برای خودش
می‌خواهی بعد از نهار بخوابی و یا نقاشی کنی؟
می‌خواهی اول به پارک برویم بعد بستنی بخوریم و یا اول بستنی بخوریم بعد به پارک برویم.
در لیوان آبی رنگ برایت شیر بیاورم یا در لیوان قرمز!

در ایالات‌متحده آمریکا، مردم حتی اگر با دولت مخالف باشند به تغییر نظام هیچ‌گاه فکر نمی‌کنند می‌دانید چرا؟

چون همیشه برای مردم حق انتخاب گذاشته‌اند. بین انتخاب دو رئیس‌جمهور که حزب ها و عقاید سیاسی بسیار متفاوت دارند، ذهن مردم را درگیر انتخاب می کنند که مردم آمریکا متوجه نمی‌شوند اصل موضوع که **نظام** است درواقع تغییر نخواهد کرد.

نظام هم در اینجا برای کودک همان شیر خوردن است که زمانی که به او حق انتخاب لیوان دهیم، در بسیاری از مواقع کودکی که درگیر انتخاب لیوان است از اصل خوردن یا نخوردن شیر غافل می‌شود.

زمانی که به کودک می‌گوییم برو بخواب به او دستور داده‌ایم و قدرت او را به‌عنوان یک انسان زیر سؤال برده‌ایم. زمانی که به او می‌گوییم "می‌خواهی بخوابی؟" به او این حق انتخاب را می‌دهیم که نخوابد؛ اما زمانی که هم به او قدرت می‌دهیم و هم حواس او را از اصل نظام پرت می‌کنیم به او می‌گوییم "برای امشب می‌خواهی کتاب قصه‌ای که مادربزرگ برایت خریده را بخوانم و یا آن کتابی که از کتابخانه امروز امانت گرفته‌ایم؟"

۲- تصمیم‌گیری برای خانه

می‌توانید در مواردی که واقعاً برایتان فرقی ندارد از کودک نظر بپرسید:
دخترم به نظرت چای را در فنجان‌های سفید بریزیم و یا این فنجان‌های آبی گل‌دار؟
می‌دانید در روز می توانید چقدر از این قدرت ها به کودک بدهید. با این کار انتخاب کردن درست را به مرور یاد می‌گیرد.

۳- تصمیم‌گیری برای شما:

تو امروز برای من تصمیم بگیر که کدامیک از این دو روسری را بپوشم! سلیقه تو خوب است.

۴- درخواست کمک از کودک:

در بسیاری از موارد می‌توانیم از کودکمان درخواست کمک کنیم به او احساس خوب مثمر به ثمر بودن را می‌دهیم.
مثال: برای بردن این ظرف سر میز شام به کمک تو نیاز دارم!
برای تزئین خانه برای تولد پدر به کمک تو نیاز دارم!

فصل سوم : اقتدار مثبت

گام پنجم
برنامه ریزی و روال روزانه

این شیر با همیشه فرق می‌کنه مامان من این را نمی‌خواهم!

بارها و بارها با جملاتی شبیه این آشنا شده‌اید. شکایت کودکان زمانی که با کوچک‌ترین تغییری، روند و روال روزمره‌شان به هم می‌ریزند. یکی از دلایل اصلی‌اش این است که مغز کودکان در حال آموزش است و چون بسیاری از تجربیات زندگی برایشان تازه است. ورودی به مغزشان بسیار بیشتر از ما بزرگسالان است. این طبیعی است که یک سیستم خودکار همیشه در حال مرتب کردن اطلاعات وارده به مغز آن‌ها است و مغز آن‌ها عادت کرده است که داده‌ها را مرتب کند و هر اتفاقی که در اطرافشان می‌افتد را مانند یک واقعیت بپذیرند و با تکرار آن واقعیت، آن امر به‌صورت یک روال و برنامه برایشان ثبت شود که تغییر زیاد در آن باعث به هم خوردن آرامش آن‌ها می‌شود.

نکته اول: کودکان برای اینکه آرامش داشته باشند، نیاز به دنیایی دارند که در آن **روال** وجود داشته باشد. آنها از این روال‌ها و قوانین پایدار لذت می‌برند و کمتر سر به اعتراض می‌گذارند.

پیشنهاد خوب این است که پدر و مادر برنامه‌های روزمره مناسبی برای کودک تعریف کنند و در انجام آن کوشا باشند البته ناگفته نماند که در بعضی از خانه‌ها این‌قدر برنامه و روال محکم اجرا می‌شود که کودک احساس می‌کند ربات است.

نکته دوم: خوب است گاهی هم روال‌ها شکسته شود که کودک یاد بگیرد که گاهی هم شرایط استثناء وجود دارد و خود را با این شرایط وفق دهد. کودک می‌تواند برای کارهای روزمره مانند خوردن، خوابیدن، بیرون رفتن روال داشته باشد.

به‌طور مثال کارهای قبل خواب

۱- پوشیدن لباس‌خواب
۲- مسواک زدن و دستشویی کردن
۳- انتخاب کتاب
۴- انتخاب عروسک
۵- خواندن کتاب و یا تعریف قصه
۶- بوس - لالا

پدر و مادری که هرروز در ساعت معین شرایط انجام کارهای بالا را فراهم می‌آورند و به کودک حتی در روال‌ها حق انتخاب می‌دهند (شماره ۳ و ۴ در مثال)، کودک احساس آرامش می‌کند و محیط خانه را امن می‌بیند او اگر ۶ روز هفته این برنامه خوابیدن را داشته باشد، اگر آخر هفته به دلیل مهمانی و یا شام بیرون از خانه این روال را نداشته باشد می‌تواند درک کند که روال‌ها می‌توانند گاهی تغییر کنند. در عوض مادران و پدرانی هستند که یک‌شب برای خواندن کتاب خسته‌اند و یک‌شب دیگر در هفته به مهمانی رفته‌اند و شب دیگر هم با اصرار کودک به اینکه مسواک نکند، بلافاصله رضایت می‌دهند. این پدران و مادرانی که مرتباً روال‌ها را تغییر می‌دهند، نمی‌توانند انتظار داشته باشند کودکشان بدون اعتراض و بهانه‌گیری هر شب راحت به تخت برود.

نکته سوم: نکته مهم دیگری در مورد روال‌ها، برنامه‌ریزی است:

فرض کنید همسر شما بدون اینکه به شما از قبل خبر دار کند، شما را سوار ماشین کند و راهی جایی شوید و شما نه می‌دانید کجا است و نه می‌دانید چرا به آنجا می‌روید؟

مطمئناً که اجازه نمی‌دهید و اگر هم بهت‌زده با او همراهی کنید، مرتباً به دنبال این هستید که چرا در حال انجام این کارهاست. برای شما مهم است که او شما را کجا می‌برد و چه در سر دارد.

مثال دوم این است که دوست شما به شما پیشنهاد مسافرت می‌دهد، آیا بدون اینکه از او بپرسید مقصد کجاست، طول سفر چقدر است، کجا اقامت می‌کنید و با چه وسیله‌ای سفر می‌کنید، آیا با او همراه می‌شوید؟ حتی اگر او برنامه‌ریز بسیار خوبی باشد بازهم نیاز دارید که از جزئیات سفر مطلع باشید.

فصل سوم : اقتدار مثبت

کودکان نیز این‌گونه‌اند. آن‌ها از اینکه بدانند در طول روز چه اتفاقی خواهد افتاد احساس آرامش و امنیت می‌کنند و در مسیر کارهای روزمره کمتر مقاومت می‌کنند. پذیرش تصمیمات فوری برای کودکان آسان نیست و زمانی که از برنامه روزمره اطلاعی ندارند همه کارها برایشان مانند تصمیمات فوری است. بهتر است، از کارهایی که قرار است انجام دهید و به انجام آن‌ها مطمئن هستید، با آن‌ها ابتدای صبح صحبت کنید.

مثال: "پریا جان امروز ظهر از مهدکودک که آمدی قرار است که باهم به سوپرمارکت برویم و باهم خرید کنیم. شب هم که بابا آمد باهم به دیدن عمه می‌رویم و تو می‌توانی با دخترعمه‌ات بازی کنی."

نکته چهارم: کودکان در این سنین می‌توانند به‌خوبی برنامه‌های یک هفته آینده را در ذهنشان حفظ کنند. به آن‌ها در مورد برنامه‌های مهم هفته صحبت کنید. هم برای تقویت حافظه و هم برای درک از زمان به آن‌ها کمک می‌کند.

مثال: "این هفته تولد کیان هم‌کلاسی مهدکودکت دعوت‌شده‌ای."

نکته پنجم: زمانی که قرار است کاری را انجام دهید حتماً قبل از آن به کودک خبر دهید.

مثال: اگر در مهمانی هستید، ۱۰ دقیقه یا نیم ساعت قبل از ترک کردن آنجا، به کودک اطلاع دهید: "وقتی عقربه بزرگه اومد روی ۱۲ ما اینجا را ترک می‌کنیم."
مثال دوم: اگر کودکتان در حال فعالیتی است که بسیار از آن لذت می‌برد، فرض کنید در اتاقش مشغول بازی با لگو است. ناگهان به سمت او نروید و بگویید:"پاشو باید بریم بیرون" ۱۵ دقیقه قبل از رفتن به او بگویید و هم‌زمان به او حق انتخابی بدهید مانند "تا ۱۵ دقیقه دیگر باهم بیرون می‌رویم تو می‌خواهی با پله برویم و در راه بازی دوتا پله یکی کنیم یا با آسانسور برویم و بازی شمردن طبقه‌ها را بکنیم"
دوباره ۵ دقیقه قبل از بیرون رفتن، به او اطلاع بدهید.

این نکته آخر بسیار برای بچه‌های سنین ۳ تا ۶ سال مهم است. چه‌بسا ساعت‌هایی که مادر با گریه و دلخوری‌های زیاد کودک، برای بیرون کشیدن او از مهمانی و پارک صرف می‌کند. با این راهکار ساده زندگی را به خود و کودک خود آسان کنید.

وقتی شیرین زبون شدی

> **گام ششم**
> **شوخ طبعی**

مونا یکی از مراجعه‌کنندگان بود که تازه به کانادا مهاجرت کرده بودند او صبح‌ها به سرکار می‌رفت و بعدازظهرها به دانشگاه. یک پسر ۴ ساله داشت که بسیار بدخلقی می‌کرد و مرتباً با مادر دعوایش می‌شد این دعوا از یک درب ماشین باز کردن، گرفته بود تا نخوابیدن شب‌ها.

مونا و همسرش کوروش بسیاری از راهکارهای یک پدر و مادر بااقتدار مثبت را رعایت می‌کردند اما هنوز با پسرشان مانی نتوانستند رابطه خوبی بسازند. از مونا پرسیدم:

"در خانه چقدر می‌خندی؟"
مونا به فکر فرو رفت و گفت: "خیلی کم."
گفتم: "چقدر باعث خندیدن پسر و همسرت می‌شوی؟"
گفت: "شاید هیچ‌وقت."

مهربانی در تعریف یک مادر و پدر فقط در آغوش کشیدن، قربان صدقه رفتن، پرداخت هزینه‌ها، انجام کارها و رفع نیازها نیست. مهربانی شامل **ایجاد نشاط** در خانه نیز هست.

محیط خانه با حس و حال پدر و مادر رنگ‌آمیزی می‌شود. گاهی آن‌قدر خسته‌ایم که یادمان می‌رود ما ستون خانه‌ایم و مسئول گرم نگه‌داشتن محیط آن خانه. می‌توانیم آن را به محیط کسل‌کننده و بی روح تبدیل کنیم و می‌توانیم آنجا را به یک بهشت دلپذیر تبدیل کنیم.

خنداندن هزینه‌ای ندارد و زمان اضافی هم نمی‌برد اما می‌تواند کودک شما را به برای همیشه به شما دلبسته کند. دلبستگی به مادر و پدر احترام به همراه می‌آورد. دلبستگی است که زمانی که کودک شما به نوجوانی رسید، زمانی که در برابر انتخاب‌های خطرناک زندگی قرار گرفت، به

فصل سوم : اقتدار مثبت

او کمک می‌کند تا انتخاب درست بکند. کودکی که خودش را دوست دارد و برای خودش ارزش قائل است و دلبسته والدین است، زمان انتخاب بین خانواده و پیشنهادهای خطرناک بیرون، خنده‌ها و شوخی‌های مادر و مسخره‌بازی‌ها و مهربانی‌های پدر، از جلو چشمان او می‌گذرد. آن چیزی که باعث می‌شود نوجوان ما پا در راه سرنوشت‌ساز بگذارد، ترس از جدیت و تعصب پدر و مادر نیست، بلکه لحظاتی است که باهم خندیده‌اند. اگر پدر و مادر شوخ‌طبع و با نشاطی باشیم بدان معنا نیست که باوقار و مصمم نیستیم!

> باوقاری این نیست که شوخ طبع نباشیم،
>
> آن فردی که شوخ طبع نیست، عبوس است.

اسم گذاشتن بروی کارها و عادت‌ها، داشتن صداها و اداهای منحصربه‌فرد، شوخی‌های بامزه، فریب‌های کوچک و شوخی‌وار، قوانین بامزه، رمزهای خانوادگی، زبان اشاره‌ها و بازی‌های با نشاط از مثال‌های شوخ‌طبعی است.

> **گام هفتم**
>
> **به دنیای کودک سفر کنید**

وقتی شیرین زبون شدی

زمانی که از زاویه چشم کودکان به دنیا نگاه کنیم، می‌توانیم بفهمیم چه حسی دارند و دلیل کارهایشان چیست و با آن‌ها هم دل می‌شویم. دیدن و درک دنیای کودکان به معنی انجام خواسته آن‌ها نیست، حتی به معنی تغییر نظر شما نسبت به موضوع هم نیست، بلکه به معنای این است که من می‌فهمم که تو الان این خواسته یا نظر را داری، من هم شاید اگر همسن و در جایگاه تو بودم همین خواسته یا نظر را داشتم.

روزی با پسر ۶ ساله‌ام درباره بازی با تفنگ تفاوت نظر داشتم من نمی‌توانستم درک کنم که او چرا تا این حد از تفنگ و بازی با آن (البته اسباب‌بازی‌اش) لذت می‌برد. برای من تفنگ خاطرات تلخ جنگ ایران و عراق، بمباران‌ها و صحنه‌های کشته شدن سربازان را یادآور می‌کرد. من با تمام وجود از جنگ می‌ترسیدم اما سعی کردم با دنیای او ببینم و از اینکه چرا بازی با تفنگ را دوست دارد. از او پرسیدم چرا بازی با آن را دوست دارد و چه احساسی دارد و اینکه اگر بزرگ شد و تفنگ واقعی داشت می‌خواهد با آن چه کند.

برای او تفنگ احساس قدرت بود، او خود را یک پلیس حس می‌کرد که اگر بزرگ شد از تفنگ برای حفظ جان مردم شهرش استفاده می‌کند. به او گفتم اگر تفنگ واقعی داشته باشی پرنده هم شکار می‌کنی او گفت معلومه که نه! من با تفنگم به مورچه هم نمی‌زنم.

آن روز متوجه شدم که دیدن از زاویه دید کودکان می‌تواند به ما و آن‌ها کمک کند که باهم ارتباط بهتری داشته باشیم. بااینکه من هنوز نظر خودم را داشتم که تفنگ، اسباب‌بازی خوبی نیست، اما به پسرم این احساس را دادم که می‌فهمم چرا تفنگ را دوست دارد.

اعترافات نویسنده: آن زمان‌ها وقتی من ۹ ساله بودم یکروز با پسرعمویم روی پشت بام با تفنگ بادی کبوتری را زدیم. همه ما بسیار نسبت به کودکی‌مان تغییر می‌کنیم! اما یادمان می‌رود که علایق و نظراتمان فرق کرده است. یکی از راهکارهای بسیار عالی که در این کتاب آمده است راهکار سفر به سیاره کودک است.

سفر به سیاره کودک

همان‌طور که قبلاً گفتم کودکان در شبانه‌روز، به میزان بسیار زیادی احتیاج به **توجه مثبت** دارند. ظرف توجه آن‌ها باید با مواد خوب پر بشود. لازم به ذکر است که در سنین ۲ تا ۶ سالگی این نیاز عمدتاً باید توسط مادر و پدر پر بشود؛ اما خبر خوب این است که این میزان از توجه موقتی است در سنین بالاتر میزان توجهی که از مادر و پدر نیاز دارند، کمتر می‌شود و شیوه‌اش متفاوت می‌شود.

سفر به سیاره کودک به مادر و پدر کمک می‌کند که در زمان کمتر به مقدار قابل‌توجهی از این ظرف توجه را پر کنند. چون در این سفر روزانه‌ی ۲۰ تا ۳۰ دقیقه‌ای مواد اولیه توجه، از بهترین و خالص‌ترین ماده‌ها است.

تعریف سفر به سیارک فرزند:

۲۰ تا ۳۰ دقیقه از روز را با کودک به فعالیتی اختصاص دهیم که کودک از آن لذت می‌برد او باید آن فعالیت را انتخاب کند. البته نه تحت‌فشار شما، بلکه آزادانه انتخاب کند. در این مدت شما باید با کودک تنها باشید. فعالیت نباید با کودک دیگرتان همراه باشد. هیچ عاملی شما را از سفر دور نکند. در این سفر نه گوشی تلفنتان آنتن می‌دهد و نه غذا سر می‌رود. **شما** هستید و **کودک** و **بازی** که دوست دارد. بازی با قوانین او و با خواست او.

شما- کودک- بازی

شما کودکی به سن او می‌شوید و خود را به بازی او می‌سپارید. (البته همیشه به مسائل امنیتی توجه کنید) برای اطلاعات بیشتر به کیانا ۲ رجوع کنید.

وقتی شیرین زبون شدی

گام هشتم
به کودک احترام بگذارید!

روزی پسرم را برای فوتبال به یکی از پارک‌هایی که زمین فوتبال داشت برده بودم و روی صندلی پارک، منتظر نشسته بودم که فوتبالش تمام شود که پیر مردی حدود ۷۰ تا ۸۰ ساله کنارم نشست و ناگهان او را شناختم. او پدر یکی از دوستان صمیمی من، سحر در دوران دبیرستان بود. سحر دو برادر کوچک‌تر از خود نیز داشت و آن زمان وضع مالی آن‌ها بسیار خوب بود و به نظر می‌رسید هنوز هم خوب باشد، چون پدر سحر را راننده شخصی به پارک رساند.
زمانی که پدر سحر نیز مرا شناخت، از او پرسیدم لابد نوه‌تان در زمین فوتبال بازی می‌کند که به دیدن او آمده‌اید؟ اما پدر سحر آهی کشید و گفت: "پسرانم به من سر نمی‌زنند چه برسد اینکه اجازه بدهند با نوه‌هایم بازی کنم. بعد از درگذشت مادر سحر، من خیلی تنها شدم، فقط گاهی سحر به من سر می‌زند. بااینکه در تمام زندگی آدم موفقی بودم، کار کردم و زندگی مرفهی را برایشان فراهم کردم اما برای من اعتبار و احترام قائل نمی‌شوند."

حرف‌هایش مرا به فکر فرو برد. یادم به ۲۰ سال پیش افتاد زمانی که سحر با من درباره رفتار پدرش در خانه صحبت می‌کرد. پدر سحر دلیلش را نمی‌دانست که چرا فرزندانش با او رفت‌وآمد زیادی ندارند، اما من می‌دانستم. آن زمان سحر می‌گفت پدرش زمانی که عصبانی می‌شود، زمین و زمان را به هم می‌دوخت. بر سر ما داد می‌زد. برادران و مادرم را کتک می‌زد، ظرف‌ها را می‌شکست و حتی اگر یکی از ما کاری می‌کردیم که او را ناراحت می‌کرد، به سر همه‌مان داد می‌زد و بی‌احترامی می‌کرد. آن زمان بود که پدر سحر احترام و اقتدار خود را درواقع به‌عنوان یک پدر و پدربزرگ ازدست‌داده بود.

بسیاری از ما فکر می‌کنیم اقتدار این است که دیگران از ما بترسند، اما اقتدار یعنی طوری رفتار کنیم که انسان‌ها با خواست قلبی بخواهند به ما احترام بگذارند و نه از ترس موقعیت و عصبانیت ما.

احترام سه قسمت دارد:

۱- احترام به خود

احترام به خود مرز بسیار باریکی با خودخواهی دارد که می‌توان برای آن یک کتاب نوشت؛ اما در اینجا به‌صورت مختصر می‌گوییم که بسیاری از والدین مخصوصاً مادران به‌جای احترام به خود، از حقوق و نیازهای اساسی خود می‌گذرند تا به خود و دیگران ثابت کنند **فداکار** هستند؛ اما با صراحت بگوییم **فداکاری در حیطه فرزندپروری اصلاً خوب نیست**؛ و دسته دیگر، متأسفانه برعکس دسته اول احترام به خود را با خودخواهی اشتباه گرفته‌اند.

۲- احترام به کودک.

احترام به شخصیت کودک، به این معنا که همیشه به کودک به‌عنوان یک انسان باعقیده و صاحب‌نظر رفتار کنید. این احترام نباید فقط در مقابل دیگران باشد. احترام به معنی قبول تمام شرایط کودک نیست بلکه به معنای شنیدن و درک او و محترم شمردن عقیده‌اش است.

۳- احترام به دیگران در مقابل کودک

نکته: برای احترام به دیگران لطفاً اصل احترام به کودک را زیر پا نگذارید.

وقتی شیرین زبون شدی

گام نهم
حرکت مصمم و ادامه دار!

تشخیص مرز بین قاطع بودن و زورگو بودن خیلی دشوار است. بارها شده است که به فرزندانمان سخت گرفته‌ایم و اما بعد از مدتی پشیمان شده‌ایم و یا برعکس، گاهی به آن‌ها بسیار ساده گرفته‌ایم اما بعد از مدتی احساس می‌کنیم، زیادی انعطاف به خرج داده‌ایم و به‌اصطلاح از دست دررفته‌اند.

منظور از قاطعیت، ثبات در حرف‌ها، رفتار و تصمیمات پدر و مادر است. این در درجه اول به تصمیماتی که برای خودشان می‌گیرند، برمی‌گردد. درواقع میزان قاطعیت مادر و پدر این‌گونه و در طول زمان در نظر فرزندان مشخص می‌گردد. به‌طور مثال پدر و مادری که بر تصمیمات خود مصمم هستند، حتی در تصمیماتی مانند ورزش کردن و یا رژیم گرفتن مصمم هستند و نسبت به تصمیمات درستشان قاطع‌اند در نظر کودکان نیز مصمم‌تر و باجذبه‌تر خواهند بود.

تصمیمات قاطعانه همراه با نرمی و آرامش گفته می‌شود و همیشه همراه با دلایل و استدلال است. تعاریف قاطعیت داشتن با انعطاف‌پذیری گاهی تداخل پیدا می‌کند. مادران و پدران باید مرزهایی را برای خود پیدا کنند که در چه صورت‌هایی و برای چه تصمیماتی انعطاف‌پذیری نشان دهند و در چه مواردی بدون هیچ انعطافی عمل کنند.

گام دهم
صبور و آرام باشیم

فرض کنید که فرزند شما، از دخترخواهرتان که یک سال از فرزند شما کوچک‌تر است کتک می‌خورد. دوست دارید کودک شما کدام واکنش زیر را انجام دهد.

۱- محکم‌تر دخترخواهرتان را بزند.
۲- اسباب‌بازی موردعلاقه دخترخواهرتان را پرت کند و بشکند.
۳- سر او بلند داد بزند و سر شما هم فریاد بزند.
۴- از آنجا بلافاصله دور شود و زمانی که آرامش خود را یافت به دخترخواهر شما بگوید که از کارش ناراحت شده و اگر او عذرخواهی نکند و به این کار ادامه دهد دیگر با او بازی نمی‌کند.

اگر مورد ۱ و ۲ و ۳ را انتخاب کردید لطفاً از ادامه خواندن این کتاب انصراف دهید و این کتاب را به دوستی هدیه دهید.

اما اگر گزینه ۴ را انتخاب کردید، هنوز یار ما هستید.
کودکان از ما می‌آموزند

اگر زمانی که ما از کودکمان عصبانی هستیم از او کمی فاصله بگیریم و زمانی که آرامش خود را بازیافتیم به او بگوییم که از کارش بسیار ناراحت شده‌ایم و در صورت تکرار ممکن است نتوانیم تا آخر روز با او بازی کنیم. آن زمان کودک ما نیز زمان عصبانیت راهکار شماره ۴ را انتخاب می‌کند.

کودکان در سنین زیر ۶ سال هنوز از مادر، پدر و کسی که ساعات روز از آن‌ها مراقبت می‌کند، بسیار تـأثیر می‌گیرند. عصبانیت، از دست دادن آرامش، فریاد زدن بر سر کودک و احساس پشیمانی از اینکه بچه‌دار شده‌ایم، گاهی برای مادران و پدرانی که بسیار خسته شده‌اند، احساسی طبیعی است. اگر گاهی اوقات، این احساسات و اعمال، بر ما حاکم می‌شوند دلیل بر این نیست

که مادر و یا پدر بدی هستیم. همه ما در زندگی مشکلات و گرفتاری‌هایی داشته‌ایم و زمانی که قرار است با کودک ۳ تا ۶ ساله هم ارتباط داشته باشیم، یعنی سنی از کودکی که من به آن بمب انرژی می‌گوییم، اصلاً بعید نیست که گاهی به هم بریزیم.
اما یک پدر و مادر کامل که سعی دارد کودکی خوشبخت و شاد پرورش دهد، در جریان رشد کودکش، خود نیز تمرین صبوری و آرامش می‌کند و به‌جای از دست دادن کنترل به دنبال راهی می‌گردد که بتواند بر روی رفتارها، گفتارها و از همه مهم‌تر احساساتش کنترل پیدا کند.

راه‌های تمرین صبر:

۱- زمانی که از کوره درمی‌رویم کودک را به کسی بسپاریم و یا درجایی امن بگذاریم و به اتاق دیگر برویم. (۳ دقیقه زمان می‌برد که غده‌های آمیگدال مغز آرامش خود را بازیابند و هورمون ضد شورش در بدن شما پخش شود.)

۲- اگر امکان خروج از اتاق را ندارید، رویتان را به دیوار کنید و تا ده بشمارید.

۳- نفس عمیق بکشید.

۴- صورتان را با آب سرد بشویید.

۵- حرف‌هایتان را با آهنگ بیان کنید. شاید البته مسخره به نظر بیاید اما یکی از پربازده‌ترین راه‌ها برای کنترل خشم است.

می دانید ۹۰ درصد انسانها نمی دانند درست نفس عمیق کشیدن چگونه است! و
آیا می دانید درمان بسیاری از ناراحتی ها نفس عمیق است!
برای اینکه بدانید چگونه درست تنفس کنید به کتاب کیانا ۲ مراجعه کنید.

گام یازدهم
اعتماد سازی کنیم

قدم اول برای جلب اعتماد دیگران اعتبار سازی شخصیت خود است.

۱- دروغ، دست انداختن و گول زدن ممنوع.

در سنین قبل از سه‌سالگی اگر مادران و پدران به کودک می‌گفتند، ماست سیاه است. او بی‌چون چرا می‌پذیرفت. چون مادر و پدر، بهترین منبع علم و دانش محسوب می‌شوند؛ اما بچه‌ها که بزرگ‌تر می‌شوند، قسمت بالای مغزشان هم که قسمت استدلال است بزرگ می‌شود و دیگر هر حرفی را از ما قبول نمی‌کنند؛ اما اگر از مادر و پدر به هر دلیلی حرف راست نشنوند باعث می‌شود که مادر و پدر بی‌اعتبار بشوند. گاهی ما ندانسته دروغ‌های مصلحتی می‌گوییم و یا می‌خواهیم کسی را به دردسر نیندازیم اما در دنیای سیاه و سفید کودکان دروغ مصلحتی یا سفید وجود ندارد. اگر شام نخورده‌ایم در خانه عمه نگوییم "ممنون ما شام خورده‌ایم" و یا اگر جواب سؤالی را نمی‌دانیم جواب دیگری ندهیم که درست نیست.

۲- سر قولمان بمانیم

زمانی که قادر به انجام کاری نیستیم به آن‌ها قول ندهیم.

۳- باانصاف باشیم

برای اینکه انسان باانصافی باشیم، از تعمیم دادن باید پرهیز کنیم. حرف‌هایمان نباید جنبه کلی‌نگری داشته باشد. " تو همیشه بدغذا هستی" و یا "تو بی‌انصاف هستی." حتی اگر همیشه بدغذاست. بجای آن بگویید" چرا امروز غذایت را نخوردی؟"

۴- یک‌دنده نباشیم

انسان بااعتبار انسانی نیست که سر فکرش بماند بلکه انسانی است که سر قولش بماند. اگر درجایی احساس کردیم تفکر یا گفته‌مان اشتباه است، آن را درست کنیم و اگر نیاز است، عذرخواهی کنیم.

وقتی شیرین زبون شدی

۵- رفتاری یکپارچه داشته باشیم.

همان‌طور که در فصل ارتباط با کودک خواهیم خواند، ۴ دلیل عمده برای بدرفتاری‌های کودک وجود دارد: که یکی از آن‌ها، یکپارچه و یکسان نبودن رفتار مادر و پدر است. اگر قوانینی وضع می‌کنیم، همیشه پایبند اجرای آن باشیم و اگر شرایط متفاوت است، رفتار و توقع متفاوتی نداشته باشیم. اگر نوشابه در خانه ممنوع است در خانه خاله هم ممنوع است.

گام دوازدهم
محدودیت ها

حتماً می‌دانید که آمار مهاجرت خانواده‌هایی که بچه‌دارند در کشورهای جهان سوم بسیار زیاد است. آیا می‌دانید که مهاجران به چه کشورهایی سفر می‌کنند؟
به اروپا، آمریکا، کانادا و استرالیا. اولین دلیل مهاجرت خانواده‌ها امنیت است. امنیت در صورتی برقرار می‌شود که محدودیت‌های عادلانه وجود داشته باشد. همچنین اجرای این محدودیت‌ها بسیار دقیق باشد.
آخرین باری که من در ماشین با موبایل کارکردم. ۳۶۵ دلار بابت استفاده از موبایل به شرکت راهنمایی و ۱۲۷ دلار هم جداگانه به شهرداری (به دلیل ۴ امتیاز منفی) مجبور شدم، بپردازم؛ اما باعث شد که من دیگر در هنگام رانندگی دست به موبایل نزنم. من هیچ‌گاه به دولت کانادا به خاطر این جریمه سنگین و روند امتیاز منفی که برای برطرف کردنش، باید ۴ ساعت به شهرداری کمک داوطلبانه می‌کردم، ناسزا نگفتم بلکه خوشحال بودم که قوانین هست و این قوانین با عدالت اجرا می‌شود.
همه ما محدودیت‌ها را دوست داریم و از اینکه درجایی هرج‌ومرج باشد بیزاریم. کودکان بیشتر از ما به این محدودیت‌ها نیاز دارند. در خانه‌ایی که محدودیت و قوانین عادلانه باشد و اجرای همیشگی آن، مستمر و یکنواخت باشد، احساس امنیت و آرامش می‌کنند.
قوانین و محدودیت‌ها باید چند اصل اساسی داشته باشد و که این اصول عبارتند از:

۱-قوانین عادلانه باشد و در وضع قوانین به نیازهای افراد خانواده توجه شود.

مثال: توپ‌بازی در خانه در صورتی ممنوع باشد که کودک دست‌کم یک روز درمیان به پارک برده شود تا توپ‌بازی کند

۲- قوانین مخصوص خانه است و برای همه یکسان است.

اگر بردن لیوان نوشیدنی در اتاق‌ها ممنوع است، شما هم با لیوان چای به اتاقتان نروید.

۳- قوانین به‌صورت یک فرض وجود دارد.

برای کودکان این تصور باید ساخته شود که مادر و پدر فقط اجرا کننده هستند و اگر کودک حس کند که هر زمان در مورد تغییر قوانین می‌تواند به مادر و پدر چانه بزند اشتباه است. برای اینکه کودک این حس را نکند، من به مادر و پدرها پیشنهاد می‌کنم که قوانین را در یک جلسه خانوادگی اعلام کنند و نیاز است همه با آن‌ها موافق باشند و هر زمان که نیاز بود برای تغییر دوباره جلسه بگذارند. فرض کنید در هر کشوری مجری قانون (مثل پلیس) می‌توانست نسبت به موقعیت، قانون را عوض کند، آنگاه اقتدار قانون زیر سؤال می‌رفت.

۴- از همه مهم‌تر، قوانین باید عادلانه و یکپارچه اجرا شوند.

قوانین یا باید گذاشته نشود و یا اگر قانونی گذاشته می شود باید اجرا شود. بی قانونی با خانه ایی که قانون دارد ولی اجرا نمی شود فرقی ندارد.

فصل سوم : اقتدار مثبت

خلاصه بخش سوم:

- یک والد بااقتدار مثبت باید سه خصوصیت داشته باشد: **مهربان، آرام و مصمم.**

- گام اول برای رسیدن به اقتدار مثبت، ذهن آگاهی است، یعنی حالتی که ما بتوانیم بر تمام افکار و احساسات خود تسلط داشته باشیم.

- گام دوم برای رسیدن به اقتدار مثبت، اتصال به مغز پایینی کودک قبل از اصلاح اوست.

- گام سوم خداحافظی با ابزارهای ممنوعه یعنی: انتقاد، سرزنش، شکایت، نق زدن و سرکوفت، تهدید کردن، تنبیه و مجازات کردن، رشوه دادن است. چیزی به نام کودک بد نداریم آن چیزی که بد است رفتارها هستند!

- گام بعدی این است که اجازه دهیم کودکمان تصمیم‌گیری کند و حتی اگر اشتباه است اما با ایجاد فرصت‌ها مهارت انتخاب را یاد بگیرد. ما مرتباً برایش انتخاب نکنیم.

- یکی دیگر از گام‌های اقتدار مثبت، روال‌ها و برنامه ریزی های پایدار روزانه است آنها از این روال‌ها لذت می‌برند، احساس امنیت می کنند و کمتر سر به اعتراض می‌گذارند.

- گام ششم **شوخ‌طبعی** آن چیزی که باعث می‌شود نوجوان ما پا در راه سرنوشت‌ساز بگذارد، ترس از تعصب پدر و مادر نیست، بلکه لحظاتی است که باهم خندیده‌اند.

- **به دنیای کودک سفر کنید**، ۲۰ تا ۳۰ دقیقه از روز را با کودک به فعالیتی اختصاص دهیم که کودک از آن لذت می‌برد او باید آن فعالیت را انتخاب کند.

- به کودک **احترام** بگذارید! بسیاری از ما فکر می‌کنیم اقتدار این است که دیگران از ما بترسند، اما اقتدار یعنی که انسان‌ها با خواست قلبی بخواهند به ما احترام بگذارند.

- گام نهم **مصمم** بودن است. منظور از قاطعیت، ثبات در حرف‌ها، رفتار و تصمیمات پدر و مادر است. این در درجه اول به تصمیماتی که برای خودشان می‌گیرند، برمی‌گردد.

- گام دهم اقتدار مثبت این است که صبور و آرام باشیم و به‌جای از دست دادن کنترل به دنبال راهی می‌گردد که بتواند بروی رفتارها، گفتارها و از همه مهم‌تر احساست مان کنترل پیدا کند.

- گام یازدهم، اعتمادسازی کنیم قدم اول برای جلب اعتماد دیگران اعتبار سازی شخصیت خود است: راست‌گو باشیم، سر قولمان بمانیم، باانصاف باشیم، یک‌دنده نباشیم و رفتاری یکپارچه داشته باشیم.

- گام آخر این است که در خانه‌ایی که محدودیت و قوانین عادلانه باشد و اجرای همیشگی آن، مستمر و یکنواخت باشد، احساس امنیت و آرامش می‌کنند.

بخش چهارم

ارتباط با کودک

زمانی که سردرد و یا تب‌داریم به دکتر مراجعه می‌کنیم، تا متوجه شویم در بدن ما چه مشکلی وجود دارد و ما را درمان کند. بدن ما بسیار باهوش است و علائمی را به ما نشان می‌دهد تا با بروز آن علائم متوجه مریضی شویم مانند زمانی که در اثر حساسیت روی پوستمان کهیر می‌زند؛ اما آن علائم صرفاً همیشه بسیار واضح نیستند مانند زمانی که در حال لاغر شدن هستیم، ممکن است دکتر با آزمایش بگوید که کم‌کاری تیروئید داریم.

رفتارهایی که کودکان می‌کنند و به نظر ما عجیب است و یا برای ما طبیعی نیستند، مانند علائم یک بیماری ممکن است علائم خاصی باشند که به ما نشان می دهد که باید تغییری در شرایط موجود ایجاد کنیم.

کودکانی که در معرض اتفاق‌هایی تلخ، مانند فوت یا طلاق والدین قرارگرفته‌اند رفتارهای غیرمتعارفی دارند که دلیلش مشخص است اما کودکانی که این حوادث تلخ را خوشبختانه تجربه نکرده‌اند، اگر رفتارهای غیرمتعارف انجام می‌دهند، علائم این است که والدین روابط مؤثری با کودک ندارند.

پایه‌های اصلی روابط مؤثر عبارت‌اند از:

۱- شنیدن مؤثر
۲- درک متقابل
۳- پاسخگویی مؤثر

شنیدن مؤثر

خمیر و شالوده یک ارتباط خوب، شنیدن خوب است. شنیدن خوب یک هنر است. تمام انسان‌ها خیال می‌کنند که فقط با گوش می‌توان خوب شنید؛ اما اگر شنیدن مؤثر فقط با گوش بود، بتهوون، موسیقیدان معروف دنیا، نمی‌توانست قطعه‌هایی به این زیبایی بسازد. در حالی که از ۱۹ سالگی تقریباً ناشنوا بود. گوش، اصوات را می‌شنود و چشم، زبان بدن را می‌بیند و قلب، زبان دل را می‌شنود.
زمانی که کودک ما در حال حرف زدن‌های بی‌انتها و یاوه است، شاید نیاز دارد که با گوش قلب او را بشنوید.

شنیدن سه مرحله دارد:

مرحله اول شنیدن

مرحله اول شنیدن زمان‌هایی ایست که به کودکمان فقط نشان می‌دهیم که آن‌ها را می‌فهمیم و بااینکه سرمان را تکان می‌دهیم و ادای شنیدن درمی‌آوریم، بیشتر حرف‌هایشان را نمی‌شنویم؛ اما موضوع صحبتشان را درکل می‌دانیم. شنیدن مادر و پدر هر چه بیشتر ازاین‌گونه باشند، بچه‌ها بیشتر و بی‌محتواتر حرف می‌زنند و مادر و پدر نیز کمتر به‌منظور واقعی بچه‌ها پی می‌برند و ارتباط بین والد و کودک نا مؤثرتر می‌شود.

هر چه کم دقت تر به حرف کودکمان گوش کنیم، او حرفهای بی ربط بیشتری می‌زند.

هر چه کمتر وقت شنیدن برای کودکانمان بگذاریم، او بیشتر حرف می‌زند.

فصل چهارم: ارتباط با کودک

مرحله دوم شنیدن

در این نوع شنیدن مادر و پدر، به کلمات کودک به‌طور کامل گوش می‌دهند؛ اما حرف‌ها را آن مدلی که خودشان دوست دارند، می‌شنوند و نه‌تنها منظور کودک را متوجه نمی‌شوند، بلکه او را قضاوت هم می‌کنند و با ادراک خود حرف‌های او را تفسیر می‌کنند. در این مدل بچه‌ها کمبود توجه پیدا نمی‌کنند و برای جلب‌توجه والدین، به دنبال پرحرفی نیستند، اما ارتباط مؤثری نیز با والد پیدا نمی‌کنند و مخصوصاً بزرگ‌تر که می‌شوند بجای مشورت با مادر و پدر ترجیح می‌دهند، درباره‌ی مشکلاتی که با آن روبرو می‌شوند با دوستانشان مشورت کنند؛ زیرا همیشه می‌دانند که مادر و پدر ممکن است آن‌ها را به‌غلط قضاوت کنند.

مرحله سوم شنیدن:

در این شنیدن که بهترین و مؤثرترین نوع شنیدن است، پدر و مادر هم به کلمات و هم به زبان بدن کودک توجه می‌کنند و با توجه به شناختی که از کودک دارند، منظور و قصد اصلی کودکان را درک می‌کنند. والدینی که با تمام بدن به کودک خود گوش می‌دهند و با ادراک خود کودک و حرف‌هایش را تفسیر می‌کنند، فرزندانشان نیز شنیدن نوع سوم را یاد می‌گیرند و همواره مادر و پدر را اولین و بهترین راهنما می‌دانند. در زندگی مهارت ارتباطی بسیار خوبی دارند و یاد می‌گیرند به‌اندازه و پرمحتوا صحبت کنند.

با رجوع به کتابچه کیانا ۲ شنیدن مؤثر را تمرین کنید این شنیدن هم در زندگی و هم در کار بسیار به ما کمک خواهد کرد.

درک متقابل

زمانی که شنیدن مؤثر را بیاموزیم، درک کردن متقابل، مرحله دوم کار است. در کودکان زیر ۶ سال، کار مادر و پدر کمی دشوارتر می‌شود و حدود نیمی از پدران و مادرانی که تا قبل از سه‌سالگی ارتباط بسیار خوبی با کودکان داشته‌اند، گزارش داده‌اند که کودکانشان از بعد از ۳ سالگی به حرف آنها مانند قبل توجه نمی‌کند و دائماً در ارتباط با کودکان مشکل‌دارند، به دلیل اشکال در درک آن‌هاست. تا قبل از ۳ سالگی نیازهای کودک عبارت بود از غذای کافی، خواب

وقتی شیرین زبون شدی

خوب، بازی و تماس زیاد با مادر و پدر، او از اینکه مادر و پدر برایش برنامه‌ریزی کنند خوشحال است؛ اما بعد از ۲ تا ۳ سالگی نیازهای کودک وسیع‌تر می‌شود و او اکنون می‌خواهد توانایی‌هایش را بشناسد و به خودش و به دیگران ثابت کند که:

من قوی و توانا هستم!

من منحصربه‌فرد هستم!

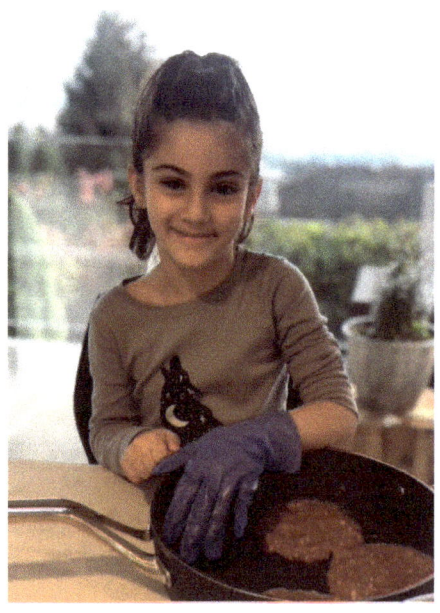

فصل چهارم: ارتباط با کودک

توجه و قدرت

دوباره به نیازهای اساسی و اولیه انسانی یعنی توجه و قدرت بازگشتیم. این مبحث این‌قدر مهم است که من بارها و بارها آن را تکرار می‌کنم و اگر همه ما آن را کاملاً یاد بگیریم و در روابط روزانه‌مان بکار ببریم، در ارتباط با همه انسان‌ها موفق خواهیم بود.

بر اساس تئوری انتخاب که توسط دکتر ویلیام گلاسر مطرح شد، انسان‌ها دارای ۵ نیاز اساسی و ابتدایی هستند این نیازها عبارت‌اند از

به‌طورقطع، هر انسانی به هر ۵ گزینه بالا نیاز دارد، هر چه شخصیت انسان‌ها بیشتر شکل می‌گیرد، یکی از نیازها بزرگ‌تر از بقیه می‌شود و این موضوع خودش را بیشتر نشان می‌دهد برای اینکه بهتر آن را درک کنید بگذارید مثال‌هایی برایتان بزنم.

من زمانی که به دنیا آمدم جنگ ایران و عراق بود و شرایط آن زمان باعث شد که همواره نیاز به بقا برای من بسیار بزرگ‌تر از دیگر افراد خانواده باشد، برای همین اگر نصف شب صدایی بیاید من از همه بیشتر می‌ترسم و یا بیشتر به مسائل امنیتی دقت می‌کنم.

مثال دوم، سینا مدیر یک مجموعه ۲۳ نفری است. در سینا نیاز به قدرت بسیار زیاد است، او همواره دوست دارد رهبری کند و او از اینکه در کارش زیاد سؤال از او پرسیده شود ناراحت می‌شود و اگر همسرش و یا فرزندانش به او این احساس را بدهند که کاملاً به کاری که می کند اطمینان دارند، او این‌گونه احساس قدرت بیشتری می کند. آن‌ها معمولاً می‌دانند و از او سؤالی نمی‌پرسند و تا زمانی که خود سینا از آن‌ها کمک نخواهد سعی در کمک کردن به او هم نمی‌کنند؛ اما سینا می‌داند که احساس نیاز به توجه و دوست داشته شدن در همسرش نسرین بیشتر از قدرت است. پس سینا سعی می‌کند در کارها به نسرین کمک کند و زمانی که سؤالاتی از نسرین می‌پرسد، می‌داند که نسرین برعکس خودش خوشحال شده و احساس می‌کند کاسه "نیاز به توجه" در او کاملاً پر می‌شود.

بررسی نیازها برای کودک ۳ تا ۶ ساله:

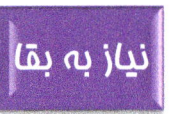

نیاز به بقا

برای نیاز به بقا در کودکان لازم به توضیحی نیست، مادران و پدران کاملاً به این نیاز واقف‌اند و آن را به بهترین نوع مرتفع می‌کنند.

نیاز به توجه و عشق **نیاز به تفریح**

نیاز به تفریح برای کودکان به‌اندازه‌ای زیاد است که کودک در هرلحظه و هر شرایطی در حال سرشار کردن خود از این نیاز است او نمی‌تواند بنشیند و همواره از هر وسیله‌ای برای شاد کردن خود و لذت بردن از لحظات خود استفاده می‌کند. در مورد این نیاز به‌تفصیل در بخش بازی صحبت خواهد شد و به دلیل اینکه کودکان بازی با والدین و تفریح را بخشی از توجه والدین

فصل چهارم: ارتباط با کودک

می‌دانند، من برای سادگی این دو نیاز یعنی توجه و تفریح را باهم ادغام کردم و آن را به‌عنوان نیاز به توجه بیشتر بررسی خواهیم کرد.

در کودکان نیاز به آزادی و قدرت نیز تقریباً به یک‌شکل خود را نشان می‌دهد و من برای راحتی کار آن را نیاز به قدرت نامیده‌ام.

همان‌طور که گفتیم برای درک کودک باید این دو نیاز اساسی کودک را بشناسیم و ببینیم کدام‌یک از رفتارهای کودک برای برطرف کردن کدام نیاز است و چه کنیم که همواره ظرف‌های نیاز به توجه و قدرت کودکانمان پر بماند.

قدرت:

همان‌گونه که قبلاً هم اشاره شد برای پر کردن ظرف قدرت کودک کافی است، انتخاب در هر آنچه را که برایمان امکان‌پذیر است را به او بسپاریم.

مانند انتخاب کتابی که می‌خواهد بخواند.
کفشی که می‌خواهد بپوشد.
جایی که می‌خواهید شام بخورید.

انتخاب‌ها بهتر است بین دو انتخاب باشد. به آن انتخاب عمل شود؛ و بیشتر از اندازه نباشد، به این معنی که گاهی پدر و مادر شرایط را بر خود سخت می‌کنند به خاطر اینکه به کودک قدرت دهند.

زمانی که اردشیر همراه با پسرش آراد به سوپرمارکت رفته بودند، آراد ۵ ساله اصرار داشت که چرخ خرید را هل دهد، اما چرخ برای او بزرگ بود و آن را به پای آدم‌ها می‌زد و یا با قفسه‌ها برخورد می‌کرد، اردشیر که می‌دانست اگر این انتخاب (هل دادن چرخ) را از آراد بگیرد او حتماً ناآرامی می‌کند زیرا از او قدرتی که داشت گرفته می‌شود، به همین خاطر به آراد گفت، "نیاز دارم در انتخاب اجناس به من کمک کنی. چطور است که تو جلو چرخ باشی که بتوانی محصولات را در قفسه‌ها ببینی و انتخاب کنی؟" و بدون اینکه منتظر بماند گفت "تو می‌دانی بهتر است این رب گوجه را بگیریم یا این یکی را؟"

آراد گفت: "مامانم که با من به خرید می‌آید، آن شیشه را می‌گیرد که درش سبزه؟" پدر پرسید "نظر تو چیه؟" آراد دستگیره چرخ را ول کرد و به سمت قفسه رفت و گفت: "فکر کنم همین در سبزه خوب باشد" و پدر بلافاصله گفت:"می‌خواهم دستمال کاغذی را باسلیقه تو انتخاب کنم. کدام‌یکی را بگیریم؟" آراد بین دستمال‌ها گشت و یک جعبه مربعی شکل که معمولاً برای ماشین استفاده می‌کنند و کوچک‌تر از بقیه بود را برداشت و به پدر نشان داد. پدر گفت:" انتخاب قشنگی است؛ اما این تعداد دستمال کمتری دارد، یک‌بار که دستمال ماشین تمام شد این را انتخاب کنیم. به نظر تو برای خانه کدام مناسب‌تر است؟" آراد گفت:" اما من این را دوست دارم" پدر گفت:"آره منم این را دوست دارم؛ اما اکنون برای خانه دستمال می‌خواهیم به نظرت در

جادستمالی که مادربزرگ برایمان آورده، این دستمال جا می‌شود؟" آراد گفت:" نه" و پدر گفت: "پس از بین این دو جعبه‌ای که جا می‌شود کدام را بگیریم؟" آراد گفت: "این را بگیریم."پدر گفت:"پس یک بسته بردار و در چرخ بینداز و بزن بریم قفسه بعدی که بهترین را انتخاب کردی."

بسیاری از پدران و مادران می‌گویند ما این‌قدر بیکار نیستیم که برای یک خرید این‌همه وقت و انرژی بگذاریم، اما همین پدران و مادران که در شرایط عادی این وقت را به خرج نمی‌دهند، ساعت‌ها با دعوا، طغیان و لجبازی کودک مواجه می‌شوند. آن کودکانی که می‌خواهند به هر وسیله‌ایی ظرف نیازشان را که از صبح خالی مانده را پر کنند. این دعوا و بهانه‌گیری‌هایی که معمولاً در اواخر روز رخ می‌دهد زمان و انرژی بیشتری از پدر و مادرها خواهد گرفت.

همان‌گونه که گفتیم برای داشتن یک ارتباط خوب، یکی از اصول، درک متقابل یا درک نیازهای واقعی کودک است و یکی از نیازهای اساسی کودک توجه و دوست داشته شدن است:

کودک ۳ تا ۶ ساله بسیار نیازمند تأیید و توجه پدر، مادر و اطرافیان است. اینجاست که کلمات بسیار نقش عمده‌ای را بازی می‌کنند و اینجاست که کلمات می‌توانند، شخصیت کودک شما را به طرز غیرقابل‌باوری تحت تأثیر قرار دهند.

به این جدول دقت کنید:

توجه	توقع: زیاد	توقع: کم
زیاد	**والدگری بااقتدار مثبت** ✓ توجه زیاد توقع زیاد	**والدگری بی‌اراده** ✗ توجه زیاد توقع کم
کم	**والدگری دیکتاتوری** ✗ توجه کم توقع زیاد	**والدگری غافل** ✗ توجه کم توقع کم

این جدول را محقق دایانا بومراند[1] برای اولین بار به دنیا ارائه داد.

دلیل اینکه تحقیقات خانم بومراند این‌قدر در دنیای روانشناسی سروصدا ایجاد کرد این است که میزان توجه والدین و میزان انتظارات آن‌ها، در آینده کودک و به اینکه کودک به چگونه شخصیتی تبدیل می‌شود، بسیار مرتبط است.

والدگری بی‌اراده: این نوع والدگری عبارت است از حمایت و عشق ورزیدن بی‌وقفه اما بدون هیچ توقع و انتظار. (البته در اینجا منظور از انتظار، چشم داشت و توقع متقابل در برابر مهربانی والدین نیست. بلکه منظور تعادل برقرار کردن بین توقع والدین از رشد و تلاش فرزندان و میزان

[1] Diana Baumrind 1966

فصل چهارم: ارتباط با کودک

محبت و توجه والدین است،) والد اجازه می‌دهد کودک هر کاری دوست دارد انجام دهد و او را آزاد می‌گذارد. این والدین به دمکراسی باور دارند.

کودکان این گروه پرخاشگر و لجبازند. زمانی که شرایط برخلاف میل آن‌هاست توانایی پذیرش آن‌ها پایین است، برای دیگران ارزش قائل نمی‌شوند و بسیار خودخواه می‌شوند.

والدگری دیکتاتوری: نقطه مقابل والدگری بی‌اراده است. این والدین که تعدادشان نیز کم نیست، عشق و توجه کمی به فرزندانشان نثار می‌کنند و انتظاراتی شاید بیشتر از توانایی کودک دارند. دیکتاتورانه امرونهی می‌کنند و انتظار رفتار بسیار خوب دارند و اگر این رفتار را نبینند حتی تنبیه هم می‌کنند.

کودکان این گروه از والدین به دو گونه تبدیل می‌شوند یا بسیار پرخاشگر و مبارز هستند و مرتباً با والدین جنگ دارند و مخالفت می‌کنند و یا کاملاً آرام و گوشه‌گیر می‌شوند این گوشه‌گیری تا جایی است که بدانند والدین آن‌ها را نمی‌بینند اما زمانی که فرصت کنند قوانین را می‌شکنند و در آینده این گروه انتخاب‌های غلطی ممکن است در زندگی بکنند.

والدگری غافل: این نوع والدین که معمولاً تعدادشان بسیار کم است. این والدین هم توجه و مهربانی به کودک نمی‌کنند و هم از آن‌ها انتظار زیادی ندارند. در بعضی از خانه‌ها که قوانین مشخصی وجود ندارد و ارزش‌هایی در خانواده تعریف نشده باشد نیز این والدگری وجود دارد. والدینی که طلاق یا اعتیاد را تجربه کردند و یا کودک ناخواسته دارند و یا حوصله والدگری به دلیل سن زیاد مادر و پدر ندارند، ممکن است در این دسته قرار بگیرند.

کودکان این نوع والدین تقریباً در هر زمینه‌ای از زندگی عملکرد ضعیفی دارند. آن‌ها بامهارت‌های بسیار ضعیف اجتماعی و عاطفی بار می‌آیند. آن‌ها برای خود ارزش قائل نمی‌شوند. کمبود عشق باعث می‌شود که در آینده نتوانند ارتباط عاطفی لذت‌بخشی برقرار کنند و متأسفانه در درس و کار نیز عملکرد خوبی ندارند.

والدگری بااقتدار مثبت: در این نوع والدگری کاملاً بین **توقع** والدین از کودک برای تلاش بیشتر و **توجه** به کودک تعادل برقرار است. پدر و مادر از کودک توقع و انتظار زیادی دارند و اما توجه و محبت زیادی هم می‌ورزند. در ادامه به معنی دقیق محبت هم خواهیم پرداخت.

کودکان این والدین بسیار اجتماعی و آکادمیک هستند و از فرزندان سه گروه دیگر موفق‌تر باهوش عاطفی بالاتر هستند. این کودکان معمولاً جسور و خوشحال‌اند و حتی اگر پدر و مادر هم نباشد، قوانین را رعایت می‌کنند. آن‌ها با شرایط سخت راحت‌تر کنار می‌آیند. برای خود و دیگران ارزش قائل می‌شوند و همواره اطرافیانشان دوست دارند که با آن‌ها زمانشان را سپری کنند.

در این کتاب هدف ما این نیست که بخواهیم حدس بزنیم جزء کدام دسته از این ۳ نوع والدگری یعنی دیکتاتوری، بی‌اراده و غافل هستیم که باعث شود احساس گناه کنیم. اصلاً در دنیای روابط انسانی سیاه و سفید مطلق وجود ندارد ممکن است والدی جایی بین دیکتاتوری و اقتدار مثبت باشد. هدف اصلی این است که شیوه و متد فرزندپروری خود را هرروز کمی بیشتر به سمت والد بااقتدار مثبت نزدیک کنیم؛ یعنی والدی بشویم که کودک را خوب می‌شنود و حرفش را درک می‌کند و حسش را احساس می‌کند و می‌داند که دلایل کارهای کودکش چیست. از او در مواقع نیاز سؤالات مؤثر می‌پرسد و به او به‌اندازه کافی آزادی و حق انتخاب می‌دهد، در حالی که همواره مادر و پدر است که مسئول است.

همراهی و همدلی

یکی از آجرهای ارتباط مؤثر داشتن با کودک این است که بدانیم مهربانی از دید کودک ۳ تا ۶ سال چگونه است؟

عشق و ابراز محبت کردن از مهم‌ترین و ابتدایی‌ترین ابزار فرزندپروری است، البته ممکن است این ابزار ازنظر شما ساده و بدیهی به نظر بیاید و با خود بگویید من به‌اندازه کافی به فرزندم عشق می‌ورزم؛ اما ابزار عشق را گاهی اشتباه استفاده می‌کنیم و یا مکان و زمان نامناسب به کار می‌بریم.

فرزند شما در هر سن و سالی به عشق از طرف پدر و مادر نیاز دارد.

۱- این عشق در درجه اول باید به نکات مثبت معنوی در وجود او ابراز شود و نه به چشم و ابرو و ظواهر فیزیکی او! این عشق بهتر است به وجود او باشد و نه به دلیل کاری که انجام می‌دهد.
۲- عشق مشروط ممنوع! اگر به‌واسطه کاری که انجام می‌دهد و یا رفتاری که می‌کند او را دوست بدارید این عشق نامناسب است.
۳- کودک سه‌ساله تا شش‌ساله که من به او بمب انرژی می‌گویم دیگر فقط نیاز به بوسیدن ندارد؛ مانند قبل زمان آشپزی به پای ما آویزان نمی‌شود که او را بغل کنیم. او دارای سیستم‌های پیشرفته‌تر مغزی شده و اکنون نیاز دارد که با او بازی کنید.

اگر زمانی در آغوش کشیدنش کافی بود اکنون نیاز دارد که با شما مسابقه دو بگذارد، به شما جوراب گلوله شده پرتاب کند، آب‌بازی کند و با شما بلند بلند بخندد. او احتیاج دارد که او را همراهی کنید، برایش قصه بخوانید و از کودکی خود بگویید. او نیاز دارد که کودک را وارد بازی‌ها، انتخاب‌ها و کارهایتان کنید. او می‌خواهد از دکمه آسانسور، از کاسه‌های پلاستیکی آشپزخانه و از مسواک زدنش هم‌بازی بسازد و می‌خواهد گاهی شما هم با او همراه شوید.

دل‌بستگی:

این قسمت از مهم‌ترین قسمت‌های این بخش محسوب می‌شود. جان بالبی[1] روانکاو بود و معتقد بود که سلامت روان و مشکلات رفتاری انسان‌ها را می‌توان به اوایل کودکی آن‌ها نسبت داد. نظریه تکاملی دل‌بستگی[2]، جان بالبی نشان می‌دهد که کودکان به‌صورت بیولوژیکی طوری برنامه‌ریزی‌شده به دنیا می‌آیند که دل‌بستگی‌هایی با دیگران برقرار کنند و این دل‌بستگی‌ها به آن‌ها کمک می‌کند تا زنده بمانند. نوع این دل‌بستگی به نوع ارتباط با والدین در سال‌های ابتدایی زندگی بستگی دارد.

در اینجا به مفهوم دل‌بستگی و انواع دل‌بستگی‌ها می‌پردازیم و اینکه این نوع دل‌بستگی‌ها چگونه شکل می‌گیرند.

[1] John Bowlby (1990-1907)
[2] Theory of attachment

دلبستگی ایمن

والدینی که فرزندان دل‌بسته ایمن [1] را پرورش می‌دهند، تمایل دارند بیشتر با فرزندان خود بازی کنند. علاوه بر این، این والدین سریع‌تر به نیازهای فرزندان خود واکنش نشان می‌دهند و احساس آن‌ها را درک می‌کنند. مطالعات نشان داده است که کودکان با دل‌بستگی امن در مراحل بعدی زندگی همدلی بیشتری نشان می‌دهند این کودکان همچنین نسبت به کودکانی که دل‌بستگی ایمن ندارند کمتر پرخاشگری می‌کنند.

کودکانی که با دل‌بستگی ایمن بزرگ‌شده‌اند:

۱- قادر به جدایی از والدین هستند.
۲- هنگام نیاز، از والدین برای آرامش کمک می‌خواهند.
۳- به دنیا اعتماد دارند.
۴- در کنار والدین بودن را، به در کنار دیگران بودن ترجیح می‌دهد.
۵- زمانی که از والدین جدا می‌مانند احساس ناراحتی می‌کنند اما می‌توانند با دیگران نیز ارتباط برقرار کنند.

[1] Secure Attachment

فصل چهارم: ارتباط با کودک

بزرگ‌سالان که در کودکی با دل‌بستگی ایمن پرورش یافته‌اند:

۱- روابط قابل‌اعتماد و پایدار دارند.

۲- عزت‌نفس خوبی دارند.

۳- از به اشتراک گذاشتن احساساتشان با دیگران نمی‌ترسند.

۴- باهمکاران و دوستان راحت هستند.

۵- از روابط اجتماعی لذت می‌برند.

انواع دل‌بستگی‌های ناایمن عبارت‌اند از:

دلبستگی نا ایمن اضطرابی

زمانی که مادر یا پدر در برقراری پیوند عاطفی با فرزندش رفتاری غیر ثابت دارد، فرزند آن‌ها دچار دل‌بستگی ناایمن اضطرابی[1] می‌شود. کودکانی که مدام سعی دارند به مادر بچسبند و نسبت به غریبه‌ها بسیار بی‌اعتماد هستند. این کودکان هنگام جدا شدن از والدین یا سرپرستان، پریشانی قابل‌توجهی را نشان می‌دهند؛ و اگر مادر آن‌ها را تنها بگذارد حتی ممکن است بعد از برگشت مادر بجای خوشحالی مانند دسته اول، طغیان کنند و ناراحتی خود را با شکایت و لجبازی و دفع والد نشان دهند.

مثالی از دل‌بستگی ناایمن اضطرابی:

آتوسا خانمی بسیار شاد و سرزنده است. او با افراد بسیار سریع گرم می‌گیرد و خوش‌مشرب است. او صحبت‌های جالبی می‌کند و دوست دارد نظر افراد را به خود جلب کند؛ اما اگر کسی با نظرش مخالف باشد، سعی می‌کند با بحث کردن او را قانع کند در گروه دوستان سعی می‌کند کنترل‌گر باشد. آتوسا بااینکه بسیار به نظر مستقل و خودکفا است اما در اصل بسیار وابسته است و این وابستگی در زندگی خانوادگی او نیز تأثیرات خود را می‌گذارد او به دلیل عزت‌نفس پایینی که

[1] Ambivalent Attachment

وقتی شیرین زبون شدی

دارد، بسیار شکاک است. دوست دارد در خانه نیز کنترل‌گر باشد و بااینکه سعی می‌کند این را نشان ندهد، اما می‌خواهد همه‌چیز را تحت کنترل داشته باشد. آتوسا در روابط با همسرش، از نظر خودش، بسیار مهربان و فداکار است اما در اصل بسیار به همسرش وابسته است و مدام می‌خواهد در کنارش باشد. گاهی زمانی که به همسرش نزدیک می‌شود رفتاری خصم جویانه دارد. آتوسا در کودکی با یک دلبستگی نا ایمن اضطرابی پرورش یافته است. او یک دختر ۵ و نیم ساله و یک پسر ۳ ساله دارد. اگر او مشکلات درونی خود را حل نکند و اقدام به تغییر خود ندهد، متأسفانه به علت نوع رابطه‌اش با کودکانش، کودکانی نیز با دلبستگی ناایمن اضطرابی پرورش می‌دهد و آن‌ها را نیز با عزت‌نفس پایین پرورش می‌دهد. آتوسا بجای درک احساسات کودکانش سعی در پاسخگویی سریع به آن‌ها دارد؛ اما چون آن‌ها را خوب درک نمی‌کند، پاسخ‌های اشتباه می‌دهد. به‌طور مثال زمانی که دختر ۵ ساله‌اش پرحرفی می‌کند، بجای اینکه دلیل این کار او را بداند سعی می‌کند به او بی‌تفاوت باشد تا او کمتر حرف بزند. گاهی از اینکه کودکانش به او می‌چسبند نگران است به همین دلیل آن‌ها را بیشتر تنها می‌گذارد و کمتر با آن‌ها بازی می‌کند و یا آن‌ها را خیلی زیاد دعوا می‌کند اما معمولاً پشیمان می‌شود و آنگاه که پشیمان شد، به آن‌ها بیش‌ازحد محبت می‌کند.

کودکان او این‌گونه هستند:
- نسبت به غریبه‌ها بی‌اعتمادند.
- هنگام ترک والدین بسیار ناراحت می‌شوند.
- هنگام بازگشت والدین، احساس آرامش نمی‌کنند.
- بسیار به والدین و معلمان خود می‌چسبند.

کودکان آتوسا در بزرگ‌سالی:
- اغلب از نزدیک شدن به دیگران احساس نگرانی می‌کنند.
- نگران این هستند که شریک زندگی‌شان احساسات آن‌ها را نبیند.
- ترس‌هایشان باعث می‌شود که شکست‌های مکرر را تجربه کنند.
- این افراد بعد از پایان یک رابطه احساس پریشانی می‌کنند.

فصل چهارم: ارتباط با کودک

دل‌بستگی نا ایمن اجتنابی

دل‌بستگی نا امن اجتنابی[1] در دوران کودکی وقتی ایجاد می‌شود که مادر یا پدر در دسترس کودک نیستند و یا نسبت به نیازهای عاطفی او حساس نیستند. کودکانی که سبک دل‌بستگی اجتنابی دارند، تمایل دارند از والدین و مراقبان دوری کنند. این اجتناب اغلب به‌ویژه پس از یک دوره غیبت والدین، کاملاً خودش را نشان می‌دهد. این کودکان ممکن است توجه والدین را نپذیرند. کودکانی که دل‌بستگی اجتنابی دارند، هیچ اولویتی بین والدین و یک غریبه به‌طور کامل نشان نمی‌دهند.

این کودکان در بزرگ‌سالی:

- معمولاً به‌سختی با فردی صمیمی می‌شوند.
- در روابط اجتماعی و عاشقانه، احساسات بسیار کمی سرمایه‌گذاری می‌کنند.
- از به اشتراک گذاشتن افکار یا احساساتشان با دیگران یا ناتوان هستند و یا نمی‌خواهند که این کار را بکنند.
- آن‌ها غالباً با استفاده از بهانه‌ها (مانند ساعات کار طولانی) از صمیمیت خودداری می‌کنند.

---

[1] Avoidance Attachment

دلبستگی ناایمن آشفته

در دنیا بیشتر از نصف مردم دارای دل‌بستگی ایمن هستند و انسان‌هایی که دارای دل‌بستگی ناایمن هستند تمایل به نزدیک شدن به یکدیگر را دارند. به این منظوراست که ازدواج بین فردی با دل‌بستگی اجتنابی و فردی با دل‌بستگی اضطرابی بسیار معمول است؛ اما نتیجه آن کودکانی می‌شوند که دل‌بستگی آشفته[1] دارند.

رفتارهای این کودکان و پاسخ آن‌ها به مراقبین، اغلب ترکیبی از رفتارهای اجتنابی یا مقاومتی است.

اکنون اگر خود را انسانی با دل‌بستگی ناایمن می‌بینیم، لطفاً بجای سرزنش والدینتان، بیاییم و کمر همت ببندیم و شخصیت خود را بهبود ببخشیم. البته که در هر سنی می‌توان تغییر کرد این‌گونه نه‌تنها روابط زناشویی، کاری و اجتماعی‌مان بهتر می‌شود، بلکه کودکانمان زمانی که بزرگ‌تر شدند و در مورد تئوری دل‌بستگی می‌خوانند، از شما به‌عنوان یک پدر و مادری یاد می‌کنند که هم خودشان دل‌بستگی ایمن داشته و به آن‌ها هم هدیه داده‌اند.

[1] Disorganized Attachment

فصل چهارم: ارتباط با کودک

پاسخگویی مؤثر

سومین مرحله ارتباط مؤثر پاسخگویی است

زیبا یکی از خانم‌هایی بود که در کلاس مشاوره گروهی ما در شهر ونکوور شرکت کرده بود. او پسری ۱۵ ساله داشت که نمی‌توانست با او ارتباط برقرار کند. پسرش ساعت‌ها بیرون منزل بود و در هیچ‌کدام از برنامه‌ها و مهمانی‌های خانوادگی شرکت نمی‌کرد. او حتی لحظه سال تحویل هم در کنار خانواده نمی‌آمد. زیبا می‌گفت، پیام، پسرش لباس پوشدنش مانند دوستش در مدرسه است و تصمیم دارد که روی بدنش خال‌کوبی کند. زیبا به او گفته بود که اگر این کار را بکند، پول تو جیبی‌اش را قطع می‌کند. زیبا ترس‌هایی هم داشت. او می‌ترسید که پیام سیگاری شود و درسش را رها کند. زیبا می‌گفت که پیام تا ۱۲ سالگی پسر خیلی حرف‌گوش‌کنی بوده اما از ۱۲ سالگی اخلاقش فرق کرده است.

در گروهی که مشاوره می‌کردیم ۵ مادر دیگر هم بودند و هر شنبه از ساعت ۲ تا ۴ بعدازظهر دریکی از کتابخانه‌های شهر جمع می‌شدیم. زیبا بیشترین وقت را می‌گرفت و ۵ خانم دیگر بیشتر شنونده بودند. من به‌عنوان سرپرست، گاهی مجبور بودم به زیبا گوشزد کنم که وقت صحبت به دیگران بدهد. زیبا در رشته ریاضی محض، پی اچ دی داشت و در معتبرترین دانشگاه شهر استاد و رئیس بخش بود. به دلیل اینکه تعداد زیادی از استادان در آن بخش از دانشگاه و دکترای ریاضی از او حساب می‌بردند، او دوست داشت که این ریاست را در خانه و در محیط‌های دیگر نیز حفظ کند. بعد از چند جلسه که باهم بودیم همه خانم‌ها و همچنین من از ارتباط گرفتن با زیبا خسته شدیم، او دیگران و احساساتشان را ندیده می‌گرفت. یک روز تصمیم گرفتم تست هوش عاطفی را که در وب‌سایتم به‌عنوان جان گاتمن تست معرفی کردم را به جلسه مشاوره ببرم:

وقتی شیرین زبون شدی

درصورتی‌که می‌خواهید این تست را انجام دهید این بارکد را اسکن کنید:

Kidsocado.com

زیبا با عدد بسیار بالا جزء دسته **والدین بی‌اعتنا** یعنی آن‌هایی که احساسات منفی و یا مثبت فرزندانشان را نادیده می‌گیرند قرار گرفت.

او کاملاً به فرزند و خانواده‌اش اهمیت می‌داد و بسیار به آن‌ها و نیازهایشان توجه داشت اما به احساسات آن‌ها بی‌اعتنا بود. زیبا فرزند و همسرش را مانند اعداد ریاضی می‌دید و باوجود IQ و یا هوش ریاضی بسیار بالایی که داشت؛ اما متأسفانه EQ و یا هوش عاطفی بسیار پایینی داشت و به علت پاسخگویی ارتباطی اشتباه با پسرش، پیام، زمانی که او بسیار کودک بوده است، اکنون پیام نمی‌توانست با زیبا ارتباط خوبی داشته باشد.

نوع پاسخگویی ما به اقدامات و حرف‌های کودک ۳ ساله تا ۶ ساله ما، نوع ارتباط ما را با او در نوجوانی و سن بلوغ اش شکل می‌دهد.

برای اینکه بدانیم چگونه هوش عاطفی بالایی داشته باشیم و چگونه یک رهبر هوش عاطفی باشیم در فصل پنجم به تفصیل توضیح داده شده است.

فصل چهارم: ارتباط با کودک

خلاصه بخش چهارم:

- خمیر و شالوده یک ارتباط خوب، شنیدن خوب است والدینی که با تمام بدن به کودک خود گوش می‌دهند و با ادراک خود کودک، حرف‌هایش را تفسیر می‌کنند، فرزندانشان در زندگی مهارت ارتباطی خوبی دارند و به‌اندازه و پرمحتوا صحبت می‌کنند.
- زمانی که کودکان بیشتر و بی‌محتواتر حرف می‌زنند به دلیل این است که به آن‌ها به دقت گوش نمی‌دهیم.
- بر اساس تئوری انتخاب انسان‌ها دارای ۵ نیاز اساسی هستند این نیازها عبارت‌اند از نیاز به بقا، نیاز به قدرت، نیاز به آزادی، نیاز به تفریح و نیاز به توجه و عشق.
- والدگری بی‌اراده عبارت‌ست از حمایت و عشق ورزیدن بی‌وقفه اما بدون هیچ توقع و انتظار؛ که نتیجه آن کودکان پرخاشگر و لجباز می‌شود.
- در والدگری دیکتاتوری والدین عشق و توجه کمی به فرزندانشان نثار می‌کنند و انتظاراتی بیشتر از توانایی از کودک دارند. کودکان این گروه از والدین به دو گونه تبدیل می‌شوند یا بسیار پرخاشگر و مبارز هستند و یا کاملاً آرام و گوشه‌گیر می‌شوند.
- والد گران غافل هم توجه و مهربانی به کودک نمی‌کنند و هم از آن‌ها انتظار زیادی ندارند. کودکان این نوع والدین تقریباً در هر زمینه‌ای از زندگی عملکرد ضعیفی دارند
- در شیوه والدگری بااقتدار مثبت پدر و مادر از کودک توقع و انتظار زیادی دارند و اما توجه و محبت زیادی هم می‌ورزند. کودکان این والدین بسیار اجتماعی و آکادمیک هستند و از فرزندان سه گروه دیگر موفق‌تر باهوش عاطفی بالاتر هستند.
- والدینی که فرزندان دلبسته ایمن را پرورش می‌دهند، تمایل دارند بیشتر با فرزندان خود بازی کنند. علاوه بر این، این والدین سریع‌تر به نیازهای فرزندان خود واکنش نشان می‌دهند
- زمانی که مادر در برقراری پیوند عاطفی با فرزندش رفتاری غیر ثابت دارد، فرزند او دچار دلبستگی ناایمن اضطرابی می‌شود.
- دلبستگی ناامن اجتنابی در دوران کودکی وقتی ایجاد می‌شود که مادر یا پدر در دسترس کودک نیستند و یا نسبت به نیازهای عاطفی او حساس نیستند.
- نوع پاسخگویی به احساسات و اقدامات منفی و یا مثبت فرزندان در سنین زیر ۶ سال، نوع رابطه ما در نوجوانی و جوانی با آن‌ها را شکل می‌دهد.

بخش پنجم

پرورش هوش عاطفی

حتماً همه ما زمانی را به خاطر داریم که تلویزیون بعدازظهرها فقط یک ساعت برنامهٔ کودک نشان می‌داد، تبلت‌ها و بازی‌های کامپیوتری نبودند. به خاطر داریم از هر خانه صدای بازی بچه‌ها به گوش می‌رسید. عصرها درب خانه اقوام در می‌زدیم و سرزده خانه یکدیگر می‌رفتیم و ساعت‌ها با بچه‌های آن‌ها بازی می‌کردیم، فکر کنم هنوز یادتان باشد که توی کوچه با بچه‌های همسایه بازی می‌کردیم.

آن زمان حرفی از این نبود که ارتباط اجتماعی را یاد بگیریم و یا چطوری استرس را کم کنیم باوجود فشارهای سنگین مدرسه، بچه‌ها اضطراب نمی‌گرفتند. آن نسل شاید نسل پدرها و مادرهای ما باشند و یا نسل خودمان.

دلیل اینکه آن نسل راحت‌تر با آدم‌های دیگر کنار می‌آمدند، با رئیسشان کمتر دعوا می‌کردند، سر یک شغل سال‌ها می‌ماندند چه بود؟ بااینکه خانواده‌ها همه باهم زندگی می‌کردند، اما قهر و دعوا کمتر بود! اما این روزها این‌قدر استرس زیاد شده است و مردم مهارت‌های اجتماعی‌شان کم شده است. این مشکلات برای نسل بچه‌های ما به‌مراتب بدتر است.

مهارت‌هایی مانند حل مشکلات، کنترل عواطف، اعتمادبه‌نفس، رویارویی با چالش‌ها و برنامه‌ریزی برای حلشان، احساس ناامیدی نکردن بعد از شکست، مهارت‌های اجتماعی، درک همدردی، ارتباط خوب کاری، نه گفتن به‌موقع، دفاع از خود و کار بهینه گروهی از مهارت‌هایی هستند که به نسل امروز باید از روز تولد آموزش داد. نسل‌های گذشته که بیشتر در معرض ارتباط‌های اجتماعی واقعی و رو در رو قرار می‌گرفتند بسیاری از این مهارت‌های اجتماعی و ارتباطی را به‌صورت طبیعی می‌آموختند.

چرا باید این مهارت را آموزش داد؟

زیرا از نسل امروز بازی باهم سن و سال‌هایشان گرفته‌شده است و جای اینکه بعد از مدرسه با بچه‌های دیگر بازی کنند. از این کلاس به آن کلاس کشیده می‌شوند. بجای خاله‌بازی به رقابت‌های درسی افتاده‌اند. تعداد بچه‌ها در خانه کم شده است، اما تعداد اسباب‌بازی‌های برقی و کامپیوترها زیاد. چون تلویزیون ۲۴ ساعته شده است. چون خانه اقوام و دوستان رفتن‌هایمان با تشریفات همراه شده است و تعدادش کم شده است، بچه‌ها بجای گرگم‌به‌هوا و قایم‌موشک با آلات فناوری‌شان بازی می‌کنند. به‌صورت هم نگاه نمی‌کنند، کمتر باهم حرف می‌زنند درنتیجه مهارت‌های ارتباطی را مانند قبل یاد نمی‌گیرند. آنها نمی‌توانند با نگاه کردن به یک نفر احساساتش را درک کنند. حتی گاهی از درک احساسات خودشان هم برنمی‌آیند.

ما به‌عنوان پدرها و مادرهای نسل امروز باید ابزار یادگیری این مهارت‌ها را برای کودکانمان فراهم کنیم.

افزایش هوش عاطفی یا هوش هیجانی (ایی-کیو) در کودکان یکی از این ابزارهاست که در ادامه به آن می‌پردازیم.

فصل پنجم : پرورش هوش هیجانی

ایده اولیه ایی-کیو یا هوش هیجانی

ایی-کیو بار اول توسط دو دانشمند به نام‌های پیتر سالوی[1] و جان مایر[2] در سال ۱۹۹۰ به نام **کیفیت هیجانات** معرفی شد و در سال ۱۹۹۵ توسط دنیال گلمن[3] به نام **هوش هیجانی** در کتاب معروفش در دسترس عموم قرار گرفت.

ایی-کیو یا هوش هیجانی با آی-کیو یا هوش دانشی چه فرقی دارد:

> **ایی-کیو عبارتست از توانایی شناخت احساسات، روان، عواطف و حالات درونی خود و دیگران، نام گذاری و کنترل رفتار و تعاملات همراه با خود ادراکی!**
>
> **آی-کیو عبارتست از توانایی های شناختی مانند توانایی حل مسائل ریاضی، معانی لغات، قدرت حافظه، سرعت پردازش اطلاعات.**

ایی-کیو[4] یک هوش است، که دست‌یافتنی و آموختنی است، برعکس **آی‌کیو**[5] که تا ۹۰ درصد ژنتیکی است. (که البته با تمرین تقویت می‌شود) اما ایی-کیو ۹۰ درصد آموختنی است. در تحقیقی که در آمریکا بعد از انتشار کتاب گلمن انجام شد، دانشمندان متوجه شدند که بیشتر سرمایه‌داران و مدیران موفق آمریکایی دارای **ایی-کیو** بسیار بالایی هستند و بعضی از آن‌ها هم **آی-کیو و هم ایی-کیو** بالایی دارند، اما حتی یک مدیر موفق نبود که **فقط آی-کیو** بالایی داشته باشد.

---

[1] Peter Salovet
[2] John Mayer
[3] Danial Golman
[4] EQ Emotional Intelligence
[5] IQ intelligence quotient

وقتی شیرین زبون شدی

تحقیقات نشان داد بااینکه هوش عاطفی در هر سنی قابل یادگیری است، اما اگر از ابتدای زندگی بنیاد آن رقم بخورد بسیار قوی‌تر و مؤثرتر است.
بگذارید مثالی از کاربرد هوش هیجانی و هوش دانشی بزنیم:

در شرایط زیر کودک از دانش آی- کیو استفاده می‌کند:

- زمانی که کودک ما تا ۱۰ بشمارد.
- زمانی که مادر کمتر از همیشه برایش بیسکویت بریزد و کودک متوجه بشود.
- یا کلماتی را که یک‌بار می‌شنود یاد می‌گیرد و تکرار می‌کند.

در شرایط زیر کودک از دانش ایی- کیو استفاده می‌کند:

- زمانی که کودک صورت مادرش را نگاه می‌کند و صورتش را ناراحت می‌بیند، به سمت مادرش می‌آید تا مادرش را بغل کند.
- زمانی که وقتی عصبانی است راهی را پیدا کند که خود را آرام کند.
- زمانی که وقتی بچه‌ای در پارک گریه می‌کند، آن بچه را ناز می‌کند و دلش به حال او می‌سوزد و خودش را بجای آن بچه می‌گذارد.

فرض کنید که به دنبال کودک خود به مهدکودک می‌روید و مربی مهد به شما می‌گوید که زمان هواخوری کودک شما یکی از هم‌کلاسی‌هایش را در حیاط زده است. شما عصبانی می‌شوید و در آن حال چه می‌کنید؟

واکنش‌های ما بر اساس شخصیتی که داریم متفاوت است. همه ما حتماً عصبانی می‌شویم و واکنش‌هایی نظیر این نشان می‌دهیم.

- به کودک نگاهی غضب‌آلود می‌کنیم و تا سوارشدن به ماشین حرفی نمی‌زنیم.
- بعضی از ما بعد از سوارشدن به ماشین بر سر کودک فریاد می‌زنیم و از او می‌پرسیم چرا این کار را کرده است؟

فصل پنجم : پرورش هوش هیجانی

- بعضی از ما این سـؤال را فقط برای این می‌پرسیم که دعوا کنیم و عصبانیتمان را نشان دهیم و منتظر جواب کودک نمی‌شویم.
- بعضی از ما منتظر جواب کودک می‌شویم و زمانی که او حرفش را گفت باز او را مقصر می‌کنیم.
- بعضی از ما صبر می‌کنیم عصبانیتمان که آرام شد، او را نصیحت می‌کنیم.
- بعضی از ما با مهربانی با او رفتار می‌کنیم و اشتباهش را کلاً نادیده می‌گیریم.
- بعضی از ما نیز که در کودکی مکرراً مورد زور والدین یا هم‌کلاسی‌ها قرارگرفته‌ایم، کودکمان را تشویق می‌کنیم و از اینکه مظلوم واقع نشده است نه‌تنها دعوا نمی‌کنیم بلکه خوشحال هم می‌شویم.

این واکنش‌ها طبیعی است اما بسیاری از آن‌ها راه درست برخورد با مشکل نیست. راه درست را یک مادر و پدر یا مربی انجام می‌دهد که از هوش عاطفی بالایی برخوردار باشند. والدینی که از هوش عاطفی یا EQ بالایی برخوردار باشند و به کودک خود نیز این هوش را آموزش بدهند، یک **رهبر هوش عاطفی** هستند. به همان مثال برمی‌گردیم و آن را با روش هوش عاطفی مدیریت می‌کنیم اما اول بهتر است بدانیم قدم‌های آموزش هوش عاطفی دقیقاً چیست و یا یک کودک ۳ تا ۶ ساله باهوش عاطفی بالا چگونه است.

رشد هوش هیجانی برای کودکان ۳ تا ۶ سال:

گام اول، شناخت احساسات درونی خود:

کودک همیشه نمی‌تواند به شما بگوید که در زندگی‌اش چه می‌گذرد این ما هستیم که به او یاد می‌دهیم احساسات درونش را بشناسد. تعداد این احساسات بسیار زیاد است ما ابتدا با ۷ احساس اصلی شروع به آموزش کودک می‌کنیم و سپس او را با بقیه آشنا می‌کنیم.
این ۷ احساس عبارت‌اند از:
شادی، ناراحتی، ترس، تنفر، عصبانیت، تمسخر و تعجب.
تشخیص این احساسات و تمایز آن‌ها اولین مرحله آموزش به کودک است. این در حالی است که بسیاری از ما بزرگ‌ترها هنوز از تشخیص احساس درونی خود ناتوانیم.

در مثال قبل زمانی که کودکتان را از مهدکودک برمی‌دارید، نمی‌دانید دلیل کار کودکتان چیست و یا احساسات درونی‌اش هنگام انجام آن کار چه بوده است؛ اما از احساس درونی خودآگاهید. برای مادران و پدرانی که تاکنون کودکشان کارهایی شبیه این نکرده‌اند، ممکن است احساس **تعجب** باشد و برای بعضی پدر و مادرها احساس **عصبانیت** و گاهی حتی برای پدر و مادری که دوست ندارد فرزندش مظلوم بماند احساس **شادی** و اما برای پدر و مادری که نصیحت می‌کند، احساس **ترس** از آسیب رسیدن به کودکی دیگر، در کنار احساس **عصبانیت** می‌باشد. می‌بینیم که احساسات ما چگونه بر رفتار ما تأثیر می‌گذارند.

گام دوم، نام‌گذاری احساسات درونی خود:

کودکان تا قبل از ۲ یا ۳ سالگی نیز قادر به شناسایی احساسات خود هستند اما توانایی به زبان آوردن آن را ندارند به دلیل اینکه واژگانشان محدود است. این والدین هستند که به کودکان یاد می‌دهند که این احساسات را زمان ابراز، به‌صورت کلمات بگویند. کودکان این مهم را زمانی یاد می‌گیرند که مادر و پدر از احساسات درونی خود بگویند. به مثالمان برگردیم. گفتیم که احساسمان را می‌دانیم اما احساس کودک را نمی‌دانیم. زمانی که احساسمان را به کودک می‌گوییم به او کمک می‌کنیم که یاد بگیرد که نام احساسی که دارد و یا زمان کتک زدن داشته است، چیست. چون او بر اساس شناختی که از شما دارد، می‌داند که شما چه حالی دارید. زمانی که می‌گویید: **"وقتی معلم مهد به من گفت که دوستت را در حیاط زده‌ایی، من خیلی عصبانی شدم"**

در این مرحله پدر، مادر و یا مربی بعد از اعلام احساسشان با پرسیدن سؤالاتی نوع احساس کودک را می‌پرسند؟ و یا آن احساس را حدس می‌زنند؛ که به کودک کمک کنند احساس را به زبان بیاورد و به کلمات تبدیل کند.

"حتماً باید خیلی عصبانی شده باشی که دوستت را زدی؟"

"من از اینکه دوستت را زدی خیلی عصبانی شدم و همین‌طور متعجب شدم! چه احساسی به تو دست داد که این کار را کردی؟"

فصل پنجم : پرورش هوش هیجانی

گام سوم، یافتن دلیل، اتفاق، رفتار و یا نگرشی که این احساس را به وجود آورده است.

زمانی که کودک احساسش را به زبان آورد می‌تواند به دلایل به وجود آمدن آن احساس به‌درستی فکر کند. ما به‌عنوان معلم به او یاد می‌دهیم، یعنی زمانی که کودکتان را از مهد برمی‌دارید و به او می‌گویید؛ " **وقتی معلم مهد به من گفت که دوستت را در حیاط زده‌ایی، من خیلی عصبانی شدم** " در اینجا شما دلیل عصبانیت خود را به او می‌گویید. این زمان بهترین زمان است که با پرسیدن سؤالات مناسب که به آن‌ها سؤالات کنجکاوانه[1] می‌گویند او را ترغیب کنید که دلیل اصلی احساسش را بگوید.

سؤالات کنجکاوانه، عبارت است از سؤالاتی که قضاوت، نصیحت و سرزنش در آن نیست؛ و فقط هدف دانستن جواب سؤال است و این سؤال هدف خاصی را دنبال نمی‌کند. لازم به ذکر است که بیشترین سؤالاتی که والدین از کودکانشان می‌پرسند، جنبه نصیحت، سرزنش، سرکوفت، فرمان و تنبیه دارد. اگر کودک شما احساس دقیقش و دلیل کارش را به شما نمی‌گوید به دلیل این‌گونه سؤالات است که بسیار از او می‌پرسیم.

"هنوز اتاقت را مرتب نکرده‌ای؟" اتاقت را مرتب کن (سرکوفت)
"چرا این توپ را به زمین می‌کوبی؟" این توپ را به زمین نکوب (فرمان)
"می‌خواهم بدانم فکر آبروی من را نکردی؟" این کار آبروی مرا برد (سرزنش)
"در مهد دوباره دوستت را زدی؟" همیشه این کار را می‌کنی (قضاوت)
"هزار بار نگفتم با این پسره بازی نکن؟" به حرف من گوش ندادی (نصیحت)

این نمونه سؤالات، سؤالات کنجکاوانه نیستند. والدین بعد از این سؤالات منتظر جواب نیستند بلکه یا منتظر معذرت‌خواهی هستند و یا فقط می‌خواهند حرفشان را بزنند.

سؤالات کنجکاوانه یکی از ابزارهای والدین بااقتدار مثبت:

سؤالات کنجکاوانه یعنی زمانی که شما می‌پرسید و واقعاً کنجکاوید که جواب را بشنوید و جواب را حتی اگر می‌دانید چیست آن‌چنان وانمود کنید که فرزندتان فکر کند که بار اول است می‌شنوید.

---

[1] Curiosity Questions

انگار بار اول است می‌بینیم و می‌شنویم (تعمیم ندادن):

این نیز یکی دیگر از روش‌هایی ایست که در فرزندپروری بااقتدار مثبت باید انجام دهیم؛ یعنی تعمیم ندهیم و هر بار که کودکمان اشتباهی می‌کند طوری برخورد کنیم که انگار مرتبه اول است که این کار را می‌بینیم و یا می‌شنویم.

واکنش شدید به جواب‌هایی که کودک می‌دهد باعث می‌شود که او واقعیت را به ما نگوید. البته که گوش دادن و واکنش شدید نشان ندادن ما هم دلیل بر موافق بودن ما به اتفاقی که افتاده نیست.

سؤالات کنجکاوانه خوبی که پدر و مادر می‌توانند بپرسند:
"دلیل اینکه می‌گویی بسیار از دست دوستت عصبانی شدی چیست؟"
"دلیل این عصبانیت چه بود؟"
"برای من کاملاً توضیح بده که چه اتفاقی افتاد؟"
زمانی که توضیحی از کودک شنیدید، آن توضیح را دوباره تکرار کنید؛ و از او بپرسید که درست متوجه شده‌اید یا نه؟

"تو می‌گویی که دوستت را زده‌ای چون او نقاشی تو را پاره کرد؟ و تو عصبانی شدی؟ آیا من درست متوجه شده‌ام؟"

گام چهارم، همدلی است:

گام چهارم یعنی همدلی، زمانی قابل انجام است که کودک توانایی درک احساسات خود را داشته باشد. آن زمان می‌توانیم تمرین همدلی را با کودک با بازی‌های خوبی که خواهم گفت آموزش دهیم. انسان‌ها به‌طور غریزی همدرد و همدل آفریده‌شده‌اند. اگر ببنید که کسی با تبر به استخوان پای کسی می‌زند ناخودآگاه استخوان پای شما نیز درد می‌گیرد و یا اگر می‌بینید کودکی از سرما می‌لرزد اگر لباس خود را درنیاورید و تن او کنید ولی حتماً در دلتان آه می‌کشید.
در این زمان بهتر است ابتدا با کودک همدردی کنیم و سپس او را تشویق کنیم که خودش را جای دیگران بگذارد.

فصل پنجم: پرورش هوش هیجانی

"می‌توانم بفهمم که چقدر عصبانی شدی وقتی نقاشی که برایش زحمت‌کشیده بودی را پاره شده دیدی؟"
"آیا دوستت دردش گرفت وقتی او را کتک زدی؟"
"آیا گریه کرد؟"
"آیا دوست داری کسی تو را در مهدکودک در مقابل بقیه کتک بزند؟ چه احساسی می‌کنی؟"

گام پنجم یافتن راه‌حل صحیح برای برخورد با مشکلی که این احساس را به وجود آورده.

قبل از اینکه این گام را برای شما توضیح بدهم فقط می‌خواهم یک نکته را بگویم و آن این است که اگر شما بدانید کودک اشتباهی کرده است و بخواهیم به او بگوییم که او اشتباه کرده است، هیچ فایده‌ای ندارد. برای اینکه این اشتباه دیگر تکرار نشود باید کودک خودش به این نتیجه برسد که اشتباه کرده است؛ و اگر مادر و پدر با شدت با او برخورد کنند او ممکن است معذرت‌خواهی کند و در ظاهر قبول به اشتباهش کند اما هر زمان که مادر و پدر نیستند دوباره آن کار را انجام دهد. زمانی که مادر و پدر از کودک سؤالات کنجکاوانه می‌پرسند، او را هدایت می‌کنند به اینکه کار و رفتار خود را بررسی کند.

"تو نقاشی‌ات پاره شده بود و عصبانی بودی! چه راه دیگری می‌توانستی انجام بدهی، بجای اینکه دوستت را کتک بزنی؟"
"من اگر کسی نقاشی‌ام را پاره کند خیلی عصبانی می‌شوم اما او را کتک نمی‌زنم بلکه این موضوع را به معلم می‌گویم. تو چه‌کار دیگری می‌توانستی بکنی؟"

ممکن است کودک شما به این سؤالات جواب‌هایی که ما منتظرش هستیم را ندهد اما مطمئناً به آن‌ها بسیار فکر می‌کند. یک رهبر هوش عاطفی بااحساسی که در کودک به وجود آمده مخالفت نمی‌کند و آن را سرکوب نمی‌کند این همان اشتباهی است که بسیاری از والدین ما انجام دادند بلکه یک رهبر هوش عاطفی به احساس اهمیت می‌دهد و نشان می‌دهد که آن احساس را درک می‌کند اما راهی را که کودک برای واکنش به آن رفتار انتخاب کرده است را راه مناسبی نمی‌بیند و به کودک کمک می‌کند که او نیز به کاری که کرده است فکر کند و راه‌های دیگری که می‌توانست انجام بدهد را در ذهنش بررسی کند، این به کودک کمک می‌کند که پدر

و مادر را به‌عنوان یک مشاور برای مشکلات انتخاب کند زیرا آن‌ها او را قضاوت نمی‌کنند و احساس درونی او را نفی نمی‌کنند و برای اشتباهش او را دعوا و تنبیه نمی‌کنند بلکه به او این اعتماد را می‌دهند که از این اشتباه به‌عنوان یک فرصت برای یادگیری استفاده کند!

در کتاب کیانا دو در بخش پنجم ۵ تمرین بسیار عالی برای افزایش هوش عاطفی، خود و خانوادتان آمده است.

آموزش محدود کردن رفتار بعد از به وجود آمدن یک احساس:

این فن را به‌خوبی می‌توان از دوسالگی به کاربرد و به کودک کمک کرد که درک کند که انسان هر احساسی می‌تواند داشته باشد اما برای اینکه هر رفتاری را نشان دهیم محدودیت‌های وجود دارد و سپس هدایت او به سمت راه‌حل است.

به‌عنوان مثال، می‌توانید بگویید، **"من می‌دانم که تو ناراحت شده‌ای که خواهرت در حال بازی با دوستش است و با تو بازی نمی‌کند، اما تو نمی‌توانی به او ضربه بزنی. این کار ممنوع است. الان غیر از زدن، چه‌کار دیگری اگر انجام دهی ناراحتی‌ات کمتر می‌شود؟"**

اگر فرزند شما ایده‌ای نداشته باشد، مجموعه‌ای از گزینه‌ها را انتخاب کنید.

متخصص مدیریت خشم **لین نامکا**[1] توصیه می‌کند که اول به شکم، فک و چشمان کودک توجه کنید تا ببینید آیا آن‌ها را محکم به هم‌فشار می‌دهد یا خیر، اگر این‌طور است به او بگویید، نفس عمیق بکشد و تا عصبانیت از او بیرون برود. نامکا می‌گوید، به کودک خود کمک کنید تا با صدای محکم خود جملاتی مانند این را بگوید.

"من احساس عصبانیت می‌کنم وقتی ___________" و یا

"من احساس ناامیدی می‌کنم وقتی ___________".

"من احساس تنهایی می‌کنم وقتی ___________"

کودکان باید بدانند که اجازه دارند عصبانی باشند تا زمانی که دیگران به این دلیل آسیب نبینند. فرزندتان همچنین می‌تواند با شما درباره اینکه چرا او عصبانی است حرف بزند و یا تصاویری را

[1] Lynn Namka

فصل پنجم : پرورش هوش هیجانی

درباره آنچه او را خشمگین می‌کند، نقاشی کند یا جریان عصبانیت خود را با عروسک‌ها یا اسباب‌بازی‌هایش بازی کند.

من در زمان کودکی از اینکه پدرم از سرکار که می‌آمد می‌خواست استراحت کند و با من بازی نمی‌کرد عصبانی می‌شدم و وقتی او می‌خوابید با حیوان‌های اسباب‌بازی‌ام همین را بازی می‌کردم. باور کنید بیشتر دلایلی که کودکان کارهای عجیب‌وغریبی می‌کنند این است که می‌خواهند به ما بگویند که احساس ناخوشایندی دارند اما ابزارش را نمی‌شناسند. زمانی که بسیاری از ما بزرگ‌ترها هم هنوز ابزارهای آرام کردن خودمان را یاد نگرفتیم و زمان عصبانیت با سرعت و بی‌دقت رانندگی می‌کنیم و یا فریاد می‌زنیم و روی میز می‌کوبیم، چگونه از کودکان خود انتظار داشته باشیم که رفتار خود را بعد از احساسات ناخوش آیند کنترل کنند.

وقتی‌که من سعی می‌کنم هوش عاطفی را به کودکم آموزش دهم چه اتفاقی می‌افتد؟ خودم هم از رفتارهایی که نمی‌خواهم فرزندم آن‌ها را تقلید کند اجتناب می‌کنم.

زمانی که از کار یا رفتار کودکمان عصبانی می‌شویم، کافی است جملاتمان را عوض کنیم، جای گفتن: **"من را دیوانه می‌کنی"** یا **"تو پسر بدی هستی"**، به او بگوییم،

"زمانی که کار _____ را انجام می‌دهی، من را ناراحت می‌کنی"

پس کودک شما می‌فهمد که مشکل **رفتار او** است و نه خود او. مراقب باشید که از انتقادات بیش‌ازحد اجتناب کنید که باعث از بین رفتن اعتمادبه‌نفس کودک می‌شود.

وقتی شیرین زبون شدی

آیا باید احساسات منفی‌ام را از کودکم پنهان کنم؟

بعضی از والدین احساسات منفی خود را پنهان می‌کنند، به این دلیل که ناراحتی یا مشکل باعث ناراحتی و ناامیدی فرزندشان نشود؛ اما پنهان کردن احساسات واقعی شما باعث می‌شود که کودک شما برای درک شما و یادگیری احساسات دچار اشتباه شود. بهترین کار توضیح است اما به صورتی که کودک را نا امید نکند برای مثال وقتی، به‌آرامی تصدیق کنید که ناراحت هستید به فرزندتان یاد می‌دهید که حتی احساسات دشوار را می‌توان مدیریت کرد.

نکته: دلیلی ندارد که بار ناراحتی را به دوش کودک بیندازیم، اما فرض کنید که دوستی را از‌دست‌داده‌ایم و ناراحت هستیم و در حال گریه هستیم و کودک شما به سمت شما می‌آید. به‌جای گفتن چیزی نیست به‌سادگی بگویید: **"من خیلی ناراحت هستم، چون دوستم را دیگر نمی‌توانم ببینم و دل‌تنگ او هستم اما اکنون باهم به پیاده‌روی می‌رویم و من آرام می‌شوم."**

به یاد داشته باشید که هر ناراحتی که برای شما پیش می‌آید، کودکانتان احساس گناه می‌کنند و فکر می‌کنند آنان مقصرند، این بدان دلیل است که فکر می‌کنند در دنیای شما فقط آنان هستند و کسی دیگر در این میان نیست. این احساس گاهی تا ۸ سالگی باقی می‌ماند، پس زمانی که احساس منفی یا حتی مثبتی دارید در حد توانایی درکش، برایش توضیح دهید که چرا این احساس را دارید تا او خودش را مقصر نداند.

چگونه می‌توانم برای کودکم، یک رهبر هوش عاطفی باشم؟

همان‌طور که کودک شروع به راه رفتن می‌کند، مستقل‌تر می‌شود و از تحمیل محدودیت‌ها و بکن و نکن ها عصبانی می‌شود. گرچه واژگان او هنوز کوچک است، اما زمانی که از او می‌خواهند که یک اسباب‌بازی را با بچه دیگر به اشتراک بگذارد و یا یک ژاکت را بپوشد، به خاطر این دستورات احساس می‌کند کسی دارد قدرت را از او می‌گیرد و این‌ها می‌تواند عامل دعوا و جنگ بین والد و کودک شود. شما والدین از این درگیری‌ها می‌توانید استفاده کنید تا درس‌های مهم به او یاد دهید. هر وقت او تلاش می‌کند چیزهای خود را به اشتراک بگذارد از او قدردانی کنید. به او می‌توانید نوبتی استفاده کردن را یاد بدهید؛ اما انتظار نداشته باشید که با چند مهمانی اول این را یاد بگیرد، به خاطر دارید که کودکان دارای خلق‌وخوی متفاوت هستند، پس ممکن است یک کودک، قسمت کردن اسباب‌بازی را زودتر یاد بگیرد و یا زودتر از یک مسئله کوتاه بیاید اما کودک دیگر باید بارها تمرین کند. پس کودکمان را با دیگر کودکان مقایسه نکنیم.
بجای فقط محدود کردن آن‌ها، به فرزندمان گزینه‌های خوب بدهیم. با این کار احساس استقلال آن‌ها افزایش می‌یابد. برای مثال، به‌جای اینکه به او بگوییم کفش خود را بپوشد، می‌توانیم از او بپرسیم که آیا او می‌خواهد کفش کتانی یا کفش سبزش را بپوشد. بجای درگیری‌ها بر سر اراده تا آنجا که ممکن است، بچه‌ها را تشویق کنیم تا در مورد احساسات خود صحبت کنند. سعی کنیم در سطح چشمان فرزند خود قرار بگیریم و با تماس چشم با او به‌آرامی صحبت کنیم، از کلمات ساده و جملات کوتاه استفاده کنیم، شروع جمله با کلمات **"من می‌خواهم ..."** باشد و یا **"لطفاً "**. به‌عنوان مثال سعی کنیم دلایل خود را توضیح دهیم به‌جای پرسیدن، **"چرا این کار را کردی؟"** بگوییم: **"من می‌خواهم در مورد آنچه تو انجام دادی، باهم صحبت کنیم"**.

در اینجا جدول بعضی از احساسات رایجی که در زندگی ممکن است خود یا کودکتان تجربه کنید آمده است سعی کنید که از آن‌ها استفاده کنید و احساسات خود نام‌گذاری کنید.

دوست داشته شدن	عشق	لذت	امیدواری	احترام
دوست‌داشتنی بودن	آرامش	امنیت	رضایت	ایمان
خودبزرگ‌بینی	تعلق	شرم	غم	افسردگی
قدرشناسی	ناامنی	دل‌تنگی	تنفر	دلهره
دشمنی	حسادت	سردرگمی	بدبختی	امنیت
باارزش بودن	همدردی	بی‌عدالتی	تعجب	کلافگی
حقارت	بی‌میلی	گناه	بی‌انگیزگی	پشیمانی
کم خودبینی	ترس	توجه	تأسف	جرئت
سردرگمی	دشمنی	تمایل	هیجان	وحشت

استفاده از هوش عاطفی در زمان مشکلات

دختر ۴ ساله یکی از دوستان من در اوج سنی که دختران بسیار به پدرشان نزدیک می‌شوند و به او تکیه می‌کنند، صحنه‌هایی سخت از درگیر شدن ناگهانی پدرش با بیماری بسیار سخت و کم علاج را جلو چشمانش هرروز می‌دید. این مشکل یعنی ذره‌ذره آب شدن پدر، حتی از جدایی مادر و پدر هم برای یک کودک می‌تواند سخت‌تر باشد. این فاجعه باعث شد او بسیار خوددار بشود و حتی گاهی از نزدیک شدن و حرف زدن با افرادی که قبلاً بسیار با آن‌ها ارتباط خوبی داشت خودداری می‌کرد.

در مشکلاتی مانند این‌ها کودکان واکنش‌های متفاوتی نشان می‌دهند. بعضی بسیار بهانه‌گیر می‌شوند و گاهی کودکان آرام و خوددار می‌شوند و بسیاری با بیماری‌های روانی مانند تب و یا دل‌پیچه به دلیل اضطراب روبرو می‌شوند.

کودکان در این سنین معمولاً از نگرانی‌هایشان حرف نمی‌زنند و ما به‌عنوان یک والد باید آن‌ها را تشویق به حرف زدن کنیم.

اگر حواس آن‌ها را پرت کنید و نخواهید که از مشکلات و احساساتشان حرف بزنند این مشکلات به‌صورت ترس با آن‌ها می‌ماند. یکی از راه‌هایی که پرفسور جان گاتمن[1] یکی از محققان رفتارشناسی معاصر پیشنهاد می‌دهد صحبت از زبان عروسک و یا کودک دیگری است.

مادر، پدر و یا یکی از اطرافیان که به کودک نزدیک است می‌تواند این‌گونه با او صحبت کند.

مادربزرگ: *این خرس عروسکی تو اسمش چیست؟*

کودک: *تِـدی.*

مادربزرگ: *تدی به نظر ناراحت می‌آید. این‌طور نیست؟*

کودک: *آره خیلی ناراحته!*

مادربزرگ: *چرا ناراحته؟*

کودک: *خدا دوستش نداره.*

مادربزرگ: *چرا تدی فکر می‌کنه خدا دیگه دوستش نداره؟*

کودک: *آخه خدا بابای تدی را مریض کرده*

---

[1] John Gottman Ph. D

وقتی شیرین زبون شدی

مادربزرگ: می‌فهمم که به خاطر مریضی باباش حتماً تدی خیلی ناراحت و تنهاست. دیگه تدی چه احساسی داره؟

کودک: تدی از دست خدا عصبانی هست.

مادربزرگ: آره معلومه! تدی حتماً عصبانی هست. به نظرم اشکالی نداره که گاهی از دست کسی عصبانی باشیم. منم وقتی پدربزرگت مریض شد خیلی عصبانی شدم. از تدی بپرس چه‌کار می‌تونه بکنه که حالش بهتر بشه و عصبانی نباشه.

کودک: نمی‌دونم. شاید اگه مامان تدی اونو به پارک ببره حالش بهتر بشه.

مادربزرگ: فکر خوبی است به نظرم بهترین راه را برای تدی انتخاب کردی. به تدی بگو که مشکلاتی مثل مریضی برای همه عروسک‌ها پیش می‌آید و این تقصیر هیچ‌کس نیست. نه تدی مقصر هست و نه خدا و نه هیچ‌کس دیگه که بابای تدی مریضه. تو برای تدی بهترین انتخاب را کردی که وقتی عصبانی و ناراحت هست اونو به پارک ببری! بیا الان کاپشنت را تنت کن تا من و تو، تدی را به پارک ببریم.

به چند خط بالا جایی که یک ستاره قرمز ⭐ گذاشته شده است برگردید. اینجا همان جایی از صحبت است که بسیاری از ما پدران و مادران بجای درک احساس کودک به نفی آن می‌پردازیم و می‌گوییم:

- تو نباید از دست خدا عصبانی باشی.
- تو نباید ناراحت باشی.

این جملات باعث می‌شود که کودک حس ناراحتی، عصبانیت و ترس و امثال این احساسات را بد بداند و نمی‌تواند آن‌ها را بشناسد و عمدتاً مانند کودکی است که فکر می‌کند داشتن این احساسات گناه است و بروز دادن آن‌ها گناهی بزرگ‌تر و در حل کردن مشکلاتش نیز به دلیل اینکه نمی‌تواند احساساتش را به درستی بشناسد چالش خواهد داشت. به‌عنوان یک مادر و پدر رهبر عاطفی تمام احساسات کودک خود را بشناسید و وجودش را نه‌تنها نفی نکنید بلکه به‌عنوان احساسات طبیعی که هر انسانی دارد، عادی بشمارید.

- ✓ زمانی که کودک شما از اینکه قرار است از مهمانی که در آن‌هم سن و سالانش هستند بیرون برود به او حق بدهید که عصبانی باشد.
- ✓ زمانی که حیوان خانگی‌اش می‌میرد به او بگویید که شما هم جای او بودید خیلی غمگین بودید.

۱۴۲

- زمانی که از واکسن می‌ترسد به او نگویید دیگر بزرگ‌شده و نباید بترسد به او بگویید خیلی‌ها از آمپول می‌ترسند.
- زمانی که کودکتان برای رفتن به مهدکودک برای اولین بار احساس اضطراب دارد به او حق بدهید که دلهره داشته باشد.

یادمان نرود که ظرفیت کودکان در مقابل درک احساسات با ما متفاوت است.

در کتاب کیانا ۲ مثال‌ها و تمرینات بیشتری برای شما و کودکتان طراحی‌شده است که می‌توانید استفاده هوش عاطفی را بهتر درک کنید.

خلاصه بخش پنجم:

- ایی-کیو عبارت است از توانایی شناخت احساسات، روان، عواطف و حالات درونی خود و دیگران، نام‌گذاری و کنترل رفتار و تعاملات همراه با خود ادراکی!
- کودک همیشه نمی‌تواند به شما بگوید که در زندگی‌اش چه می‌گذرد این ما هستیم که به او یاد می‌دهیم احساسات درونش را بشناسد.
- تشخیص این احساسات و تمایز آن‌ها اولین مرحله آموزش به کودک است.
- این والدین هستند که به کودکان یاد می‌دهند که این احساسات را زمان ابراز، به‌صورت کلمات بگویند. کودکان این مهم را زمانی یاد می‌گیرند که مادر و پدر از احساسات درونی خود بگویند
- سؤالات کنجکاوانه، عبارت است از سؤالاتی که قضاوت، نصیحت و سرزنش در آن نیست.
- واکنش شدید به جواب‌هایی که کودک می‌دهد باعث می‌شود که او واقعیت را به ما نگویید. البته که گوش دادن و واکنش شدید نشان ندادن ما هم دلیل بر موافق بودن ما با اتفاقی که افتاده نیست.
- همدلی، مرحله بعد از توانایی درک احساسات است ابتدا با کودک همدردی کنیم و سپس او را تشویق کنیم که خودش را جای دیگران بگذارد.
- برای اینکه این اشتباه‌هات تکرار نشود باید کودک خودش به این نتیجه برسد که اشتباه کرده است.
- کودکان باید بدانند که اجازه دارند عصبانی باشند تا زمانی که دیگران به این دلیل آسیب نبینند. آن‌ها همچنین می‌تواند با شما درباره اینکه چرا او عصبانی است حرف بزند و یا تصاویری را درباره آنچه او را خشمگین می‌کند، نقاشی کند یا جریان عصبانیت خود را با عروسک‌ها یا اسباب‌بازی‌هایش بازی کند.
- به یاد داشته باشید که هر ناراحتی که برای شما پیش می‌آید، کودکان آن را می‌فهمند و آن‌ها احساس گناه می‌کنند و فکر می‌کنندکه مقصرند، این بدان دلیل است که فکر می‌کنند در دنیای شما فقط آنان هستند و کسی دیگر در این میان نیست.
- بجای فقط محدود کردن آن‌ها، به فرزندمان گزینه‌های خوب بدهیم. با این کار احساس استقلال آن‌ها افزایش می‌یابد.

HOT CHICKEN
SOUPS
SOUP&

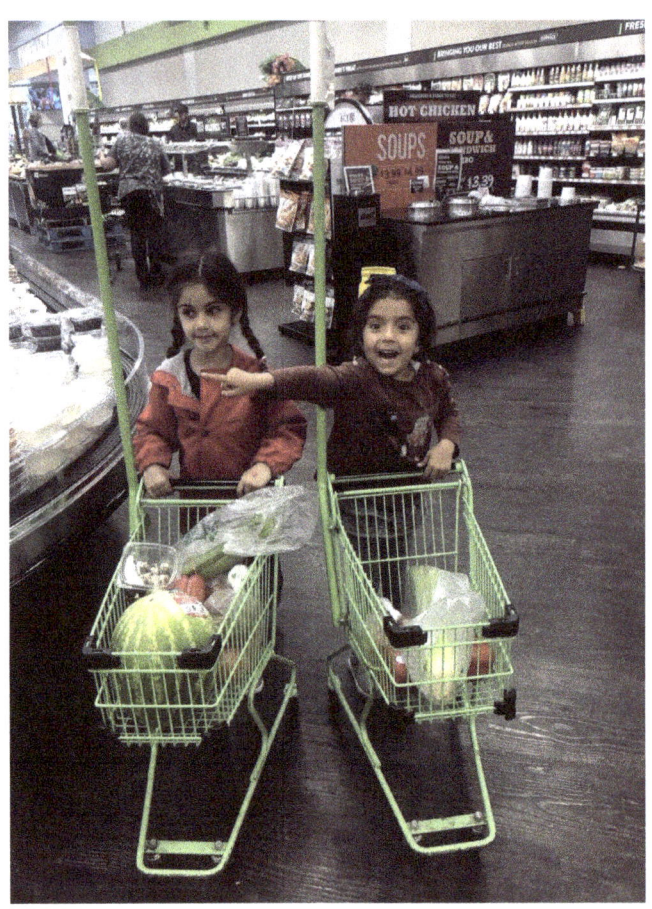

بخش ششم

بازی - خلاقیت

بیاییم به دوران کودکی خود سفر کنیم، زمانی که ۶ ساله بودیم چند تا از جملات پدر و مادر را به یاد دارید که ما را نصیحت کردند و یا چیزی را با کلمات به ما یاد دادند؟ آیا به یاد دارید زمانی که آب‌بازی می‌کردید؟ و یا اسباب‌بازی که برایمان خریدند؟ آیا بازی‌هایی که با دوستانتان می‌کردید در کوچه یا مهدکودک به یاد دارید؟

اگر خوب به سنین قبل از مدرسه فکر کنید، می‌بینید که اسباب‌بازی‌ها را بهتر و با جزئیات بیشتر به خاطر می‌آوریم؛ اما نصیحت‌ها و حرف‌ها را کمتر! حتی گاهی رنگ اسباب‌بازی‌ها یادمان است و هنوز لذت خاله بازی‌ها و فوتبال‌های توی کوچه را حس می‌کنیم؛ اما آموزش‌هایی که دیدم را به آن وضوح به یاد نداریم. لذت شوخی‌های و قلقلک‌های پدر را اگر خوش‌شانس بودیم به یاد داریم و لحظاتی که مادر ما را به پارک می‌برد به یاد داریم.

وقتی شیرین زبون شدی

حتی به سنین مدرسه فکر کنید، آیا به یاد داریم جدولی که در کلاس اول روی دیوار نصب می‌کردند و هر حرف را که می‌آموختیم در آن می‌نوشتند. چرا به یاد داریم؟ چون برایمان یک بازی بود که چه زمانی این جدول پر می‌شود. ولی آیا متن امتحان‌های املاء را به یاد می‌آورید؟ اما اردو را خوب به یاد می‌آوریم و یا ۶ خانه‌های زنگ تفریح!

به آخرین مهمانی که رفته‌اید فکر کنید: آیا به حرف‌های سیاسی که معمولاً مردان به راه می‌اندازند بیشتر فکر می‌کنید و یا به بازی پانتومیمی که صاحب‌خانه راه انداخته بود؟ حتی اکنون که بزرگ‌تر شده‌ایم نیز بازی‌ها برای ما جذاب‌تر و قابل‌لمس‌تر هستند. بسیاری از مراکز آموزشی جدید دنیا، آموزش‌های پیشرفته را با بازی‌های هدف‌دار به دانشجویان آموزش می‌دهند؛ زیرا نظریه‌پردازان ثابت کرده‌اند که بازی یکی از راه‌هایی است که انسان‌ها می‌توانند به‌وسیله آن مطالب را بهتر درک کرده و به خاطر بسپارند. بازی فعالیتی طبیعی، لذت‌بخش، شگفت‌انگیز و پر رمز و راز است. با بازی هدف‌دار و منطقی می‌توانید روابطی صمیمی، گرم و عمیق با کودکان برقرار سازید؛ و در جهت رشد و تربیت آنان گام بردارید. بازی کودک را به دنیای خیال می‌برد و هوش احساسی، عاطفی و شناختی کودکان را توسعه می‌دهد. کودک در بازی نیازهای حسی-حرکتی خویش را برآورده می‌سازد و انرژی غنی‌شده در درون خویش را به‌گونه‌ای عالی تخلیه می‌نماید. که این عمل نه‌تنها آرامش روانی او را افزایش می‌دهد؛ بلکه باعث پویایی رفتارش می‌شود. حال درصورتی‌که این انرژی امکان بروز نیابد احتمالاً به اضطراب، افسردگی و بیش فعالی تبدیل می‌گردد. او باید اضطرابی را که درگیر آن است، بیرون براند که این کار با عصبانیت، فریاد کشیدن، اشک ریختن، لجبازی و طغیان همراه می‌شود و به‌تدریج که فشارهای افزایش می‌یابد فراتر از ظرفیت و تحمل کودک می‌گردد.

نظریه فردریک فروبل[1]:

فروبل خود بنیان‌گذار کودکستان بود، و با اینکه سال‌ها از نظریه او می‌گذرد اما هنوز تئوری‌های او در خصوص مراقبت‌ها و آموزش‌های سال‌های نخستین صحت دارند. فروبل معتقد بود که

---

[1] Friedrich Froebel (1782-1852)

فصل ششم: بازی- خلاقیت

یادگیری کودک بسیار بیشتر از راه بازی‌های فعال، میسر است و هنگامی‌که یادگیری با بازی‌های تخیلی که نیازمند تفکر بسیار هستند همراه باشد مؤثرتر نیز است. او ارزش زیادی به بازی‌های فضای باز که کودک را به حرکات آزادانه تشویق کرده و او را به کشف محیط درگیر می‌سازد داده بود. او همچنین با فعالیت‌هایی خلاقانه چون نقاشی، کاردستی، موسیقی و کتاب موافق بود.

تئوری خلاقیت در برابر احساس گناه اریک اریکسون[1]

اریک اریکسون زندگی انسان را بر اساس شرایط رشد روان‌شناختی به ۹ مرحله مختلف تقسیم کرده است. مرحله **"ابتکار و خلاقیت در برابر احساس گناه"** سومین مرحله‌ی نظریه‌ی رشد روانی- اجتماعی اریکسون محسوب می‌شود. در طول مرحله‌ی خلاقیت در برابر احساس گناه، کودکان، به‌صورت مداوم خود را به‌عنوان کودکی که خلاق است و یا در مقابل کودکی که احساس گناه دارد می‌شناسند و به دنبال این هستند که ببینند کجای این دنیا هستند. این سال‌ها که از سه‌سالگی شروع می‌شود به‌عنوان سال‌های رشد و توسعه‌ی سریع و سرزنده در زندگی کودک محسوب می‌شوند. این سال‌ها زمانی برای رشد حاکی از سلامتی و رفتارهایی محسوب می‌شود که والدین ممکن است آن‌ها را پرخاشگرانه قلمداد کنند.

---

[1] Erik Homburger Erikson (1902 –1994)

وقتی شیرین زبون شدی

در طول این دوره، اولین ویژگی، تعامل مداوم کودک با سایر کودکان را شامل می‌شود. در مرکزیت این مرحله، **بازی کردن** قرار دارد زیرا این فرصت را در اختیار کودکان قرار می‌دهد تا بتوانند **توانایی‌های بین فردی** خود را از طریق فعالیت‌های خلاقانه کشف کنند.

کودکان شروع به برنامه‌ریزی برای فعالیت‌ها، خلق کردن بازی‌ها و آغاز به انجام فعالیت‌ها با دیگران می‌کنند. اگر این فرصت به کودکان داده شود، حس **ابتکار و خلاقیت** در آن‌ها توسعه پیداکرده و آن‌ها نسبت به توانایی‌های خود برای هدایت دیگران و تصمیم‌گیری، مطمئن خواهند شد.

اما از طرف دیگر اگر این تمایل در آن‌ها از طریق **کنترل، سرزنش** و یا **انتقاد** سرکوب شود، در کودکان احساس گناه ایجاد می‌شود. آن‌ها ممکن است احساس کنند که مزاحم دیگران هستند و باعث اذیت و آزار آن‌ها می‌شوند و درنتیجه، به‌عنوان دنبال کننده‌ی کودکان دیگر نقش خود را ایفا کرده و از کمبود **خلاقیت‌های فردی** برخوردار خواهند بود.

کودکان خلاقیت‌هایی را از خود نشان می‌دهند که معمولاً پدر و مادر به‌منظور محافظت از آن‌ها، جلوی این خلاقیت‌ها را گرفته‌اند. کودک در اغلب موارد، به شکلی **مقتدرانه**، پای خود را فراتر از آنچه باید می‌گذارد و خطری که این عمل به دنبال دارد این است که والدین می‌خواهند، کودک را **تنبیه** کنند و بیش‌ازاندازه در خلاقیت‌های او، محدودیت ایجاد می‌کنند.

فصل ششم: بازی - خلاقیت

سؤال پرسیدن

در این مرحله است که کودک شروع به پرسیدن سؤال‌های فراوان می‌کند زیرا تشنه‌ی به دست آوردن دانش و اطلاعات بیشتر است. اگر والدین با سؤالات کودکان به‌عنوان یک موضوع جزئی و کم‌اهمیت، آزاردهنده، شرم‌آور و یا سایر جنبه‌های رفتاری که می‌تواند به همین اندازه گمراه‌کننده باشد برخورد کنند، آنگاه ممکن است کودک به خاطر «آزاردهنده یا مزاحم بودن» احساس گناه کند.

حس گناه بیش‌ازاندازه می‌تواند به کند شدن کودک در ایجاد تعامل با سایر کودکان منجر شود و همچنین می‌تواند به‌عنوان مانعی برای خلاقیت آن‌ها باشد. البته در برخی موارد داشتن کمی حس گناه ضروری است، در غیر این صورت کودک متوجه نمی‌شود که چگونه باید وجدان داشته باشد یا خودکنترلی را تمرین کند.

ایجاد یک تعادل سالم بین خلاقیت و گناه از اهمیت زیادی برخوردار است. برای اینکه به کودکان یاد بدهیم سؤالات خوب بپرسند و کاسه نیاز به توجه شان را با سؤالات بی محتوا پر نکنند در فصول بعدی توضیحاتی آمده است.

وقتی شیرین زبون شدی

چه احساسی می‌کنید اگر ببینید کودک شما با ماژیک دائمی روی دیوار پذیرایی شما شکلی شبیه این را کشیده است:

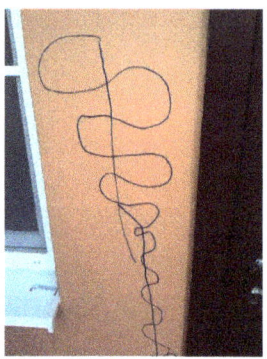

بسیاری از ما اولین واکنشمان فریاد است و دعوا، سرزنش، تنبیه و بسیاری با آب صابون بر جان دیوار می‌افتیم به دنبال رنگ می‌گردیم و تا روزی که اثری از این خرابکاری روی دیوار است بر سر کودک نق می‌زنیم و به او احساس گناه می‌دهیم. آیا واکنش دیگری نشان می‌دهیم؟ حال ببینید یک مادری که بجای گناه تصمیم می‌گیرد خلاقیت را در کودک ۵ ساله خود بسازد با این حرکت اشتباه کودک چه کرده است.

این یک داستان واقعی است که اولین بار به‌وسیله وب‌سایت ردیت در دنیا به نام کودک خلاق – مادر خلاق‌تر پخش شد؛ اما در کامنت های آن بسیاری نوشته بودند که اگر این کار را بکنیم کودک تشویق شده و تمام خانه را پر از نقاشی می‌کند. می‌دانم که بعد از دیدن تصویر دوم این جمله به ذهن شما هم آمد. اما باید بگویم که اگر مانند یک رهبر هوش عاطفی برخورد کنیم نه خلاقیت بچه را از بین برده‌ایم و نه او را به این کار دوباره تشویق کرده‌ایم؛ اما من بر این باور هستم که همه شما حتی اگر مجبور باشید سه بار تمام خانه‌تان را رنگ کنید اما کودکتان در بزرگ‌سالی بجای یک خانم و آقای خجالتی، بی‌دست‌وپا و ناموفق یک انسان موفق، خلاق و با ارتباط‌های اجتماعی بسیار پویا بشود، این کار را خواهید کرد.

خلاقیت (ابتکار عمل و لجبازی)

زمانی که کودکان در حال شناخت دنیای خود هستند و به دنبال پیدا کردن راه‌های تازه برای بازی های جدید، شنیدن صداهای جدید و دیدن اتفاق‌هایی که تاکنون اتفاق نیفتاده، هستند. ممکن است اشتباهاتی انجام بدهند و ما فوراً آن‌ها را از ادامه آن فعالیت بازمی‌داریم.

نیما در حال رفتن بالا از کتابخانه است و مادرش می‌داند که ممکن است کتابخانه با کتاب‌هایش روی سرش بریزد:

به او می‌گوید "نیما جان این کار را نکن خطرناک است" چون می‌خواهد از جان او محافظت کند، اما حس کنجکاوی نیما هنوز باقی‌مانده است، دوباره این کار را می‌کند

مادر این بار او را دعوا می‌کند و نیما می‌گذارد مادر به آشپزخانه برود دوباره این کار را می‌کند. مادر احساس می‌کند که نیما دارد کاری می‌کند از آشپزخانه بازمی‌گردد و دعوا می‌کند و نیما را لجباز می‌نامد اما نیما فقط به دنبال حس کنجکاوانه و ابتکار عمل این کار را می‌کند. او نیازمند بازی بالا رفتن است و مادر می‌تواند بجای کتابخانه شرایطی را برایش فراهم کند که بالا برود مثلاً در پارک‌ها صخره‌نوردی‌های مصنوعی برای کودکان درست کرده‌اند مادر نیما می‌تواند هفته‌ای یک‌بار او را به آنجا ببرد.

وقتی شیرین زبون زبون شدی

در سنین ۳ تا ۶ سالگی کودکان بسیار کنجکاو و خلاق‌اند اما آن‌ها لجباز نیستند. این ما هستیم که می‌توانیم با خلاقیت بیشتر بجای اینکه کودک لجباز پرورش دهیم در آن‌ها ابتکار عملشان را پرورش دهیم.

کودک نیازمند ساعت‌ها بازی، کنجکاوی و ارتباط با شما است. اگر نیازهای کودک پر نشود لجباز و طغیان گر می‌شود. مادران و پدران کامل، برای هرروز کودک برنامه‌هایی می‌گذارند که احساس نیاز آن‌ها پر شود حتی اگر کمی بیشتر وقت بگذارند اما دیگر در ساعت‌های پایانی روز مجبور نیستند ساعت‌ها با لج کردن، حرف گوش ندادن و گریه‌ها و بد آرامی‌ها سر کنند.

بازی و شرایط بازی:

بازی با کودکان دیگر:

بهترین بازی‌ها برای کودکان ۳ تا ۶ ساله بازی‌های گروهی با کودکان دیگر است، کودکان از ۳ سالگی آرام آرام شرایط بازی‌های گروهی را پذیرا می‌شوند. آن‌ها در ۳ تا ۴ سالگی حتی گاهی ساعت‌ها با کودک دیگر بازی می‌کنند و هرکدام به‌طور مستقل قوانین بازی را می‌چینند و هر نفر حس می‌کند برنده خودش است و هر دو احساس رضایت می‌کنند. کودکان از دو تا ۴ سالگی بهتر است در بازی هایی گروهی با تعداد کمی از کودکان مثلاً ۲ یا ۳ نفری بازی کنند. در این سنین کودکان زمانی که به شما شکایت می‌آورند زمانی است که از بازی گروهی خسته شده‌اند. مخصوصاً برای بچه‌های تک که خواهر برادری ندارند، این اتفاق سریع‌تر می‌افتد. در آن زمان، نیاز است که بجای ترغیب او به ادامه بازی مادر و یا پدر کمی کودک را سرگرم کنند تا او دوباره برای بازی با کودکان دیگر شارژ بشود. بازی با کودکان دیگر بیشتر از ۱ ساعت پیشهاد نمی شود و یک وقفه ای بهتر است باشد؛ اما در سنین ۵ تا ۶ ساله کودک یاد می‌گیرد که بعضی بازی‌ها، برد و باخت دارد و قوانین بازی را معمولاً یک نفر که رهبری‌اش بهتر است و یا بقیه او را بیشتر قبول دارند، می‌گذارد و کودک باید آن قوانین را بپذیرد برای اینکه در بازی شرکت داده شود. کودکان در این بازی‌ها بهتر معنی نوبت و احترام متقابل را درک می‌کنند. کودکان اگر به خوبی در سنین پایینتر در ارتباط با کودکان دیگر باشند در سنین ۵ تا ۶ سال به راحتی می توانند با هم سن و سالان خود ساعت ها بازی کنند.

بازی در پارک‌ها و فضای سبز برای کودکان با یکدیگر در این سنین بهترین بازی است.

بازی با پدر و مادر

کودکان برای اینکه ارتباط بهتری با پدر و مادر بگیرند نیاز دارند با پدر و مادر هم در روز بازی کنند. کودکان در این سنین بیشتر بازی‌های هیجانی همراه با تحرک را دوست دارند. بازی‌های ساده‌ای مثل هر کی زودتر به ماشین برسه، پرت جوراب‌های گلوله شده، توپ‌بازی، ساخت خانه و مکان امن با پشتی و بالش، حتی بازی سنگ کاغذ قیچی زمانی که منتظر غذا در رستوران

هستیم می‌تواند بسیار کودک را به ذوق بیاورد و ارتباط او را با شما مؤثرتر کند. عشق ورزی والدین به کودک در این سنین بیشتر از طریق بازی با آنهاست. اگر چه که آنها مانند قبل دوست دارند در آغوش شما باشند و شما نوازشان کنید. اما بهتر است بازی های هیجانی بیشتر مخصوصاً جنس مخالف یعنی پدر با دختر و مادر با پسر جای بعضی از محبت ورزی های آغوش و نوازش را بگیرد.

من در ماشین ساعت‌هایی که در ترافیک گیر می‌کردیم با فرزندم بازی‌هایی می‌کردم مثل بازی ۱۰ تا چیزی که رنگ قرمز داره به خاطر بسپاریم و بگوییم و یا بازی اگر درخت‌ها سبز نبودند دوست داشتی چه رنگی بودند و چرا؟

و تمام بازی‌هایی که هزینه‌ای ندارند اما شما می‌توانید از آن‌ها برای رشد هوش‌های کودک خود استفاده کنید.

بازی‌هایی که کودکان به‌تنهایی انجام می‌دهند

بهترین بازی‌ها برای کودکان ۳ تا ۶ ساله بازی‌های سازنده است؛ یعنی بازی‌هایی که در آخر آن بچه‌ها چیزی از خود می‌سازند. به‌طور مثال یک کودک که با ماشین کنترلی بازی می‌کند نمی‌تواند چیزی بسازد فقط ساعت‌ها دکمه‌ها را تکان می‌دهد و ماشین به جلو عقب می‌رود البته در آن بازی هم کودک آموزش‌هایی می‌بیند اما خلاقیت و احساس خوب دستیابی در او به وجود نمی‌آید.

بهترین بازی‌های تنهایی عبارت‌اند از:

۱- خمیربازی
۲- پازل (مناسب با توانایی و سن او)
۳- نقاشی‌ها / کاردستی‌ها نقاشی بادست
۴- لگو (مناسب با توانایی و سن او)
۵- بازی‌های خانه‌سازی

فصل ششم: بازی - خلاقیت

۶- بازی با برچسب‌ها و چسباندن آن روی دفتر

اما بازی‌هایی زیر هم می‌توانند بازی‌های جالبی برای کودکان باشند

عروسک بازی/مامان بازی / دکتر بازی / معلم بازی/ مکانیک بازی/ پلیس‌بازی/ ...

غیر آکادمیک

آیا می‌دانید چرا پیش‌دبستانی و مدارس از ۶ سالگی شروع می‌شدند:

چون مغز کودکان به‌گونه‌ای ست که هیچ نیازی به آموزش‌های آکادمیکی در سنین زیر ۶ سال ندارند در این سنین باید بازی آزاد برای کودکان باشد یعنی کودکان آزاد باشند که هر بازی می‌خواهند انجام دهند. در جوامعی مانند آمریکا، کانادا و آلمان بیشتر مهدکودک‌ها در سنین زیر ۶ سال تمام اسباب‌بازی‌ها را در اختیار کودک می‌گذارند و در فضای مهدکودک می‌تواند هر اسباب‌بازی را بیاورد بازی کند و جمع کند هیچ اجباری به این نیست که در ساعت خاصی نقاشی آموزش داده شود و یا حروف الفبا.

وقتی شیرین زبون شدی

حتی متخصصین پرورش کودک، مهدکودک‌های خانگی که محیطش کمتر شبیه مدرسه است را محل‌های مناسب‌تری برای رشد ذهن کودک می‌دانند؛ اما متأسفانه در جوامع جهان سوم مانند چین، ایران، ترکیه و کره هرروز به سمت این می‌رویم که مهدکودک‌ها بیشتر جنبه آکادمیک پیدا می‌کنند و مادران خوشحال‌اند که کودکانشان را در مهدکودک‌هایی ثبت نام می‌کنند که آموزش‌های زبان انگلیسی، موسیقی و ریاضی دارد و اگر ببینند که کودکشان نمی‌تواند در ۴ سالگی کلمات ساده را بخواند اما کودک همسایه می‌تواند، به وحشت می‌افتند که کودکشان از جامعه آموزشی عقب‌افتاده و مهد او را عوض می‌کنند و یا برایش معلم خصوصی زبان می‌گیرند. در سفر قبلی‌ام به ایران دیدم که بعضی از مهدکودک‌ها از بچه‌ها امتحان ورودی می‌گرفتند؛ اما بدانید که این بسیار غلط است. مغز کودکان با بازی و لذت بردن و نشاط رشد می‌کند کودکی که در سنین ۳ تا ۶ سال مجبور به نشستن پشت صندلی می‌شود، نمی‌تواند قواعد زندگی را بازی کند و یاد بگیرد. او نه‌تنها از درس و مدرسه زده می‌شود، بلکه حتی بهترین ریاضی‌دان هم بشود نمی‌تواند این ریاضی را در زندگی و کارش بکار بگیرد. برای یادگیری کودک زیر ۶ سال هیچ اجباری نیست. کودک همه آنچه باید بیاموزد را با بازی باکودکان دیگر و با تعامل با مربیان مهدکودک و کودکان دیگر و مادر و پدر می‌آموزد. او اگر خوب بازی کند، آن زمان که نیاز است خوب هم یاد خواهد گرفت.

سفر به سیاره فرزند

علاقه به بازی با بزرگ‌ترها

کودکان مخصوصاً کودکان تنها نیاز دارند که با مادر و پدر بازی کنند حتی اگر کودک ساعت‌ها با مادربزرگ و پدربزرگ و یا کودکان دیگر در مهدکودک بازی می‌کند نیاز با بازی با پدر و مادر هنوز در او وجود دارد. کودک به دنبال ساختن راه‌های ارتباطی است و این راه‌های ارتباطی ازنظر او تنها با بازی ساخته می‌شود. البته نظریه‌پردازان بزرگ دنیا نیز همین نظر را دارند و بازی‌ها را وارد دنیای بیزینس و کارکرده‌اند.

چگونه با کودکان بازی کنیم:

این ظرف را به خاطر دارید؟

همان‌طور که قبلاً هم گفتیم پر نشدن این ظرف یا این نیاز در کودکان می‌تواند عامل بدخلقی، حرف گوش نکردن، لجبازی، پرخاشگری و بهانه‌گیری شود و حتی در مدت‌زمان طولانی به بیماری اضطراب در کودک تبدیل شود. بهترین و آسان‌ترین وسیله برای پر کردن این نیاز ابزاری است که نام آن را **"سفر به سیاره فرزند"** گذاشته‌ام. ۱۵ تا ۲۰ دقیقه استفاده از این ابزار، می‌تواند نیاز به توجه کودکان را به‌اندازه ۱۰ ساعت توجه جسته‌وگریخته برآورده کند. توجه جسته‌وگریخته مانند زمانی که در حال آشپزی هستید و کودکتان در کنار آشپزخانه بازی می‌کند و شما در حال حرف زدن با او هستید اما در میان حرف زدن با او به موبایلتان هم توجه می‌کنید و آشپزی هم می‌کنید.

سفر به سیاره فرزند:

سفر به سیاره فرزند عبارت است از وقت گذراندن با کودک، به‌تنهایی که کودک حس کند وقت خود به او اختصاص داده‌اید. در طول روز می‌توانید یک‌بار مادر و یک‌بار پدر به این سفر بروند. این سفر عبارت است از ۱۵ تا ۲۰ دقیقه بازی با کودک.

وقتی شیرین زبون شدی

سفر به سیاره فرزند شرایط خاصی دارد که عبارت‌اند از:

۱- بازی را کودک باید انتخاب کند. اگر او بازی خاصی مدنظر ندارد، در بین بازی‌هایی که دوست دارد دو حق انتخاب به او بدهید.

۲- قوانین بازی را کودک می‌چیند و شما باید با قوانین او موافق باشید.

۳- بهتر است در اتاق خود کودک و یا در هر فضایی باشد که کودک می‌خواهد.

۴- هر نوع عاملی که حواس شما را پرت کند برای ۱۵ دقیقه از خود دور کنید، تلفن‌خانه را جواب ندهید و موبایلتان را در حالت خاموش قرار دهید و زیر غذا را خاموش کنید.

۵- این بازی باید مستقلاً انجام شود، یعنی اگر دو کودک دارید، سفر در ۱۵ دقیقه فقط مخصوص یکی از آن‌هاست و هر دو باهم را می‌توانید انجام دهید اما آن را به‌عنوان توجه تأثیرگذار مانند سفر به سیاره فرزند مدنظر نگیرید.

۶- بازی باید یا با مادر باشد و یا با پدر و می‌توانید زمان‌هایی خانوادگی بازی کنید و بسیار خوب است اما آن را به‌عنوان توجه تأثیرگذار مانند سفر به سیاره فرزند مدنظر نگیرید.

۷- بهتر است برای این سفر مناسب خود و کودک خود اسم‌گذاری کنید. دوست من که دختر سه‌ساله‌ای دارد به زمانی که با دخترش می‌گذراند می‌گوید "بازی‌های دختر- مامانی" من زمانی که ارشیا کوچک‌تر بود این زمان را به " ارشی- مامان تایم" می‌شناختیم. ارشی مخففی بود از ارشیا و تایم نام انگلیسی زمان است. اسم‌گذاری باعث خاص کردن این زمان برای کودک شده و احساس توجه و قدرت به کودک می‌دهد.

با ایجاد این زمان برای کودکتان بعد از مدتی، کودک به‌وقت شما احترام بیشتری می‌گذارد و درک می‌کند که مادر و پدر زمانشان باارزش است. و سعی می‌کند از آن زمان کمال لذت را ببرد.

فصل ششم: بازی- خلاقیت

ادا بازی[1]:

ادا بازی بسیار در سنین ۲ تا ۶ سالگی متداول است کودک گاهی در یک نقش فرو می‌رود و تمام کلمات و اداها را کپی می‌کند. این‌یک بازی بسیار خوب و شروع ارتباط‌های اجتماعی است. با توجه به اینکه موفقیت در مدرسه تا حد زیادی به توانایی کودک در تعامل مثبت با اطرافیان خود بستگی دارد، رشد مهارت‌های اجتماعی در کودکان خردسال ضروری است. همه دیوارهای واقعیت در تخیل و نقش‌آفرینی شکسته می‌شوند زیرا کودکان وانمود می‌کنند چیزی یا شخصی متفاوت از خود هستند. مادر و پدر می‌توانند در این بازی‌ها همراه شوند و در نقش کودک باشند و کودکشان در نقش‌های دیگران و آموزش‌هایی هم مانند رعایت نوبت به او در بازی بدهند. ادا بازی مخصوصاً اگر گروهی باشد، کمک می‌کند که کودکان مهارت‌های لازم برای معاشرت و همکاری باهم سالان خود را توسعه دهند و یاد می‌گیرند چگونه انگیزه‌ها را کنترل کنند و چگونه به تصمیمات دیگران احترام بگذارند؛ که جنبه اصلی مهارت‌های اجتماعی سالم است.

بازی و نقش بازی خیالی معمولاً شامل ارتباط کلامی است. بچه‌ها کلماتی را که از دیگران می‌شنوند کپی و تمرین می‌کنند. این در نهایت به پیشرفت واژگان و مهارت‌های زبانی کمک می‌کند. علاوه بر این، کودکان آگاه هستند که برای شرکت در بازی، باید به دیگران به خوبی گوش کنند. این به شما کمک می‌کند تا بازی را به روشی مناسب برای پاسخ دادن های درست

---

[1] Role play

وقتی شیرین زبون شدی

بدانند. این نوع نمایش نه‌تنها باعث تقویت استفاده از صحبت کردن می‌شود بلکه مهارت‌های همکاری و گوش دادن را نیز ارتقا می‌بخشد.

از انواع این ادا بازی‌ها می‌توان بازی‌هایی شبیه این‌ها را نام برد

- بازی معلمی
- بازی خرید لباس و لوازم بهداشتی و بازی بردن ماشین با کارواش و یا خرید ماشین و خرید از سوپر
- بازی بحث کردن با شوهر یا زن خیالی
- بازی کافی‌شاپ رفتن با دوست خیالی
- بازی پرستاری از مامان‌بزرگ که نیاز به مراقبت داره

پودر کاکائو را من روی فرش نریختم این پودر را دوستم السا که تو نمی‌توانی او را ببینی ریخت!

تخیل از سنین ۳ سالگی شروع می‌شود. دوست خیالی یکی از معروف‌ترین نوع تخیل کودکان است. دنیایی که تجسم می‌کنند برای آن‌ها بسیار واقعی است. آن‌ها برای دوست خیالی خود صندلی کنار می‌گذارند و از ما می‌خواهند بشقاب برایشان بگذاریم، کودکان تا جایی پیش می‌روند که گاهی تقصیرها را گردن دوست خیالی می‌اندازند.

آیا تخیل خوب است؟

تخیل کودکانه که از ۳ سالگی شروع می‌شود و در ۴ و نیم تا ۶ سالگی اوج می‌گیرد بسیار خوب است و باعث رشد مغز آن‌ها می‌شود. ذهن کودکان محدودیت پرواز ندارد. در ذهن آن‌ها یک سگ می‌تواند پرواز کند، یک انسان می‌تواند ۲۵ انگشت در هر دست داشته باشد و در کمد لباسی‌شان می‌تواند یک غول ۸ چشم با پوست سبزرنگ وجود داشته باشد که از دهانش بستنی بیرون

می‌ریزد. اگر می‌شد آنچه بچه‌ها می‌دیدند را به‌صورت فیلم درآورد آنگاه می‌دیدید که فیلم معروف خیالی هری پاتر[1] در برابر آن هیچ می‌شد.

به رسمیت شناختن تخیلات کودک بسیار مهم است. کودک باید بداند که شما هم در کودکی از این نوع تخیلات داشته‌اید اگر کودک شما اشتباهش را بر سر دوست خیالی می‌اندازد با او مخالفت نکنید و به او بگویید که در خانه و در مهدکودک قوانین این است که کسی غذا را در اتاق پذیرایی نمی‌برد و به دوستت (السا در مثال بالا یک دوست خیالی است) بهتر است این را یاد بدهی، اگر می‌خواهد من می توانم برایش شیرینی کاکائویی در آشپزخانه بگذارم.

گاهی تخیلات کودکان به‌دروغ گویی تبدیل می‌شود. مثلاً پسری که هرروز در مورد تصادف عجیب‌وغریب ماشینی تعریف می‌کند و می‌گویید که آن را دیده است و مادر و پدر را هرروز مجبور می‌کند که به این دروغ‌ها گوش کنند. تا زمانی که این موضوع فقط تعریف گاهی از تجسم کودک باشد این مسئله مشکل نیست اما اگر تبدیل به دست انداختن والدین و عادتی برای تفریح کودک شود بهتر است مادر و پدر از کودک بخواهند که این تصادف را نقاشی کند. کمک می‌کند که کودک آرام آرام بداند که نمی‌تواند صرفاً برای تفریح از قوه تخیل غیرواقعی سوءاستفاده کند.

کودکان با داشتن تخیلاتشان در محیط‌هایی دور از پدر و مادر آرامش می‌گیرند و یا گاهی دوست خیالی مقداری از توجهی که می‌خواهند را به آن‌ها می‌دهد.

---

[1] **هَری پاتِر** به انگلیسی (Harry Potter) :نام مجموعه‌ای از رمان‌های سبک خیال‌پردازی است که توسط نویسنده انگلیسی، جی.کی. رولینگ یا جوان کتلین رولینگ نوشته شده‌است.

داشتن تخیلات و دوست‌های خیالی چه زمانی خطرناک است.

بچه‌ها معمولاً تا ۷ سالگی تخیلاتی مثل دوست خیالی دارند اما بعدازآن این تخیلات معمولاً بسیار کم می‌شود. زمانی که کودکان علاقه‌ای به ارتباط با انسان‌های واقعی نداشته باشند و غرق شدن در تخیلاتشان را به مکرراً به رفتن به پارک، بازی با دوستان و وقت گذراند با پدر و مادر ترجیح دهند. در این حالت کودک اصلاً نمی‌تواند بین دنیای خیالی و واقعی تشخیص دهد و بهتر است به فکر این باشیم که کودک را نزد روانکاو ببریم. دلایلی مانند طلاق والدین چه واقعی و چه عاطفی، تنها بودن و بی‌توجهی به کودک، دیکتاتوری و انتظارات بیش‌ازحد و کنترل کودک می‌تواند بعضی از عوامل شروع سندروم‌هایی مانند وسواس (OCD) بشود که کودک تخیلاتش از میزان طبیعی خارج می‌شود.

اسباب‌بازی

انتخاب اسباب‌بازی نیز یکی از مهم‌ترین مواردی است که مادر و پدر بهتر است در آن زمینه آموزش ببینند. اسباب‌بازی می‌تواند روحیات کودک را به‌کلی عوض کند. ممنوعیت از یک اسباب‌بازی و یا بیش‌ازحد در معرض یک نوع اسباب‌بازی قرار دادن کودک می‌تواند کودکان را یک‌بعدی بار بیاورد.
در سنین ۳ تا ۶ سال بازی کردن از مهم‌ترین راه‌های یادگیری کودکان و رشد مغزی آن‌هاست.

فصل ششم: بازی- خلاقیت

چه اسباب‌بازی‌هایی بهتر است:

۱- اسباب‌بازی‌ها باید حس کنجکاوی کودکان را برانگیزند

اسباب‌بازی‌هایی مثل ماشین‌هایی که کودکان خودشان می‌سازند یکی از بهترین اسباب‌بازی‌ها می‌باشد. طور خلاصه می‌توان گفت بازی‌های سازه‌ای- بازی‌هایی که کودک با اتصال قطعات به یکدیگر سازه یا ساختار واحدی را می‌سازد، مانند انواع لگو (lego) به‌شدت بر روی ذهن کودک تأثیر مثبت داشته و به‌خوبی ذهن او را به‌سوی شناسایی و ساخت تازه‌ها سوق می‌دهد.

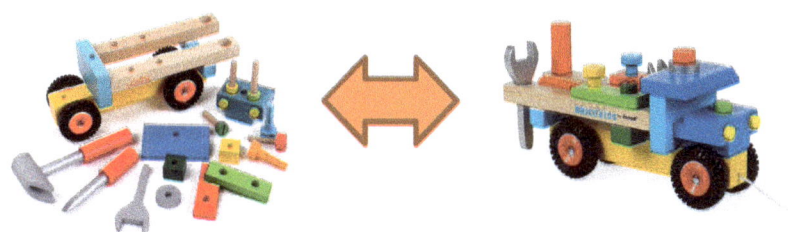

۲- اسباب‌بازی‌ها بهتر است برقی، باتری و شارژی نباشد

متأسفانه بازار پرشده است از اسباب‌بازی‌هایی که باتری دارند و یا شارژی هستند و با حرکت و چراغ‌های زیاد کودکان را بسیار معطوف خود می‌کنند اما این اسباب‌بازی‌ها نه‌تنها باعث رشد خلاقیت کودکان نمی‌شوند بلکه کودکان از بازی با آن‌ها بسیار زود خسته می‌شوند.

۳- اسباب‌بازی‌هایی که از رنگ‌های طبیعی ساخته‌شده‌اند بسیار برای کودک بهتر هستند

کودکان در این سنین از رنگ‌های سبز، آبی، زرد و به‌طور طبیعی رنگ‌های رنگین‌کمان لذت می‌برند این که رنگ موردعلاقه دخترها صورتی است و پسرها آبی یا سبز است، باوری که ما بزرگ‌تر ها برای آن‌ها می‌سازیم. سعی کنیم که اسباب‌بازی‌هایی با رنگ‌های سفید، رنگ چوب، آبی و سبز نیز در کنار بقیه اسباب‌هایشان داشته باشند.

۴- کودکان را فقط در معرض یک نمونه اسباب‌بازی خاص قرار ندهید.

مانند مادری که دوست دارد پسرش دکتر شود و فقط ابزارهای دکتری برای کودکش می‌خرد این باعث می‌شود که کودک یک‌بعدی بزرگ شود و در ذهنش ثبت شود که فقط دکتر خوبی به طور مثال می شود.

۵- کودکان را از یک نوع اسباب‌بازی خاص منع نکنید.

همان‌طور که قبلاً هم گفتم در کودکی جنگ ایران و عراق را تجربه کرده بودم و به دلیل ترس و تنفری که از جنگ داشتم تصمیم گرفتم هیچ‌گاه برای فرزندم تفنگ نخرم، این اشتباه خود من بود که اجازه ندادم سال‌ها او با هیچ تفنگی بازی کند اما این باعث شد پسر من بیش‌ازاندازه عقده بازی با تفنگ را داشته باشد و این در او به‌گونه‌ای تقویت شد که حتی زمانی که در ۷ سالگی تصمیم گرفتم به او اجازه بازی با تفنگ را بدهم او به حدی به تفنگ علاقه داشت که تمام اسباب‌بازی‌هایش تا مدتی فقط تفنگ بود و او حتی از یک خودکار هم می‌خواست به عنوان وسیله‌ای برای پرتاب استفاده کند.

اگر کودکی را از چیزی منع کنیم او بیش‌ازحد برای رسیدن به آن منع شده تلاش می‌کند.

۶- اسباب‌بازی‌ها بهتر است مناسب سن کودکتان باشند.

بیشتر اسباب‌بازی‌ها مشخصاً دارای قسمتی هستند که در آن‌ها سنین کودکان مشخص‌شده است، حتی اگر فکر می‌کنید که کودک شما توانایی بازی با اسباب‌بازی‌های بیشتر از سنش را دارد بهتر است این کار را نکنید و اسباب‌بازی‌هایی را در اختیارش بگذارید که مناسب سن اوست.

۷- بهترین اسباب‌بازی‌ها اسباب‌بازی‌های ساده و خودساز هستند.

همیشه هزینه کردن زیاد برای اسباب‌بازی، باعث نمی‌شود که کودک بهتر یاد بگیرد. مادرانی هستند که با لوله‌های کاغذی دستمال توالت، اسباب‌بازی‌های هیجان‌انگیز برای کودکان می‌سازند و یا با نی و کاغذ. می‌توانیم از اینترنت درست کردن بسیاری از این اسباب‌بازی‌ها

فصل ششم: بازی - خلاقیت

را یاد بگیریم و البته دوباره تکرار می‌کنم بهترین اسباب‌بازی برای کودکان ساخت کاردستی و نقاشی با ابزار مختلف است. از حبوبات، آرد، پولک، برگ‌ها، خرده‌های کاغذ، تکه‌های پارچه و چسب چیزهای بسیاری می توان ساخت

۸- اسباب‌بازی‌ها باید برای بچه‌ها قابل‌اعتماد باشد

اسباب‌بازی‌هایی که شرایط حرکتی آن‌ها بر اساس قانون فیزیکی نیست برای کودکان قابل‌اعتماد نیستند و مغز آن‌ها دوست دارند که قوانین طبیعت را به صورتی که هست ببینند و نه به‌صورت غیرقابل‌تصور.

به این اسباب‌بازی با ۴ پا نگاه کنید.
این نمونه‌ای از اسباب‌بازی‌های نامناسب برای کودکان است.

۹- اسباب‌بازی‌ها ارزش‌ها را برای کودکان می‌سازند.

درسا دختری ۴ و نیم ساله است که بیشتر اسباب‌بازی‌هایش را باربی‌های زیبا و خوش‌هیکلی تشکیل می‌دهد. درسا ساعت‌ها مشغول شانه کردن موهای باربی و عوض کردن لباس‌های آن‌هاست. تمام دوستان و اقوام درسا می‌دانند که او به باربی‌ها علاقه‌مند است و همه به عنوان هدیه برای او باربی می‌خرند و او اکنون کلکسیونی از آن‌ها دارد. باربی‌هایش کمد لباسی دارند حتی لباس شنا، سشوار و لوازم‌آرایش دارند. بازی با عروسک‌های باربی هیچ اشکالی ندارد اما اگر این بازی بیش‌ازحد باشد درسا یاد می‌گیرد ارزش واقعی انسان به لباس‌های فاخر و رنگارنگ داشتن و زیبایی هیکل است. آنگاه مرتباً خود را با آن باربی‌ها مقایسه می‌کند و اگر

آن زیبایی‌ها را نداشته باشد درون خود احساس بی‌ارزشی می‌کند. مخصوصاً این روزها که والدین هم‌روی نوع پوشش کودکان، مارک‌ها و ظاهر آن‌ها پافشاری دارند.

نکته: من ابداً مخالف این نیستم که کودک یاد بگیرد ظاهر مرتب و تمیز داشته باشد اما اینکه ارزش‌های درونی‌اش را فقط در ظواهر خود ببیند باعث می‌شود که شخصیت او کاملاً اشتباه شکل بگیرد.

پس می‌بینید انتخاب اسباب‌بازی و تشویق کودک به بازی با اسباب‌بازی چقدر می‌تواند در آینده او تأثیر داشته باشد.

درسای داستان ما هم می‌تواند لباس‌های زیبا بر تن باربی‌هایش کند و هم برای او کتاب بخواند. عروسک‌های درسا می‌توانند کارهای خوبی مانند بخشش، کمک و انتخاب‌های درست انجام بدهند تا درسا این ارزش‌ها را نیز یاد بگیرد.

اسباب‌بازی‌هایی که صداهای طبیعی تولید می‌کنند برای کودکان تهیه کنید اما به آن‌ها اجازه دهید که صبح‌ها با آن‌ها بازی کنند.

مانند سازهای کوبه‌ای، زایلوفون و یا حبوباتی که درون شیشه‌های یک‌بارمصرف آب می‌ریزیم.

همه اسباب‌بازی‌ها را همیشه در اختیار کودکان قرار ندهید.
بعضی از اسباب‌بازی‌ها را چند روزی دور از دست کودک قرار دهید و سپس آن‌ها را با اسباب‌بازی‌های کنونی‌اش جابجا کنید به‌طور مثال امیر کوچولو یک سبد دارد که بازی‌های لگو در آن است و در یک جعبه ماشین‌های چوبی‌اش قرار دارد و طبل کوچکی نیز مانند تصویر بالا دارد و کتاب‌های تصویری و همچنین مداد رنگی. مادر هر هفته، ۲ یا سه تا از این اسباب‌بازی‌ها را از کمد اتاق امیر برمی‌دارد و آن‌ها را درجایی دور از چشم امیر می‌گذارد و پس از چند روز آن‌ها را با اسباب‌بازی‌هایی که در دسترس امیر است جابجا می‌کند و این باعث می‌شود که امیر همیشه مشتاق و کنجکاو به بازی با اسباب‌بازی‌هایش باشد و بیشتر اوقات برایش تازگی دارد. البته گاهی اوقات کودکان بسیار به بعضی از اسباب‌بازی‌هایشان وابسته‌اند که برداشتن آن‌ها خوب نیست.
مادرها می‌توانند یکسری از اسباب‌بازی‌هایی که کودک بسیار دوست دارد را تهیه کنند (معمولاً بازی و سرگرمی‌های دستی) و در سبدی درجایی پنهان کنند و زمانی که کاری بسیار مهم دارند و کودک اصرار دارد که با مادر حرف بزند و یا توجهش را جلب کند و مادر در همان لحظه تلفن یا کار مهمی دارد به‌عنوان برگ برنده رو کنند تا بدین‌وسیله برای کار و یا تلفن فوری خود کمی وقت آزاد داشته باشند.
دکمه‌های لباس و دوختن آن‌ها به پارچه برای پسر من تفریح عالی بود و من چندین دکمه رنگی با سایزهای مختلف و چند سوزن نخ آماده و چندتکه پارچه در سبدی کوچک روی سر یخچال داشتم و گاهی که تلفنی کاری و مهم برایم پیش می‌آمد آن سبد را به ارشیا می‌دادم و بازی با آن سبد ارشیا را تا ۱۰ دقیقه ساکت می‌کرد.

وقتی شیرین زبون شدی

خلاصه بخش ششم:

- اگر دوران کودکی خود را به یاد بیاوریم، متوجه می‌شویم که بیشتر لحظات خوشایند زندگی‌مان در آن دوران لحظات بازی‌هاست و تمام آموزش‌هایی که دیده‌ایم از تجربه در آن بازی‌هاست و نه از نصیحت والدین.
- بازی فعالیتی طبیعی، لذت‌بخش، شگفت‌انگیز و پررمزوراز است که انرژی غنی‌شده در درون کودک را خالی می‌کند و که نه‌تنها باعث رشد فیزیکی و ذهنی کودک می‌شود بلکه باعث رشد هوش عاطفی، هوش اجتماعی و خلاقیت او نیز می‌شود.
- فروبل مبتکر ساخت کودکستان معتقد است که بازی باعث افزایش خلاقیت در کودک می‌شود؛ و باور دارد بازی در سال‌های نخستین نیاز کودک است.
- اریک اریکسون باور دارد در مرحله سوم زندگی که از سه‌سالگی شروع می‌شود کودکان اگر خلاق و مبتکر نباشند و از طریق بازی در آن‌ها این احساس فراهم نشود، احساس گناه در آن‌ها به وجود می‌آید.
- بعضی از کارهایی که به نظر ما بزرگ‌سال‌ها عمل اشتباه یا لجبازی است برای کودکان تنها به دلیل حس کنجکاوی آن‌ها و نیازشان به ابتکار عمل است.
- کودکان سه نوع بازی می‌کنند ۱- با کودکان دیگر ۲- با بزرگ‌سالان ۳- با خودشان که نیاز است هر سه محیط برایشان فراهم باشد.
- آموزش‌ها در سنین زیر ۶ سال فقط باید با بازی همراه باشد و غیر آکادمیک باشد؛ و هدف آموزش نباشد.
- کودکان برای پر کردن ظرف توجهشان به‌وقت گذراندن باکیفیت با پدر و مادر نیاز دارند؛ و توصیه من استفاده از روش سفر به سیارک فرزند است.
- ادا بازی یکی از راه‌های بسیار خوب برای پرورش ذهن کودکان است؛ و همچنین بزرگ‌ترها می‌توانند از آن به‌عنوان ابزاری برای آموزش ارزش‌ها استفاده کنند.
- انتخاب اسباب‌بازی بسیار مهم است. اسباب‌بازی‌های ساختاری مانند لگو های بسیار پیشنهاد می‌شود. اسباب‌بازی‌های الکترونیکی بااینکه برای بچه‌ها جذاب است، پیشنهاد نمی‌شود زیرا آن‌ها را خلاقیت و نبوغ را در آن‌ها از بین می‌برد.

فصل ششم: بازی - خلاقیت

- بهتر است اسباب‌بازی‌هایی را تهیه کنید که از رنگ طبیعی در آنها استفاده شده باشد و ذهنیت دختر صورتی و پسر آبی در آن‌ها ایجاد نکند. در ضمن از اسباب‌بازی‌هایی استفاده نکنیم که قوانین فیزیک را لغو کنند و یا خارج از آن‌ها باشد که بچه‌ها را به گمراهی می‌کشاند.

- کودکان را فقط به سمت یک نوع اسباب‌بازی مثل دکتری سوق ندهید و آن‌ها را از یک نوع اسباب‌بازی مثل تفنگ منع نکنید.

- اسباب‌بازی باید با سن کودک هماهنگ باشد حتی اگر کودکی با آی‌کیو بالا دارید، نباید برایش اسباب‌بازی‌های مخصوص سن بالاتر تهیه کنید. در ضمن اسباب‌بازی‌های تخیلی و عجیب برای این سنین خطرناک است.

وقتی به دنیا اومدی

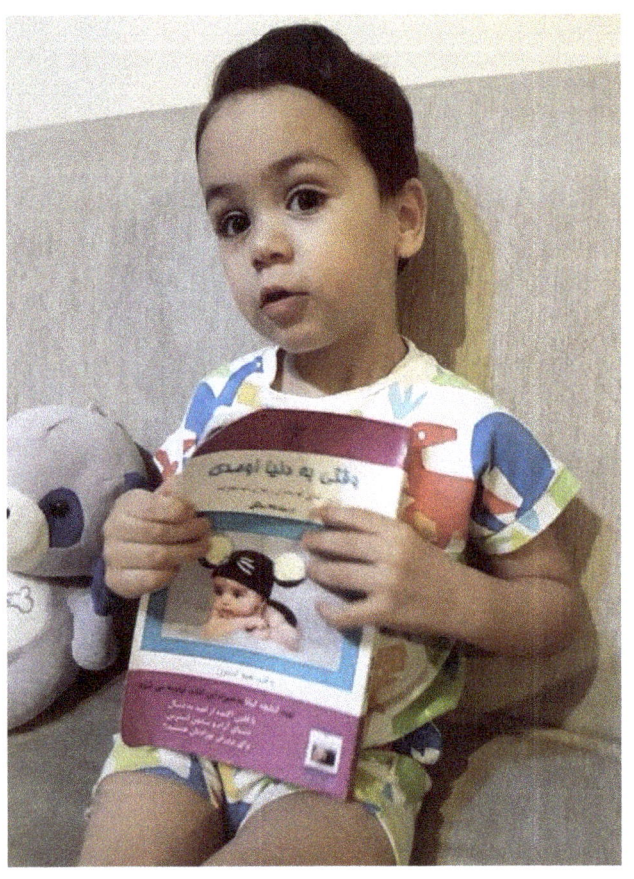

بخش هفتم

زبان گفتاری و داستان

قسمت اول

اعتمادبه‌نفس، از سنین کودکی ساخته می‌شود برای اینکه کودک با اعتمادبه‌نفسی داشته باشیم باید اقدامات زیر را انجام دهید:

۱- به کودک خود اعتماد کنید.

۲- اعمال کودک خود را بجای خود او تشویق کنید.

۳- به کودک چالش‌هایی دهید که کمی سخت‌تر از چالش قبلی باشد.

۴- ایده‌های کودک را به مسخره نگیرید.

قسمت دوم

"روزی دختری بود به نام رویا او پدرش را در جنگ ازدست‌داده بود، درس رویا بسیار بد بود او دختری بود که استعداد خوبی نداشت. در کلاس چهارم دبستان درس ریاضی و املاء تجدید شد و برای تابستان نیز در ریاضی رد شد. معلم رویا در کلاس چهارم به او گفته بود تو بهتر است درس را ول کنی و در خانه آشپزی کنی. روزهای آخر تابستان بود که یک روز که رویا از خواب بیدار شد دید که صدای گریه و شیون مادرش می‌آید. او فهمید که مادرش از چهارپایه افتاده و هر دوپایش شکسته است. هفته بعدازاینکه از بیمارستان به خانه آمدند. دکتر به مادر رویا گفته بود که باید ۶ ماه در خانه استراحت کند و توانایی رانندگی و حرکت ندارد. مادر رویا تصمیم گرفت که رویا بجای اینکه دوباره به کلاس چهارم و به آن معلمی که فقط رویا را کوچک می‌کرد بازگردد، به او در خانه درس بدهد اما شکستگی را بهانه کرد و گفت رویا من نیاز دارم تو در خانه بمانی و به من کمک کنی و بجای آن من در خانه به تو درس می‌دهم. رویا بسیار خوشحال شد

و پذیرفت. بدین ترتیب رویا از مادرش مراقبت می‌کرد و مادر نیز با مهربانی به او درس می‌داد. مادر مکرر به او می‌گفت تو بسیار تلاش می‌کنی، بسیار برای کارها وقت می‌گذاری و بسیار بامهارت و دقت کارها را انجام می‌دهی. اعتماد مادر به فرزندش و تشویق تلاش‌هایش باعث شد رویا امتحانات کلاس چهارم و پنجم را باهم بدهد و بجای اینکه به کلاس پنجم برود مستقیم به کلاس ششم رفت. رویا بزرگ شده است و اکنون معلم کلاس دوم دبستان است و هیچ‌گاه شاگردانش را برای بی‌استعدادی سرزنش نمی‌کند."

بدون اینکه به صفحات قبل بازگردید به من بگویید که از دو قسمتی که در این فصل آمده بود چه چیزهایی به یاد دارید. آیا درس اعتمادبه‌نفس دادن را از قسمت اول بهتر یاد گرفتید یا از قسمت دوم؟
آیا داستان رویا بیشتر به یادتان ماند و یا گام‌های اعتمادبه‌نفس در قسمت اول؟

تمام زندگی ما یک داستان است.

حال به مطالبی که تاکنون در این کتاب‌خوانده‌اید فکر کنید. سعی کنید ۳ چیز را به خاطر بیاورید؟ لطفاً به عقب برنگردید و فقط به حافظه خود اکتفا کنید. هر چیزی که برایتان جالب بود و به یادتان می‌آید از داستان‌ها گرفته تا تئوری‌ها ...

۱-

۲-

۳-

اکنون ببینید چه چیزهای را به یاد آوردید. می‌دانم که بیشتر شما داستان‌ها، مثال‌ها را به یاد می‌آورید و یا اگر تئوری از آموزش‌ها را به یاد آوردید همان نکته‌هایی ایست که خود در زندگی

بخش هفتم: زبان گفتاری و داستان

با آن روبرو شدید و برای شما قسمتی از داستان و خاطرات خوب و بد پرورش کودکتان است. چرا این‌گونه است؟
چون داستان‌ها بیشتر به احساسات ما چنگ می‌زنند. تمام خاطراتی که ما در زندگی به یاد داریم اتفاقاتی است که یک یا چند احساس مهم با آن آمیخته‌شده است.
لحظه به دنیا آمدن کودکمان، لحظه‌هایی که با کودکان اقوام بازی می‌کردیم و به ما لذت می‌داد، لحظه‌ای که فارغ از تحصیل شدیم، لحظاتی که کسی را از دست دادیم. تمام درس‌هایی که ما در زندگی گرفتیم نیز با یکی از خاطرات خوب و بد زندگی‌مان همراه بوده است.
برای کودکان نیز داستان‌ها در شکل‌گیری شخصیتشان بسیار مهم است. شرکت‌های موفق و بزرگ دنیا و یا انسان‌هایی که در زندگی ما قهرمان هستند از کتاب‌های دینی گرفته تا تاریخی برای این در ذهن ما می‌مانند و آن‌ها را اسطوره می‌کنیم که هرکدام داستان‌هایی دارند. وقتی که ما بزرگسالان با وجود منطق کامل این قدر به داستان‌هایی که پر از احساسات هستند اهمیت می‌دهیم پس ببینیم که کودکی که هنوز مغز منطقی‌اش هم شکل نگرفته است چقدر می‌تواند تحت تأثیر این نوع داستان‌ها قرار بگیرد.

ده دلیل که من باید برای کودکم داستان بخوانم:
داستان‌ها چه به‌صورت کتاب قصه باشند و شما برایشان بخوانید و چه به‌صورت داستان و خاطره برایشان تعریف کنید در هر دو صورت در شخصیت کودک ما بسیار تأثیر دارد.
۱- از طریق داستان‌ها مادر و پدر می‌توانند درس‌های خوب زندگی به کودکان بدهند. کودکان داستان‌ها را باور می‌کنند و روزهای زیادی به آن داستان و نتیجه آن فکر می‌کنند. به‌طور مثال داستان دختری که اسباب‌بازی‌هایش را با دوستانش تقسیم می‌کند.
۲- از طریق داستان‌ها مخصوصاً آن‌هایی که در کتاب‌ها برایشان می‌خوانیم کودکان واژه‌های بیشتری یاد می‌گیرند. بسیاری از واژه‌هایی را که ما در زندگی روزمره بکار نمی‌گیریم، در کتاب‌ها می‌خوانیم.
۳- کودکان با شیوه‌های جمله‌سازی آشنا می‌شوند.
۴- قصه به کودکان کمک می‌کنند که رویا پردازی یاد بگیرند و باعث رشد خلاقیت و ترغیب حس کنجکاوی آن‌ها می‌شود. حس کنجکاوی یکی از نیازهای بسیار مهم رشد است.

وقتی شیرین زبون شدی

۵- کودکان در این سنین، بسیار دوست دارند که قهرمان‌های زندگی خود را پیدا کنند و کارهای آن‌ها را کپی کنند. در داستان‌ها بیشتر مواقع قهرمانانی هستند که کودکان به‌عنوان قهرمان خودشان انتخاب می‌کنند.

۶- داستان‌ها رسم اخلاق و فضیلت را به کودکان یاد می‌دهند. خصوصیاتی مانند صداقت، احترام، قدردانی و بسیاری از این ویژگی‌ها و ارزش‌ها را می‌توان از طریق داستان‌ها در کودکان نهادینه کرد.

۷- از داستان‌ها می‌توان برای علاقه‌مند کردن آن‌ها به ریشه‌های فرهنگی استفاده کرد. آن‌ها تاریخ و سنت‌های خود را با قصه‌ها درک کنند. داستان‌ها، مانند فرهنگ‌ها، در یک سرزمین با سرزمین دیگر متفاوت است. داستان‌هایی از کشورهای خارجی باعث می‌شود. کودک با تنوع موجود در این دنیا آشنا شود و دید او نسبت به دنیای اطرافش بازتر بشود.

۸- شنیدن داستان‌ها باعث می‌شود که مهارت‌های گوش دادن بهبود یابد. کودک به داستان به‌خوبی گوش می‌دهد زیرا می‌خواهد تمام جزئیات را متوجه شود.

۹- برای کودکانی که نیازمند یادگیری تمرکز هستند و نمی‌توانند به مدت طولانی به موضوعی تمرکز کنند. داستان‌ها بهترین ابزار برای تمرین تمرکز آن‌هاست.

۱۰- داستان یکی از راه‌های آموزش هوش عاطفی به کودکان است. داستان‌ها همان‌گونه که در اول این فصل گفتم با احساسات آمیخته هستند درنتیجه باعث رشد هوش عاطفی و پیرو آن رشد هوش اجتماعی و ارتباط بهتر با دیگران می‌شود.

بخش هفتم : زبان گفتاری و داستان

زبان کودک من
از سه تا چهارسالگی

کودکان از سه تا چهار سال قادر به صحبت و بازی به‌طور هم‌زمان می‌باشند. حدود ۸۰۰ تا ۱۰۰۰ کلمه را می‌داند. کلمات موردعلاقه او "چرا"، "چی"، "کی" است. آن‌ها در این سنین می‌توانند به شما بگویند که در زمان نبود شما چه اتفاقاتی افتاده است.

از چهار تا شش‌سالگی

در سنین چهار تا شش‌سالگی برقراری ارتباط برای کودک آسان‌تر است، زیرا دایره واژگانش به بیشتر از ۲۰۰۰ کلمه رسیده است. می‌تواند یک داستان ساده را با یک آغاز و پایان تعریف کند. توانایی این را دارد که برای یک تصویر ۴ یا ۵ جمله توصیفی با دستور زبان صحیح به کار برد. بیشتر صداها را به‌درستی تلفظ می‌کند. از بسیاری از واژه‌های توصیفی شامل قیدهای زمان مانند "دیروز" استفاده می‌کند.

کتاب خواندن:

عادت به کتاب خواندن یکی از بهترین عادت‌هایی ایست که مادر و پدر و می‌توانند به کودک هدیه دهند.

روزی در یکی از جلسات آموزشی مادری از من پرسید که چه کنم که فرزندم به کتاب خواندن علاقه‌مند شود. من از او پرسیدم تو و پدرش روزی چند ساعت کتاب می‌خوانید؟ او ساکت ماند. بسیاری از ما از آخرین باری که کتاب‌خوانده‌ایم ماه‌ها می‌گذرد و انتظار داریم زمانی که در حال دیدن سریال هستیم و یا با گوشی موبایلمان در حال زیر و بالا کردن در شبکه‌های اجتماعی هستیم کودکمان کتاب علمی به دست بگیرد و بخواند.

چه کنیم که کودکمان به کتاب علاقه‌مند شود:

۱- خودمان با کتاب دوست باشیم. می‌دانیدکه کتاب‌های آنلاین هم ارزان‌تر است و هم راحت‌تر در دسترس است؛ اما من ترجیح می‌دهم فرزندم زمانی که در حال کتاب خواندن هستم کتاب را در دستم ببیند.

۲- در خانه، در همه جای خانه کتاب بگذاریم. روی میز پذیرایی کنار کنترل تلویزیون، در سبد کوچکی در دستشویی در اتاق‌خواب و در اتاق کودکتان.

۳- هر هفته با فرزندتان به کتابخانه شهر بروید و چند کتاب قرض بگیرید. حتی اگر همه آن‌ها را نخواندید این کار را انجام دهید.

۴- هرماه یک‌بار به کتاب‌فروشی بروید و اجازه دهید کودکتان چند کتاب انتخاب کند و برایش بخرید.

۵- هر شب ۱۵ تا ۲۰ دقیقه برایش کتاب بخوانید. من می‌دانم که بسیاری از ما بیشتر از این زمان را صرف موبایل‌هایمان می‌کنیم اما اگر تا ۷ سالگی هر شب برای کودکتان کتاب بخوانید، کودکتان از ۷ سالگی تا آخر عمرش این کار را باعلاقه انجام می‌دهد.

۶- در اتاق کودک خود کتابخانه بگذارید و کتاب‌هایی که برایش می‌خرید را در آن قرار دهید.

۷- در مورد کتاب‌های جالبی که خوانده‌ایم و مطالبی که در زندگی بکار گرفته‌اید که در کتاب‌ها خوانده‌اید با کودکتان صحبت کنید.

بخش هفتم : زبان گفتاری و داستان

چگونه داستان تعریف کنیم/ چگونه کتاب بخوانیم:

زمانی که این تیتر را نوشتم با خود گفتم، اکنون خوانندگان کتابم با خود خواهند گفت، مگر ما نمی‌دانیم که چگونه کتاب بخوانیم که قرار است آموزش ببینیم. پس تصمیم گرفتم این تیتر را عوض کنم.

چگونه داستان و کتابی را بخوانیم که کودکمان بیشتر لذت ببرد، بیشتر به آن علاقه‌مند شود و بهتر آن را درک کند.

روزی مدرسه فرزندم در کانادا از ما خواست که کاری جدید انجام دهیم. برای آشنایی کودکان با آوای زبان‌های دیگر، از هرکدام از ما که به زبان دیگری غیر از انگلیسی مسلط بودیم، خواست که برای کودکانی که آن زبان را نمی‌دانند، کتاب داستانی کوتاه با آن زبان بخوانیم. من چون فارسی می‌دانستم تصمیم گرفتم کتابی فارسی برای آن‌ها پیدا کنم و برایشان بخوانم. بسیار فکر کردم که چه کنم که بچه‌های پیش‌دبستانی که بسیار زود حوصله‌شان سر می‌رفت، به من که کتابی به زبان بیگانه برای آنها می‌خوانم، توجه کنند. کتاب کوچکی بود و در مورد یک‌خانه قدیمی چوبی در یک جنگل، در پاییز که یک پیرمرد مهربان در آن زندگی می‌کرد و جملاتی مانند خش‌خش صدای برگ، جیک‌جیک صدای پرنده و هوهوی صدای کتری مرتباً در آن تکرار می‌شد کودکان ۶ ساله بااینکه از زبان فارسی هیچ نمی‌فهمیدند تا آخر داستان را گوش کردند حتی آخر داستان هم، زمانی که می‌گفتم "کتری می‌گویید؟" "با من می‌گفتند" هو هو" بااینکه نمی‌دانستند کتری چیست.

این تجربه باعث شد که من تصمیم بگیرم مطالعاتی را در مورد اینکه چگونه کودکان به کتاب‌هایی که برایشان خوانده می‌شود بیشتر توجه می‌کنند، انجام بدهم و متوجه شدم کودکان مخصوصاً کودکان زیر ۸ سال بیشتر از کلمات به لحن و آوای آن توجه می‌کنند؛ زیرا زمانی که به دنیا می‌آیند هیچ زبانی نمی‌دانند اما حالات مادر را از لحن او متوجه می‌شوند. این عادت تا سال‌های بعد برایشان می‌ماند درواقع کودکان قبل از آموزش زبان، زبان نشانه‌ها را می‌آموزند.

> کودکان بهتر از ما بزرگترها می‌توانند نیازهای یک حیوان خانگی را درک کنند.

۱۷۹

حال به شما نیز یاد می‌دهم که چگونه کتابی که می‌خوانیم یا داستانی که می‌خوانیم را برای بچه‌ها جذاب‌تر و قابل‌فهم‌تر کنیم. البته به والدین درون‌گرا و یا پدر و مادرهایی که فکر می‌کنند با واردکردن خنده و طنز به ارتباط با کودکشان مشکل‌دارند باید بگویم که این قسمت به کار شما نمی‌آید. اگر انسانی هستیم که همیشه جدی هستیم و نمی‌توانیم اطرافیانمان را بخندانیم و کارهایی بکنیم کودکمان از ته دل بخندد باید به شما بگویم که متأسفانه نمی‌توانید در زندگی ارتباط‌های خوب دائمی و لذت‌بخشی داشته باشید و بهتر است به فکر درمان این درون‌گرایی منفی و یا کمال‌گرایی بیش‌ازحد خود باشید؛ اما اطمینان دارم بیشتر شما توانایی این را دارید که ساعت‌ها کودکتان را به خنده بیندازید و با او و خانواده‌تان زمان‌های خوشی را سپری کنید.

به راهکارهای کتاب‌خوانی برگردیم

چگونه داستان و کتابی را بخوانیم که کودکمان بیشتر لذت ببرد، بیشتر به آن علاقه‌مند شود و بهتر آن را درک کند.

۱- در انتخاب کتاب کودک را آزاد بگذاریم؛ اما کتاب‌های متنوع بخوانیم. اگر کودکتان اصرار دارد که یک قصه و یا داستان را هر شب و بارها بشنود، اصلاً اشکالی ندارد ولی به او بگویید ابتدا یک داستان جدید می‌خوانیم و سپس داستانی که تو دوست داری را نیز می‌خوانیم. کتاب‌های متنوع داستانی، علمی، تاریخی و تخیلی مناسب با سن کودکتان انتخاب کنید.

۲- قبل از خواندن کتاب، روی جلد کتاب را با کودک خود بررسی کنید و از او بپرسید به نظرش کتاب درباره چیست و اگر می‌داند در مورد احساسات، رفتارها و کارهایی که شخصیت‌های داستانی در حال انجام هستند سؤال بپرسید و حتی نظر واقعی خود را بدهید. اجازه دهید هر طور دوست دارد نظرش را بدهد او را قضاوت نکنید. بررسی جلد کتاب کمک می‌کند که نه‌تنها هوش عاطفی‌اش تقویت شود بلکه به شنیدن قصه علاقه‌مند شود.

۳- زمان بگذارید و در هر صفحه قبل و بعد از پایان صفحه عکس‌ها را بررسی کنید. حتی اگر مجبور بشوید یک کتاب را دو شب یا بیشتر بخوانید اشکالی ندارد اما برای خواندن آن‌وقت بگذارید.

۴- زمان خواندن کتاب از زبان صورت و زبان بدن به‌صورت کامل و اغراق‌آمیزی استفاده کنید. صورتتان حتی اگر به نظر خودتان تمسخر انگیز شود اما سعی کنید در اجرا داستان با دست و صورت و بدن مبالغه کنید.

۵- نوع صدا را با شخصیت‌های داستان عوض کنید به‌جای حیوان وحشی با صدای کلفت و به‌جای دختر کوچولو صدای نازک و به‌جای قهرمان داستان با صدای محکم و قاطع ادا دربیاورید. این کار آسان نیست اما با تمرین یاد می‌گیرید و از این کار لذت می‌برید. به شما قول می‌دهم بعد از یک هفته داستان خوانی خودتان به این کار این‌قدر علاقه‌مند می‌شوید که باعلاقه منتظر داستان خوانی شب‌ها می‌نشینید.

۶- لحن نیز باید بر اساس نوع داستان عوض بشود این لحن ممکن است سرعت خواندن داستان باشد که درجایی آرام‌تر و درجایی سریع‌تر باشد زمانی که هیجانات داستان زیاد می‌شود با سرعت بیشتری بخوانید و زمانی که درس و نتیجه داستان مطرح می‌شود را با سرعت کمتری بخوانید. بلندی و آرامی تن صدا نیز می‌تواند بسیار کودک را به داستان علاقه‌مند کند زمانی که اتفاقات مهم می‌افتد می‌توانید با صدای بلندتر داستان را بخوانید زمانی که کاری بدصورت می‌گیرد می‌توانید داستان را با صدای آرام‌تری بخوانید.

۷- به‌صورت کودکتان دقت کنید. آیا ابرو در هم می‌کشد و یا گوشه لبش بالاست و یا رویش را برمی‌گرداند و یا ابرو را بالا می‌دهد. مادرها و پدرها می‌توانند بفهمند کودکشان با دادن ابروها بالا تعجب کرده است و یا با دادن یکی از گوشه‌های لب بالا با داستان موافق نیست و یا باور نکرده است و یا با برگردان رو از شما می‌فهمید که از ادامه داستان خسته شده است. از این روش شما می‌توانید حالات کودک خود را بشناسید.

۸- در میان داستان اگر از شما سؤالی می‌پرسند، گاهی به این دلیل است که معنای کلمه‌ای را نمی‌دانند و گاهی به این دلیل است که دوست دارند این داستان خوانی ادامه پیدا کند. چون معمولاً کودکان از زمان‌هایی که با شما تنها هستند لذت می‌برند. برای اینکه این اتفاق نیافتد می‌توانید از تایمرهای آشپزی استفاده کنید. این‌گونه کودک می‌داند حتی اگر قصه را با سؤال پرسیدن کِش بدهد بازهم تایمر که زنگ خورد و حتی اگر نصفه داستان باشد شما بقیه را برای فردا می‌گذارید.

این تایمرها را در مواردی مانند سفر به سیاره فرزند (فصل قبل) که پیش‌تر گفته شد و برای آموزش مدیریت زمان به کودک نیز می‌توان استفاده کرد.

۹- زمانی که داستان تمام شد از کودک خود سؤالاتی بپرسید و اجازه دهید نظرش را آزادانه بگوید حتی اگر برداشت او از داستان متفاوت است آن برداشت را محترم بشمارید و اگر دوست داشتند نظر خود را نیز بدهید. از کودک خود بپرسید نظرش در مورد این داستان یا قصه چیست؟ کدام قسمت را بیشتر دوست داشته؟ آیا پایانش را دوست داشته است؟ اگر او نویسنده قصه بود چگونه داستان را می‌نوشت؟ در این داستان چه کلماتی برایش تازه بود؟

داستان خوانی برای ایجاد مقدمات آموزش خواندن و نوشتن کلمات فقط برای کودکان ۵ سال به بالا:

اگر کودک ۵ سال به بالا دارید از این روش می‌توانید استفاده کنید تا کودکان را به یادگیری علاقه‌مند کنید. کودکان زیر ۵ سال ممکن است بتوانند خواندن یاد بگیرند اما این تمرینات باعث می‌شود که از کل کتاب‌خوانی، خواندن و نوشتن فاصله بگیرند، زیرا در آن‌ها هنوز نیاز به خواندن و یادگیری شکل نگرفته است؛ اما در کودکان از سنین ۵ سالگی به‌تدریج مخصوصاً اگر پدر و یا مادر برایشان کتاب‌خوانده باشد، نیاز و انگیزه به یادگیری خواندن کلمات شکل می‌گیرد. در اینجا می‌توانیم کتاب‌هایی را تهیه کنیم که در هر صفحه تنها چند خط نوشته دارند و بقیه عکس است و داستان جالبی را دنبال می‌کنند و این داستان بیشتر از ۲۰ صفحه نباشد، مانند این نمونه صفحه:

بیشتر از ۲ هزار کتاب مانند این به زبان فارسی می‌توانید از کتابخانه‌ها و کتاب‌فروشی‌های تهیه کنید.

ابتدا به کودک فرصت دهید که عکس را کاملاً ببیند و حدس‌هایش را در مورد نوشته بزند. سپس زمان خواندن انگشتتان را زیر نوشته‌ای که می‌خوانید قرار دهید؛ و بعضی از کلمات آسان مانند شیر، موش و بازی را در هر صفحه با تکرر و تشدید بیشتری بخوانید؛ و این کتاب را یک هفته، هر شب، در میان کتاب‌های آن هفته به همان شکل بالا، بخوانید. بعد از سه شب، قبل از کلماتی که انتخاب کرده بودید مانند شیر، موش و بازی مکث کنید و اجازه دهید کودکتان آن را بخواند و یا از حافظه‌اش استفاده کند و بگوید. اگر به خاطر نیاورد اشکالی ندارد این‌قدر این تمرین را انجام دهید تا آن کلمات را بخواند. البته بسیاری از بچه‌ها اگر به داستان خوب گوش کرده و برایشان جذاب اجراشده باشد، از شب دوم نصف کتاب را حفظ می‌کنند.

موش از شیر پرسید : " آقا شیره چرا ناراحت هستی ؟ "
شیر گفت : " نمی خواهم بازی کنم ، برای اینکه می بازم ! "

۱٤

نکته اینکه برای شروع فقط دو یا سه کلمه که در کل کتاب زیاد تکرار می‌شود را انتخاب کنید اما به‌مرور برای کتاب‌های بعدی کلمات بیشتری انتخاب کنید. به‌زودی این کتاب‌ها با کلماتی مشخص‌شده، برای خرید در وب‌سایت فرزند راه قابل‌دسترسی است.

نیازی نیست که حروف الفبا را به آن‌ها یاد دهید در این سنین خواندن از طریق حافظه تصویری کلمات برای آن‌ها کفایت می‌کند. حتی مراکز آموزشی پیشرفته دنیا خواندن را با تصویر شروع می‌کنند و سپس حروف را آموزش می‌دهند.

خلاصه بخش هفتم:

- داستان‌ها چه به‌صورت کتاب قصه باشد و شما برایشان بخوانید و چه به‌صورت خاطره برایشان تعریف کنید در هر دو صورت در شکلگیری شخصیت کودک بسیار تأثیر دارد.
- داستان‌ها می‌توانند درس‌های خوب زندگی به کودکان بدهند و از طریق کتاب‌ها کودکان واژه‌های بیشتری یاد می‌گیرند.
- به‌وسیله داستان‌ها کودکان با شیوه‌های جمله‌سازی آشنا می‌شوند و رویا پردازی یاد می‌گیرند که باعث رشد خلاقیت و ترغیب حس کنجکاوی آن‌ها می‌شود.
- داستان‌ها باعث می‌شود کودک با تنوع موجود در این دنیا آشنا شود و دید او نسبت به دنیای اطرافش بازتر بشود.
- در داستان‌ها بیشتر مواقع قهرمانانی هستند که کودکان به‌عنوان قهرمان خودشان انتخاب می‌کنند که رسم اخلاق و فضیلت را به کودکان یاد می‌دهند.
- کودک به داستان به‌خوبی گوش می‌دهد زیرا می‌خواهد تمام جزئیات را متوجه شود. داستان‌ها یکی از راه‌های آموزش هوش عاطفی به کودکان است.
- برای اینکه کودکمان را به کتاب علاقه‌مند کنیم ابتدا باید خودمان با کتاب دوست باشیم، در همه جای خانه کتاب بگذاریم هر هفته با فرزندتان به کتابخانه شهر برویم، هرماه برای کودکمان چند کتاب بخریم، هر شب ۲۰ دقیقه برایش کتاب بخوانیم و در مورد کتاب‌های جالبی که خوانده‌ایم با کودکتان صحبت کنیم.
- کودکان مخصوصاً کودکان زیر ۸ سال بیشتر از کلمات به لحن و آوای آن توجه می‌کنند.
- در انتخاب کتاب، کودک را آزاد بگذاریم و قبل از خواندن کتاب، روی جلد کتاب را با کودک خود بررسی کنید، زمان کافی بگذارید و از زبان صورت و زبان بدن به‌صورت کامل و اغراق‌آمیزی استفاده کنید. نوع صدا را باشخصیت‌های داستان عوض کنید. به‌صورت کودکتان دقت کنید. برداشت کودک نسبت به کتاب را محترم بشمارید
- از داستان خوانی برای ایجاد مقدمات آموزش خواندن و نوشتن کلمات فقط برای کودکان ۵ سال به بالا می‌توان استفاده کرد.
- نیازی نیست که حروف الفبا را به آن‌ها یاد دهید در این سنین خواندن از طریق حافظه تصویری کلمات برای آن‌ها کفایت می‌کند.

بخش هشتم

توجه زیاد - توقع زیاد

میلاد پدری مهربان است که یک فرزند ۵ ساله دارد به نام سام این اولین تجربه پدر شدن اوست. میلاد و همسرش بعد از سال‌ها تلاش صاحب بچه می‌شوند و به نظر می‌رسد که سام تنها فرزند آن‌ها بماند چون به خاطر مشکلاتی که با بارداری داشتند سخت بخواهند دوباره بچه‌دار بشوند. میلاد ۴۶ سال دارد و از اینکه نتواند پدر خوبی باشد نگران است او از ۳۰ سالگی آرزوی پدر شدن داشته و اکنون اضطراب این را دارد که پدرکاملی نباشد. میلاد زمانی که به یاد بچگی و حسرت‌های بچگی خود می‌افتد به سام خیلی محبت می‌ورزد و برایش هر چه می‌خواهد می‌خرد اما مدتی که این کار را می‌کند به این فکر فرو می‌رود که آیا این کارهای او ممکن است سام را وابسته کند و به‌اصطلاح لوس بار بیاورد. سپس به این فکر می‌کند که در کودکی خودش پدرش بسیار به او کم‌محبتی می‌کرده و هیچ‌گاه دست نوازش به سر او نکشیده است و این باعث شده که میلاد بسیار خودساخته بار بیاید و در زندگی و کار روی پای خود بیاستد. آن زمان است که این افکار روی روابطش با سام تأثیر می‌گذارد و رویه‌ای را شروع می‌کند که به سام کمتر محبت و توجه می‌کند از طرفی چون به او کمتر محبت می‌کند، کمتر به او نزدیک شده و از او توقع آموزش بازی یا شعر جدیدی را ندارد. سپس به مهمانی می‌روند و پسر برادر میلاد که ۴ سال دارد را می‌بیند که هم شنا یاد گرفته و هم می‌تواند حروف الفبا را تشخیص دهد. آن شب میلاد دوباره نگران به خانه می‌آید با خود می‌گوید آیا من از پسرم توقع کافی برای آموزش نداشتم؟ آیا به او اندازه کافی برای یادگیری فشار نیاوردم؟ باید از فردا او را به کلاس‌هایی بفرستم که از بقیه عقب نماند و بی‌دست‌وپا بزرگ نشود. با خود می‌گوید سام

وقتی شیرین زبون شدی

۵ ساله است و هنوز شنا بلد نیست. فردای آن روز به همسرش می‌سپارد که یکی از بهترین و سخت‌گیرترین مربی‌های شنا را برای سام پیدا کند و در ضمن به دنبال یک مهدکودک دیگر بگردد که در آن خواندن یاد بدهند و حتی باید سام را کلاس فوتبال و موسیقی هم بگذارد.

این داستان بسیاری از ما والدین است. روزی کارشناسی در تلویزیون می‌گوید که به کودک محبت کنیم و تمام سرتاپای او را از قربان صدقه لبریز می‌کنیم و زمانی در تلگرام روانشناسی به ما پیشنهاد می‌دهد که برای تقویت هوش ریاضی کودکان از ۳ سالگی آن‌ها را کلاس هوش ثبت‌نام کنیم و اینکار را می کنیم و گاهی فکر می‌کنیم کودکمان را لبریز از کلاس کرده‌ایم و برای جبران آن هر آنچه خواست برایش می‌خریم. اضطراب ما پدرها و مادرها به دلیل این است که نمی‌دانیم **مرز توجه و توقع کجاست**. هرجایی هر مطلبی را می‌خوانیم. حس می‌کنیم که باید به کودک توجه کنیم اما میزان و نوع توجه را نمی‌شناسیم و یا برای اینکه بی عزت‌نفس مانند خودمان بار نیایند سعی می‌کنیم رویه پدران و مادران را تغییر دهیم اما نمی‌دانیم مرز این تغییر کجاست. در این فصل می‌خواهیم به این مسئله بپردازیم که میزان توجه و توقع یک والد باید در چه اندازه‌ای باشد و توجه و توقع درست چیست.

در فصل چهارم اشاره‌ای به جدول توقع و توجه انداختیم و کمی در مبحث قدرت درباره میزان توجه، توقع و مدل‌های فرزندپروری صحبت کردیم در این فصل بیشتر در مورد این جدول صحبت خواهیم کرد و در آخر فصل از مباحث ساده اما باارزشی که یاد می‌گیرید شگفت‌زده خواهید شد.

تئوری توجه- توقع:

دایانا بومراند[1] روانشناس مراحل رشد انسان در سال ۱۹۶۰ در دانشکده برکلی کالیفرنیا این تحقیق را انجام داد و مدل‌های مختلف فرزندپروری بر اساس میزان توجه و توقع والدین بررسی کرد. طی سلسله مطالعات پیوسته وی روی شخصیت کودکان زمانی که بالغ می‌شوند و میزان توقع و توجه والدینشان به جدولی که در ادامه آمده است دست پیدا کرد.

---

[1] Diana Baumrind 1966

فصل هشتم : توجه زیاد – توقع زیاد

به این جدول دقت کنید؛

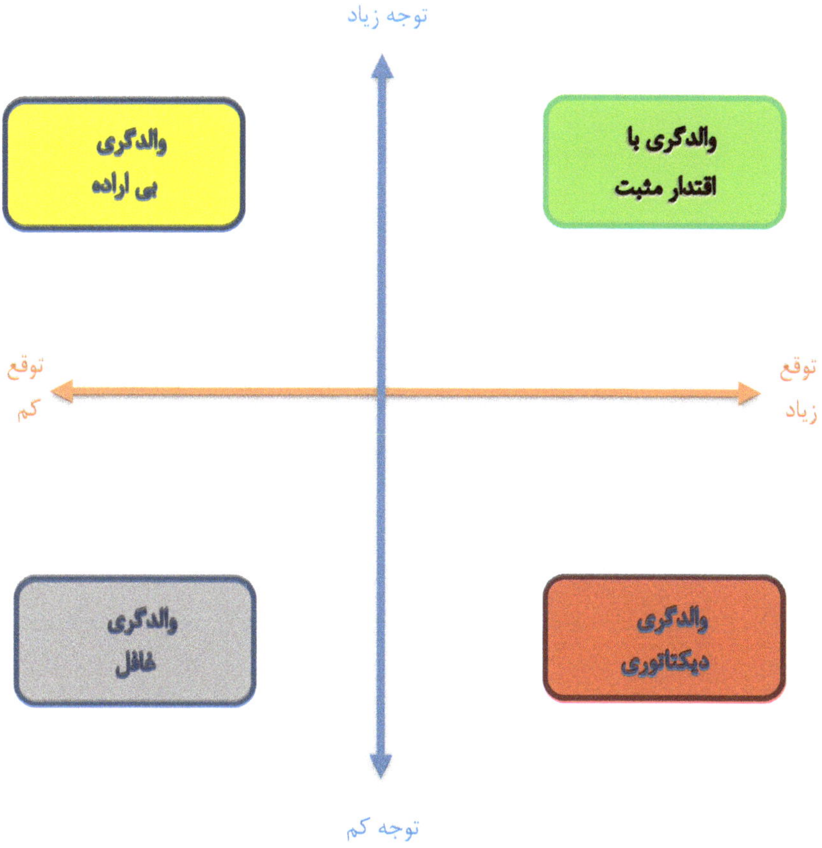

توجه زیاد
والدگری
بی اراده
والدگری با
اقتدار مثبت
توقع
کم
توقع
زیاد
والدگری
غافل
والدگری
دیکتاتوری
توجه کم

آیا من یک والدگری بی‌اراده هستم؟

- زمانی من یک والدگر بی‌اراده هستم که بی‌وقفه محبت کنم و همواره احساس کنم که برای فرزندم کم گذاشته‌ام و بدون توقعی از او هر آنچه می‌خواهد برایش فراهم کنم.
- در خانه و بیرون خانه مرتباً برای قوانینی که گذاشته‌ام استثناء می‌آورم و به او اجازه بسیاری از کارها را می‌دهم.
- او بیشتر تصمیمات را می‌گیرد.
- اگر در بشقابم یک تیکه ته‌دیگ است که او هم دوست دارد و تیکه خودش را خورده است یا خودم برایش می‌گذارم یا او خودش برمی‌دارد.
- به او این احساس را می‌دهم که رئیس من است.
- اگر کاری می‌کند که اشتباه است از مواجه با او و صحبت از آن کار اجتناب می‌کنم.
- معمولاً زیاده‌خواهی می‌کند.
- بسیار از او کم انتظار دارم.
- پی‌آمدهای کارهایش را بسیار ساده می‌گیرم و یا آن را می‌بخشم.
- جایزه بسیار برای کارهای ساده به او می‌دهم.
- بیش‌ازحد و حتی در حد فداکاری به کودک و به نیازهایش واکنش نشان می‌دهم.
- به بسیاری از خواسته‌های کودک نیز مانند نیازهایش جواب مثبت می‌دهید.
- مانند دوست به او رفتار می‌کنم.

اگر بیشتر جملات بالا برای شما و کودک شما صدق می‌کند پس بهتر است بدانید که تا حد زیادی در دسته مادران و پدرانی هستید که به کودکانشان بسیار توجه می‌کنند اما از او کم انتظار دارند.

کودکان این گروه پرخاشگر و لجبازند. زمانی که شرایط برخلاف میل آن‌هاست توانایی پذیرش آن‌ها پایین است. برای دیگران ارزش قائل نمی‌شوند و بسیار خودخواه می‌شوند.

اگر خود را جز این دسته می‌بینید اقدام بعدی چیست؟

۱- نیازها و خواسته‌های کودک خود را جدا کنید. تنها نیازهایش و بعضی از خواسته‌های منطقی‌اش را برآورده کنید. نیازی نیست که توجه و محبتتان را کم کنید اما توقعتان را بالا ببرید.

۲- در ایجاد، اجرا و پیگیری قوانین خانه و کودک خود تغییر ایجاد کنید و آن را جدی‌تر بگیرید اگر قوانینی شکسته شد برای آن موضوع توضیح بخواهید و از کودک خود بخواهید که متحمل پی گرد آن قانون‌شکنی شود.

۳- توقعتان را از کودک بالا ببرید، در بازی‌ها با او هر مرحله را سخت‌تر کنید. بسته به توانایی‌اش از او در کارهای خانه کمک بخواهید. او از سه‌سالگی می‌تواند بسیاری از کارهای خودش را انجام دهد، او را برای انجام کارهای خودش تشویق کنید.

اکنون یک مثال ساده برای شما می‌زنم.

فرض کنید که قانونی در خانه دارید که هر کودک می‌تواند ۲ دانه شکلات یا بیسکویت در روز بخورد و بیشتر از آن ممنوع است اما قبلاً کودک شما با چانه زدن و بحث کردن، گاهی مهربانی کردن و حتی گاهی گریه شما را راضی می‌کرد که بیشتر از حد مشخص‌شده بخورد. شما اکنون می‌دانید که قوانین قابل‌اجراست و آن را نمی‌تواند بشکند. شما به کودک خود با مهربانی توضیح می‌دهید که نمی‌توانید اجازه دهید، چون قانون است. او می‌خواهد شما را متقاعد کند شما به او می‌گویید که کاملاً می‌توانید درک کنید که چقدر کودکتان شیرینی می‌خواهد، مثالی از خود بزنید به‌طور مثال، من هم گاهی دلم می‌خواهد که بیشتر از مقدار لازم چای بخورم اما ۲ کپ چای بیشتر نمی‌خورم. به او می‌گویید سلامتی کودکتان برایتان مهم است. از او می‌پرسید که چه چیز دیگری می‌تواند بخورد که شیرینی نباشد و به او احساس بهتری بدهد؟ موز یا نارنگی؟

حال فرض کنید که تمام این گفتگو نتیجه‌ای نداشت و کودک شما بیسکویت سوم را خورد. قبلاً شاید به او دعوا می‌کردید اما او را می‌بخشیدید و پی گیری و پی‌گردی برایش در نظر نمی‌گرفتید اما اکنون بسیار محکم می‌گویید، قانون بیسکویت شکسته شد. حال مجبوریم جریمه بدهیم چون قانون را شکسته‌ایم. از او بپرسید می‌داند جریمه چیست؟ مطمئناً اگر قبلاً در موردش صحبت کرده باشید می‌داند که چیست؛ اما اگر نمی‌داند بگویید متأسفانه اشتباهی پیش آمد و باید این اشتباه را جبران کرد و به او بگویید که او هر دو بیسکوییت فردا را نیز از دست داد و حال تا دو روز دیگر نمی‌تواند شکلات و یا بیسکوییت بخورد. بگویید که بسیار متأسفید که این اتفاق افتاد و ظرف بیسکوییت را بردارید و به هیچ قیمتی اجازه ندهید فردا او بیسکوییتی بخورد؛ اما به‌آرامی رفتار کنید

فصل هشتم : توجه زیاد – توقع زیاد

آیا من یک والدگری دیکتاتور هستم؟

- عشق و توجه کمی به فرزندانمان نثار می‌کنم.
- انتظاراتی شاید بیشتر از توانایی کودک دارم.
- دیکتاتورانه امرونهی می‌کنم.
- انتظار رفتار بسیار خوب از کودکم دارم اگر این رفتار را نبینم حتی تنبیه هم می‌کنم.
- قوانین من بسیار سخت است.
- اعتقاددارم اگر به کودک سخت بگیرم برای آینده‌اش بهتر است.
- معمولاً زمان تنبیه کودک او را از چیزی محروم می‌کنم که بسیار دوست دارد.
- بر سر کودک فریاد می‌زنم.
- اعتقاد دارم محبت کمتر باعث لوس شدن کودک می‌شود.
- اعتقاد دارم که با کودک اگر زیاد بازی کنم و یا زیاد با او بخندم دیگر از من حساب نمی‌برد.
- کودک باید همیشه به حرف‌های من گوش دهد و بی چون‌وچرا اطاعت کند.
- معمولاً از جمله "چون من می‌گویم باید انجام دهی" استفاده می‌کنم.
- بیشتر همه‌چیز را سیاه یا سفید می‌بینم و اعتقاددارم کودک یا بد است یا خوب.
- بیشتر تصمیم‌گیری‌ها مثل رنگ لباس و نوع نشستن را ما برایشان می‌گیریم.

آیا احساس می‌کنید به این دسته نزدیک‌تر هستید. این نوع والدگری، نقطه مقابل والدگری بی‌اراده است. این والدین که تعدادشان نیز کم نیست اگر به بچه هایشان محبت زیادی نمی‌کنند و یا با آن‌ها نمی‌خندند، به این معنی نیست که کودک خود را دوست ندارند.

کودکان این گروه از والدین به دو گونه تبدیل می‌شوند یا بسیار پرخاشگر و مبارز هستند و مرتباً با والدین جنگ دارند و مخالفت می‌کنند و یا کاملاً آرام و گوشه‌گیر می‌شوند این گوشه‌گیری تا جایی است که بدانند والدین آن‌ها را نمی‌بینند اما زمانی که فرصت کنند قوانین را می‌شکنند و در آینده این گروه انتخاب‌های غلطی ممکن است در زندگی کنند.

اگر خود را جزء این دست ه می‌بینید اقدام بعدی چیست؟

۱- نیازی نیست که توقع خود را از کودک کم کنید و یا قوانین را تغییر دهید. بلکه بکوشید که زمانی که قوانین را می‌شکند، ملایم‌تر برخورد کنید و بجای دعوا دلیل اشتباه کودک را به او توضیح دهید. قوانین را جدا از خود بدانید و در زمان اشتباه بجای تنبیه، پی‌گردی مرتبط با موضوع را پیدا کنید.

۲- بیشتر سعی کنید با مبحث هوش عاطفی آشنا شوید و با کودکتان همدردی کنید. بدانید که فقط شما نیستید که همه‌چیز را مشخص می‌کنید و کودک شما یک انسان مستقل است که دارای اراده است؛ و باید یاد بگیرد که تصمیم‌گیری کند.

۳- به او ابراز عشق و محبت کنید، با او شوخی کنید و بسیار با او گرم بگیرید. مطمئن باشید کلید خوشبختی کودک شما در آینده و خوب رفتار کردن او در حال، ترسیدن از شما نیست بلکه داشتن عزت‌نفس بالا است.

اکنون یک مثال ساده برای شما می‌زنم.

فرض کنید که برای کودک خود قانون گذاشته‌اید که در روز می‌تواند ۲ ساعت از دستگاه‌های الکترونیکی استفاده کند. مثلاً تماشای تلویزیون و بازی با تبلت. بااینکه امروز دو ساعت تلویزیون را تماشا کرده است به اتاق او می‌روید و می‌بینید یواشکی مشغول بازی با تبلت است و از اینکه تبلت شارژ ندارد متوجه می‌شوید که مدتی است دور از دید شما در حال بازی است. بلافاصله عصبانی می‌شوید داد می‌زنید و تبلت را از او می‌گیرید و به او می‌گویید که حال که این اتفاق افتاد نه‌تنها باید ظرف‌های شام را بشورد بلکه عروسک موردعلاقه‌اش را نیز یک هفته از او می‌گیرید که نتواند با او بازی کند. او که می‌پرسد چرا؟ شما به او می‌گویید که چون شما می‌خواهید و او حق ندارد روی حرف شما چیزی بگوید. اما بجای این رفتار به آرامی به او بگویید که او قانون دو ساعت را زیر پا گذاشته است و اعتماد شما را نسبت به خودش از دست داده اید. حال مجبور هستید ۲ ساعت فردا را نیز بازی نکند تا اعتماد شما باز گردد.

فصل هشتم : توجه زیاد – توقع زیاد

آیا من یک والدگری غافل هستم؟

- به کودک توجه و مهربانی نمی‌کنم.
- از کودک انتظار زیادی هم ندارم.
- کاری به کارش ندارم.
- زمان کمی با او سپری می‌کنم.
- در سنین خیلی پایین و یا خیلی بالا این فرزند به من داده‌شده است که دیگر حوصله نداشته‌ام و یا ناخواسته بوده است.
- از کودک معمولاً غافلم.
- احساس درونی‌اش را نمی‌دانم.
- در خانه‌ام هیچ قوانین مشخصی وجود ندارد.
- اعتیاد و یا طلاق را تجربه کرده‌اید.
- نه‌تنها به خواسته‌ها بلکه به بسیاری از نیازهای کودک نیز بی‌توجه هستم.
- با کودکم اصلاً گفتگو و بازی نمی‌کنم.
- دچار افسردگی هستید.

آیا احساس می‌کنید جزء این دسته هستید؟ این والدین که معمولاً تعدادشان بسیار کم است.

کودکان این نوع والدین تقریباً در هر زمینه‌ای از زندگی عملکرد ضعیفی دارند. آن‌ها بامهارت‌های بسیار ضعیف اجتماعی و عاطفی بار می‌آیند. آن‌ها برای خود ارزش قائل نمی‌شوند. کمبود عشق باعث می‌شود که در آینده نتوانند ارتباط عاطفی لذت‌بخشی برقرار کنند و متأسفانه در درس و کار نیز عملکرد خوبی ندارند.

اگر خود را جز این دسته می‌بینید اقدام بعدی چیست؟

۱- ابتدا سعی کنیم با خودمان این موضوع را حل کنیم که مسئولیت یک فرزند به عهده ما است و نتیجه این مسئولیت به رفتار اکنون ما بازمی‌گردد. پس محبت و توجه کردن را یاد بگیریم و سعی کنیم به فرزندمان نزدیک شویم.
۲- توقع خود را آرام آرام نسبت به فرزندمان بیشتر کنیم. به او چالش دهیم و برایش محدودیت‌های مناسب ایجاد کنیم.
۳- او را نیز تشویق کنیم که این محدودیت‌ها را جدی بگیرد و هم‌زمان با او همدلی و همراهی کنید.

اکنون یک مثال ساده برای شما می‌زنم.

پدر و مادر کودکی باهم دچار اختلاف شدید هستند و فرزنددار شدن را علتی می‌دانند که روابطشان را بهتر کنند اما با آمدن کودک همه‌چیز بدتر نیز می‌شود و دائماً باهم دعوا دارند. زمانی که کودک ۴ ساله است بیشتر شب‌ها که پدر خانه است مادر و پدر باهم دعوا می‌کنند و او در اتاقش است؛ و دیگر حتی دعوای مادر و پدر برایش عادی شده است. کمتر برای او وقت می‌گذارند چون مادر مدام نگران و غم‌زده است و پدر هم چون دل‌خوشی از خانه ندارد بیشتر وقتش را به کار مشغول است. پدر و مادر از هم جدا می‌شوند و مادر یک دوره طولانی افسردگی را تحمل می‌کند و از کودک و نیازهایش در این دوره کاملاً غافل شده است. حال تصمیم می‌گیرد که به کودک خود برگردد او ابتدا یک دوره برای مشاوره برای افسردگی خود می‌گیرد و تصمیم می‌گیرد. سفر به سیاره فرزند را هرروز اجرا کند و بیشتر با کودک خود همدلی کند او را به پارک ببرد و خود نیز از محبت کردن و توجه کردن به کودکش لذت ببرد. او محدودیت‌ها و قوانینی برای کودکش می‌گذارد و با کمال تعجب می‌بیند که کودکش با آن قوانین خوشحال است؛ زیرا حس می‌کند که برای مادرش ارزشمند است.

فصل هشتم : توجه زیاد – توقع زیاد

آیا من یک والدگری بااقتدار مثبت هستم:

- بین توقع و توجه تعادل برقرار می‌کنم.
- در خانه من قوانین به‌خوبی اجرا می‌شود.
- اگر قوانینی شکسته شود، فرزندم می‌داند که باید جریمه‌اش را که معمولاً- مرتبط با آن قانون است بپردازد و با نتیجه‌اش روبرو شود.
- بسیار با کودکم با گرمی برخورد می‌کنم و با او می‌خندم و بازی می‌کنم.
- به نیازهای خودم و بقیه اعضای خانواده ارزش می‌دهم و کودکم این را می‌داند.
- برای انجام عادات خوب به‌عنوان والد پیش‌قدم هستم و فرزندم را نیز به انجام آن کارها تشویق می‌کنم.
- فرزندم را به چالش‌های متفاوت و هیجان‌انگیز دعوت می‌کنم.
- از فرزندم انتظار دارم که در کارهای خانه به من کمک کند؛ و اکثر کارهای مربوط به خودش را خودش انجام دهد.
- از اشتباهاتش در خانه برای راهی برای آموزش استفاده می‌کنم.

کودکان این گروه، بسیار اجتماعی و آکادمیک هستند و از فرزندان سه گروه دیگر موفق تر و باهوش عاطفی بالاتر هستند. این کودکان معمولاً جسور و خوشحال‌اند و قوانین را رعایت می‌کنند، حتی اگر پدر و مادر نباشد. آن‌ها با شرایط سخت راحت‌تر کنار می‌آیند. برای خود و دیگران ارزش قائل می‌شوند و همواره اطرافیانشان دوست دارند که با آن‌ها زمانشان را سپری کنند.

همان‌طور که قبلاً هم گفتم در این کتاب هدف ما این نیست که ۳ نوع والدگری دیکتاتوری، بی‌اراده و غافل توجه کنیم که بخواهیم بدانیم جزء کدام دسته هستیم و احساس گناه کنیم و اصلاً در دنیای روابط انسانی سیاه‌وسفید مطلق وجود ندارد ممکن است والدی جایی بین دیکتاتوری و اقتدار مثبت باشد. بلکه هدف اصلی این است که شیوه و متد فرزندپروری خود را هر روز کمی بیشتر به سمت والد بااقتدار مثبت نزدیک کنیم؛ یعنی والدی بشویم که کودک را خوب می‌شنود و حرفش را درک می‌کند و حسش را احساس می‌کند و می‌داند که دلایل کارهای

کودکش چیست. از او در مواقع نیاز سؤالات مؤثر می‌پرسد و به او آزادی و حق انتخاب به‌اندازه کافی می‌دهد.

سؤالات بالا بیشتر برای این بود که ببینیم آیا اعتدال میان توجه و توقع را برقرار می‌کنیم و اینکه سعی کنیم همیشه خود را در قسمت بالای سمت راست نمودار قبل قرار دهیم یعنی توقع و توجه زیاد اما کیفیت این توجه و توقع هم به‌اندازه تعادل بین آن‌ها مهم است؛ زیرا هر توجهی توجه نیست و هر توقعی توقع.

توجه مناسب چیست؟

برای اینکه بدانیم توجه مناسب برای کودک چیست ابتدا بهتر است به تفاوت توجه به نیازها و توجه به خواسته‌ها بپردازیم.

فرق بین نیازها و خواسته‌ها

پیش‌تر به این موضوع اشاره کردیم که پدر و مادرهای بی‌اراده نیازها و خواسته‌های کودک را برآورده می‌کنند و پدر مادرهای غافل خواسته‌ها و بسیاری از نیازها را برآورده نمی‌کنند.

نیازها و خواسته‌های کودک من چیست.

موارد اساسی در زندگی کودک ما که برای زنده ماندنش ضروری است نیازهای او است. غذای کافی و مناسب، مکان امن برای خواب، زمان، شرایط و ابزار ابتدایی برای بازی کردن، محبت و دل‌بستگی امن، آزادی عقیده، حقوق ابتدایی انسانی و جزء نیازهای اساسی یک کودک است.

خواسته‌های کودک عبارت است از هر نوع درخواستی که خارج دسته نیازها باشد. البته باید بگویم نیازها و خواسته‌های کودکانی که در شرایط متفاوت زندگی می‌کنند ممکن است کمی فرق کند اما در بیشتر مواقع، نیازها و خواسته‌ها برای بچه‌ها یکسان است. بهتر است با چند مثال این موضوع را درک کنیم.

داشتن اسباب‌بازی‌های ساده و فیزیکی که بسیاری از آن‌ها را حتی می‌توان در خانه درست کرد، جزء نیازهای کودک است اما درخواست عروسک با مارک باربی و یا ماشین کنترلی لوکس یک خواسته است.

غذای سالم، تازه و متنوع که دارای مقادیری سبزی جات و پروتئین باشد برای کودک نیاز است اما اینکه مادر خود را مقید کند حتماً مواد غذایی خاصی را با مارک‌های خاص مهیا کند جزء خواسته‌هاست. به‌طور مثال در ایران مادری به من گفت که باوجود شرایط مالی محدود خود را مقید می‌کند که حتماً برای کودکش کره بادام‌زمینی با مارک ... پیدا کند چون مقادیر زیادی آهن دارد. این توجه به خواسته است.

وقتی شیرین زبون شدی

نثار عشق به کودک، در آغوش کشیدنش هرزمانی که او نیاز به همدردی دارد و درک احساساتش و ابراز آنکه درک شده است از نیازهای کودک است اما اصرار کودک برای خوابیدن در تخت مادر و پدر یک خواسته است و انجام خواسته‌هایی شبیه به این برای اینکه نشان بدهیم درکش می‌کنیم کار اشتباهی است.

حال به کتاب کیانا ۲ مراجعه کنید و سعی کنید نیازها و خواسته‌های کودک خود را بنویسید.

> **درک کردن و همدردی کردن با انجام خواسته ها یکی نیست**

- ✗ آیا فقط نیازهای او را پوشش می‌دهید.
- ✓ آیا همه نیازها و فقط بعضی از خواسته‌هایش را مخصوصاً زمانی که توقع‌هایتان را برآورده می‌شود، پوشش می‌دهید.
- ✗ آیا بیشتر خواسته‌هایش را پوشش می‌دهید.

تحسین یا تشویق:

- آفرین تو چه پسر خوبی هستی!
- چقدر شما دختر خوشکلی هستی!
- شما خیلی باهوشی!

در تهران در سمیناری که برای بهبود شخصیت بود شرکت کردم، سخنران بسیار به اهمیت اینکه باید خود را دوست بداریم و روی عزت‌نفسمان کار کنیم صحبت کرد و دختر خود را روی صحنه صدا زد و گفت برای اینکه دخترش نیز خودش را دوست داشته باشد هرروز بارها به دخترش می‌گوید: تو چقدر باهوشی! تو چقدر زیبایی و تو چقدر خوبی! تمام شرکت‌کنندگان برای آن‌ها دست زدند. متأسفانه باید بگویم که سخنران درس اشتباهی را به همه حاضرین داد و بسیاری از آن‌ها هم آن درس را پذیرفتند با اینکه راهی اشتباه بود. دلیل پذیرش این است که حاضرین که اکثراً ۲۵ تا ۵۵ ساله بودند همه پدر و مادرهایی داشته‌اند که از ابزارهایی مانند تنبیه، سرکوفت، سرزنش و نصیحت برای پرورش آن‌ها در کودکی استفاده می‌کردند و اکنون این جملات به نسبت شیوه تربیتی آن‌ها و آنچه در زمان خود شنیده‌اند بسیار زیباتر و بهتر به نظر می‌آید؛ اما مشکل اساسی همین است نسل پدر و مادرهای بی‌اراده و بچه‌های لوس و پرخاشگر، بعد از نسل پدر و مادر سخت‌گیر و دیکتاتور به وجود می‌آید.

جملاتی که دوستمان در سمینار استفاده کرد و یا جملاتی مانند جملات بالا نه‌تنها نقشی در ساخت عزت‌نفس در کودک ندارد بلکه باعث می‌شود کودک خودپسند و خودبین بشود. عزت‌نفس ارزشی نیست که با تحسین دیگران و از بیرون ساخته شود. عزت‌نفس یک احساس ارزشمندی است که از درون انسان ساخته می‌شود و ایجاد آن با دیدن توانمندی درونی است. عزت‌نفس و احساس توانمندی با **تشویق** کودک به انجام کارها ساخته می‌شود و خودبینی با **تحسین** کودک.

وقتی شیرین زبون شدی

ابتدا به معنای تحسین و تشویق در لغتنامه[1] بپردازیم:

تحسین: آفرین گفتن، ستودن، بیان و قضاوت مطلوب.
تشویق: به شوق آوردن، ترغیب کردن، دلگرم ساختن، کار کسی را ستودن و او را دلگرم ساختن.

تحسین و تشویق سه تفاوت عمده باهم دارند:

✗ تحسین	✓ تشویق
تمرکز بروی انجام دهنده است. مثال: تو چقدر پسر خوبی هستی!	تمرکز بروی کاری است که انجام می‌شود. مثال: ممنون که اسباب‌بازی‌هایت را سریع بعد از بازی جمع کردی.
تمرکز بروی نتیجه نهایی است. مثال: چه نقاشی قشنگی کشیدی!	تمرکز بروی پروسه انجام کار و تلاش است. مثال: به نظر می‌رسد که نقاشی کردن را دوست داری چون زمان زیادی برای این نقاشی گذاشتی!
نیروی انگیزه سازی بیرونی فعال می‌شود. مثال: تو بهترین هستی! من به شما که این این‌قدر خوبی یک شکلات می‌دهم!	نیروی انگیزه سازی درونی فعال می‌شود. مثال: این اتاق چقدر خوب مرتب‌شده است. در این اتاق بهتر می‌توانی بازی کنی. فکر کنم خودت نیز احساس خوبی داری؟

هر انسانی دوست دارد که از او تعریف شود و صفت خوب را دوست دارد و برای حفظ صفت خوب می‌جنگد. زمانی که ما به فرزندمان می‌گوییم تو باهوش هستی! او از اینکه این صفت را به او داده‌اید خوشحال و خرسند می‌شود. او احساس می‌کند که بسیار خاص است و برای حفظ این صفت، در همان حالت می‌ماند و **قدم‌های بعدی را برنمی‌دارد،** زیرا می‌ترسد که این صفت را از دست بدهد. فرض کنید یک پازل مخصوص سن فرزندتان به او می‌دهید و او با کمی تلاش آن را حل می‌کند، اگر او و هوشش را تشویق کنید بسیار خرسند می‌شود، اما تمایلی به حل پازل

---

[1] فرهنگ معین

سخت‌تر نشان نمی‌دهد و می‌خواهد بازهمان پازل قبلی را حل کند. بااینکه کودکان همیشه دنبال پیشرفت هستند، اما متأسفانه تحسین‌های نابجای ما می‌تواند مسیر آن‌ها را کندتر کند.

از طرف دیگر زمانی که **عمل** او را تشویق می‌کنیم یعنی به همین کودک گفته شود، **تلاش** تو برای انجام این کار عالی بود، او می‌فهمد تلاشی که برای حل این پازل انجام داده ارزش دارد و دوباره می‌خواهد تلاش‌های بیشتر خود را به ما و خودش نشان دهد. در تحسین زمانی که ما نتیجه نهایی را بزرگ می‌کنیم کودکان ما بعد از دستیابی به یک دستاورد بزرگ دیگر، دست از تلاش برمی‌دارند.

دلیل اینکه بسیاری از مدال آورندگان المپیک بعد از مدال طلا، افسرده می‌شوند همین است که بعد رسیدن به مدال، به خود می‌گویند **حالا چه!** چون مربی و اطرافیان آن‌ها فقط روی مدال و اول شدن تمرکز کرده‌اند، بجای آنکه به روی تلاش و مسیر رسیدن به هدف تمرکز کنند.

پول، جایزه و پاداش هم باعث به وجود آمدن **انگیزه بیرونی** [1] می‌شود. البته نمی‌توان کامل آن را قطع کرد، شاید گاهی یک انگیزه بیرونی مانند رفتن به پارک و یا یک آب‌نبات این‌قدرها ضرر نداشته باشد، اما کودکانی که مرتب به دلیل وجود انگیزه‌های بیرونی ترغیب به انجام کاری می‌شوند و یا از کاری بازداشته می‌شوند، زمانی که به سنین نوجوانی هم برسند ممکن است برای یک انگیزه بیرونی دست به کارهای خطرناکی بزنند. در آن زمان انگیزه‌های بیرونی دیگر قابل‌کنترل ما نیست.

احساس خوبی که با انجام کارهایی که تاکنون تجربه نکرده‌اند به کودکان دست می‌دهد، کودکان را به‌خودی‌خود تشویق می‌کند و نیازی به‌جایزه و تأیید ما ندارند و ما با دادن جایزه به‌غلط، آن‌ها را به این سمت می‌کشانیم که برای جایزه تلاش کنند.

یکی دیگر از انگیزه سازی‌های بیرونی گرفتن تأیید و راضی نگه‌داشتن پدر و مادر است. اگر زمانی که از آن‌ها می‌خواهیم کاری انجام بدهند و یا ندهند از آن‌ها مرتباً بخواهیم که به خاطر ما یا برای خوشحال کردن یا ناراحت نکردن مامان و بابا این کار را بکنند یا نکنند، این هم نوعی انگیزه بیرونی است و اینکه کودک، هر کاری را برای **خوشحال کردن** پدر و مادر و یا در رودربایستی با آن‌ها انجام دهد، این نوع **انگیزه بیرونی** اصلاً خوب نیست. کودکی که عادت به گرفتن تأییدیه دیگران دارد، نه‌تنها عزت‌نفس پایینی می‌سازد بلکه قدرت تصمیم‌گیری و انتخاب را از دست

[1] Extrinsic Motivation

وقتی شیرین زبون شدی

می‌دهد، این‌گونه انسان‌ها در هر مرحله از زندگی دنبال راضی نگه‌داشتن کسی یا کسانی هستند و در نوجوانی برای خوشحال کردن دوستانشان ممکن است به مواد مخدر هم نه نگویند و زمانی که می‌خواهند زوج پیدا کنند دچار شیفتگی کورکورانه می‌شوند.

حال آنکه تمرکز بروی کاری که انجام می‌دهد و ارزش دادن به تلاش، پشتکار و علاقه او باعث می‌شود که تلاش بیشتری کند و هر بار با هر پیروزی احساس دستیابی درونی کند که به آن **انگیزه درونی**[1] می‌گویند.

---

[1] Intrinsic Motivation

فصل هشتم : توجه زیاد – توقع زیاد

می‌دانم که عاداتی در ما نهادینه‌شده است و استفاده از این جملات مانند چه لباس زیبایی و یا چه دختر خوشگلی و یا چه پسر باهوشی برای ما عادت شده است؛ اما تغییر آن بسیار ساده است. تنها کافی است به رفتار خود واقف باشیم و هرروز یک جمله را عوض کنیم. در آخر خواهیم دید که چقدر عادت‌های خوبی را در خود نهادینه کرده‌ایم. من بسیاری از زوج‌هایی را می‌شناسم که در پروسه پرورش فرزندشان توانسته‌اند با همسر و اطرافیان خود نیز ارتباط بهتری بگیرند. این یک واقعیت است که ما انسان‌ها علاقه‌ای نداریم که روی شخصیت و روح خود وقت و سرمایه‌گذاری کنیم زیرا تغییر بسیار سخت است اما زمانی که مسئله پرورش فرزندمان در میان است و چون فرزند مهم‌ترین سرمایه زندگی‌مان است حاضر می‌شویم به خاطر او رفتارهایمان را بررسی کنیم و حتی خود را تغییر دهیم و این تغییرات حتماً باعث می‌شود که روابطمان با آدم‌های اطرافمان نیز بهتر شود.

"همانند درختی که به آب نیاز دارد کودکان ما به تشویق نیاز دارند"

رودالف دریکورس

یکی از مهم‌ترین درس‌های فرزندپروری این است که یاد بگیریم چگونه احساس ارزشمندی سالم را در کودکمان بسازیم. پدرها و مادرهایی که یاد می‌گیرند کودکان خود را ترغیب به پیشرفت کنند و به کودک خود، باور قلبی دارند، آن‌هایی هستند که این احساس ارزشمندی را در کودک خود می‌سازند و دیگر نیازی نیست که در سنین نوجوانی با کنترل بیرونی مرتباً آن‌ها را زیر نظر بگیرند و نگرانشان باشند. مادامی‌که ارتباط خوب و صمیمی خود را حفظ کنند، می‌دانند که فرزند آن‌ها همیشه بهترین تصمیم‌ها را می‌گیرد و دست از تلاش نخواهد کشید.

احساس ارزشمندی و توانمندی یک احساس درونی است که یک‌شبه نمی‌توان آن را ساخت. پایه‌های آن از احساس تعلق و مهم بودن نشئت می‌گیرد. این باور زمانی ساخته می‌شود که کودک توانایی خود را باتجربه کردن به دست بیاورد نه اینکه به او گفته شود تو توانا هستی!

والدین نمی توانند احساس ارزشمندی را با جملاتشان به کودک بدهند، کودک باید با آن احساس بزرگ شود.

توقع مناسب چیست؟

توقع داشتن از کودک یعنی انتظار والد از کودک به مسئولیت‌پذیر بودن و به این معنی که کودک نسبت به محدودیت‌هایی که دارد، احترام بگذارد. مرزها را بشناسد و انگیزه کافی برای تغییر و رشد داشته باشد. توقع داشتن پدر و مادر به معنی پذیرفتن بدون چون و چرا نیست، بلکه به معنی این است که کودک یک پاسخگوی مثبت باشد و احترام و توجه مثبت مادر و پدر را درک کند. در آرامش بازی کند و احساس کند که بستر برای رشد او گسترده شده است. مادر و پدر بی‌صبرانه منتظر مستقل شدن و دیدن توانایی‌هایی او هستند او در خود انگیزه کافی برای کشف دنیای بیرونی دارد و اگر در میان راه اشتباهی کند به دلیل این است که در حال آموزش و تجربه است و با حمایت و راهنمایی پدر و مادر می‌تواند از آن مشکل برای یادگیری استفاده کند.

برای اینکه بتوانیم کودکان مسئولیت‌پذیری داشته باشیم باید صبور باشیم و راهکارهای زیر را اجرا کنیم.

۱- بگو چی می‌خوای!

زمانی که در صنعت بیمه کار می‌کردم. به ما شیوه ارتباط با مشتری را در کلاس‌های بازاریابی آموزش می‌دادند. در آن کلاس‌ها گفته می‌شد در روند صحبت با مشتری باید فقط سؤالاتی از مشتری پرسیده شود که جوابش بله باشد و اگر سؤالی هست که می‌دانید جواب آن خیر است باید سؤالتان را به سمت مثبت بچرخانید. در ضمن هیچ‌گاه از کلمات نه و نمی‌شود و نداریم استفاده نکنیم. دلیلش این است که انسان‌ها زمانی که در محیطی قرار می‌گیرند که مثبت است، پاسخگوتر و مسئول‌تر می‌شوند.

پس اولین کاری که قرار است انجام دهیم تغییر جملات و سؤالاتمان است. جملات را از آنچه نمی‌خواهیم به آنچه می‌خواهیم تغییر می‌دهیم. شاید ابتدا کمی پیدا کردن کلمات مثبت سخت باشد اما با تمرین خواهید دید که چقدر کودک شما با شنیدن جملات و سؤالات مثبت، مسئول‌تر می‌شود.

فصل هشتم : توجه زیاد – توقع زیاد

مثال ۱: کودک شما با قاشق روی میز می‌کوبد:

- ✗ نگوییم؛ " بس کن! با آن قاشق روی میز نکوب"
- ✓ بگوییم؛" با آن قاشق می‌تونی غذا بذاری دهنت"

مثال ۲: اگر در پارک سنگ برمی‌دارد و به سمت کودکان دیگر پرتاب می‌کند:

- ✗ نگوییم؛ " نکن! آن سنگ را پرت نکن"
- ✓ بگوییم؛" می‌توانی با این سنگ‌ها اینجا خانه درست کنی، بیا تا نشانت بدهم"

۲- توقع باید مشخص باشد!

زمانی که با بچه‌های کوچک کار می‌کردم، آموختم که کودکان مانند ما بزرگ‌ترها نمی‌توانند کلیات را درک کنند و جملات عمومی ما را متوجه نمی‌شوند باید انتظاراتمان کاملاً مشخص و ویژه آن مبحث باشد. مثلاً جمله *"احتیاط کن"* بسیار کلی است و کودکان متوجه آن نمی‌شوند بلکه بهتر است بگوییم *"زمانی که جوراب به پا داری، چون ممکن است روی سرسره لیز بخوری بهتر است دستت را به کناره‌ها بگیری"*

بجای اینکه او را دعوا کنید همیشه در مورد انتظاراتتان با او صحبت کنید و به او بگویید دقیقاً از او چه انتظاری دارید و دلیلش را هم بگویید. زمانی که از آن‌ها انتظاراتی دارید به‌طور کامل و اختصاصی توضیح دهید و کلی‌گویی نکنید.

گاهی اوقات کودکان در درک منظور ما مشکل‌دارند به‌طور مثال ما به آن‌ها می‌گوییم

"ده دقیقه دیگر بیرون می‌رویم"

اما او منظور ما را از ده دقیقه نمی‌فهمد بهتر است برای کودکان بسیاری از تعریف‌ها را همراه راهنمایی تصویری انجام دهیم، مثلاً به ساعت اشاره‌کنیم و بگوییم

"عقربه بزرگ که به این عدد رسید ما از خانه بیرون می‌رویم"

و یا به‌جای *"اسباب‌بازی‌هایت را جمع کن و لباست را بپوش!"*

بگوییم *"اسباب‌بازی‌ها در آن جعبه قرمز (اشاره به جعبه) بگزار و آن را این‌گونه (آموزش گذاشتن جعبه در کمد) در کمد بگذار و کت آبی‌رنگت را بپوش."*

۳- در بازی تکرار گیر نکنیم

بارها دیده‌ام که مادر و پدر یک درخواست را مرتباً تکرار می‌کنند و مانند

"درست راه برو"
"اسباب‌بازی‌هایت را همه‌جا پخش نکن"
" داد نزن، آروم"

و مرتباً این جملات و یا شبیه این جملات را می‌گویند و کودک اصلاً به آن توجه نمی‌کند؛ زیرا آن جملات به دلیل تکرار زیاد، اثر خود را ازدست‌داده است. در اصل هر بار که درخواست و توقعی تکرار می‌شود، اثر آن کمرنگ‌تر و احتمال پذیرش آن از طرف کودک کمتر می‌شود. راهکاری که من برای این موضوع پیدا کردم دو قسمت دارد و بسته به نوع توقع و نوع درخواست متفاوت است.

زمانی هست که کودکان نیاز به انجام کاری دارند، مثلاً در پذیرایی زمانی که در حال شنیدن موضوعی از تلویزیون هستید آن‌ها داد می‌زنند و یا صدای پرت کردن توپ درمی‌آورند. گاهی کودکان به آن فعالیت نیاز دارند و فقط مکانش درست نیست می‌توانیم به آن‌ها راهنمایی کنیم که هر چه دوست دارند می‌توانند سرشان را در بالش بکنند و در اتاقشان داد و فریاد بزنند اما در پذیرایی نمی‌شود و یا هر چه بخواهند می‌توانند در حیاط توپ‌بازی کنند. راهکار دوم زمان‌هایی است که فرض کنید در مکان عمومی در صف ایستاده‌اید و کودکتان بلندبلند حرف می‌زند و یا خانه خاله اسباب‌بازی‌های دخترخاله‌اش را جمع نمی‌کند. اگر یک‌بار درخواستتان را تکرار کردید و جواب نداد بهترین کار تغییر تاکتیک توقع داشتن به پیشنهاد یک کار خنده‌دار و یا هیجان‌آور است که شاید کمی احمقانه برای بزرگ‌ترها باشد.

فصل هشتم : توجه زیاد – توقع زیاد

به‌طور مثال برای بلند حرف زدن من معمولاً پیشنهاد بازی مأمور مخفی پلیس می‌کردم و به پسرم می‌گفتم ما اکنون در یک مأموریت مخفیانه هستیم و تو یک پلیس مخفی هستی و دیگران نباید حرف‌های ما را بشنوند باید درگوشی و با صدای بسیار آرام صحبت کنیم؛ و یا

برای جمع اسباب‌بازی‌ها در خانه خاله از بازی ماشین آشغالی که موزیک می‌زند و همه‌چیز را جمع می‌کند، استفاده می‌کنیم و کودکمان آن ماشین است.

این بازی‌ها این‌قدر برای کودکان هیجان دارند که کودک اصل مخالفت با تقاضای ما را فراموش می‌کند و گاهی کشیدن او از بازی بیرون یک چالش نمی‌شود. پدران، مادران و مربیانی که حس شوخ‌طبعی دارند و خلاق هستند بسیار بچه‌های حرف‌گوش‌کن تری دارند تا مادرانی که رفتار جدی دارند.

اگر به خاطر داشته باشید زمانی که از یک مادر و یا پدر بااقتدار مثبت صحبت کردیم. گفتیم که یک والد کامل، والدی است که مهربان، آرام و مصمم باشد اما مصمم بودن با رفتار سرسخت و جدی فرق دارد. یک انسان زمانی که قوانینی دارد بر سر قوانینش می‌ماند اگر برای اجرای قوانین از راه جبر، سرسختی، عصبانیت، خشکی و جدیت پیش برود آنگاه کودک در اجرای آن مشکل دارد اما اگر همان والد در اجرای قوانین از خنده، بازی، خلاقیت، شوخی، آهنگ خواندن و تشویق استفاده کند کودک به اجرای قوانین ترغیب می‌شود. در این تفاوت بین مصمم بودن و دیکتاتور بودن است. در هر دو صورت قانون اجرا می‌شود اما به نظر شما در طولانی‌مدت کدام کودک با میل درونی بدون وجود مادر و پدر قانون را اجرا می‌کند.

۴- توقع باید پله پله باشد.

زمانی که از کودکمان می‌خواهیم کاری انجام بدهد باید توقعمان را کم کم زیاد کنیم و مرحله به مرحله فعالیت را سخت‌تر و یا پیچیده‌تر کنیم این فعالیت چه پوشیدن لباس باشد، چه جمع‌کردن اسباب‌بازی و چه ساخت خانه با لگوهای پلاستیکی. ابتدا توقعمان کم باشد اما به‌تدریج او را به انجام کار پر چالش تر دعوت و تشویق کنیم. اگر هر مرحله سخت‌تر از قبلی نباشد در او انگیزه سازی نمی‌شود، و اگر مرحله بعدی بسیار سخت‌تر از قبلی باشد اعتمادبه‌نفس انجامش را از دست می‌دهد.

انگیزه سازی

همه پدر و مادرهای دنیا آرزو دارند که کودکانی موفق، خوشحال، مسئول و مستقل داشته باشند. یک کودک نیاز به یک نیروی درونی دارد که به دنبال کشف دنیا باشد و این نیروی درونی با کودک متولد می‌شود. این حس کنجکاوی یا این انگیزه در کودکان بالای ۲ سال بسیار زیاد می‌شود و مادر و پدر در هدایت این نیرو و افزایش آن بسیار مؤثرند. این پدر و مادر هستند که می‌توانند کودکان را در مسیری قرار بدهند، که کنجکاوی به یادگرفتن در آن‌ها بیشتر شود. بخواهند دنیای اطرافشان را کشف کنند و تجربه‌های جالب داشته باشند. در مقابل، پدر و مادر می‌توانند کاری کنند که کودک از تجربه کردن بترسد و از یادگیری دلزده شود و علاقه‌ای به کشف دنیای اطرافش نداشته باشد.

از هلیکوپتر بودن پرهیز کنید.

برای اینکه کودکمان ترسی برای کنجکاوی نداشته باشد مانند هلیکوپتر نجات بالای سر او نچرخید. کنار او از فعالیت‌هایش لذت ببرید. او را از افتادن، باختن و شکست خوردن نترسانید. او باید بجنگد، زمین بخورد، بدنش درد بگیرد، غرورش جریحه‌دار شود، در بازی ببازد و سرما بخورد تا شیرینی برنده شدن توانستن، سلامتی و خوشحالی را بفهمد و انگیزه کافی برای دوباره مبارزه کردن **که همان تلاش بعد از شکست است** را داشته باشد. اگر او همیشه برنده باشد بی‌انگیزه می‌شود.

فصل هشتم: توجه زیاد – توقع زیاد

برای پرورش قدرت انگیزه‌سازی در کودکان انجام اقدامات زیر از طرف پدر و مادر مهم است:

۱- داستان‌های قهرمانان را برایشان بگوییم.
۲- نجات دادن بچه‌ها از مهلکه‌های غیر خطرناک را حذف کنیم.
۳- در زمان اشتباه واکنش زیاد نشان ندهیم.
۴- عشق بدون شرط به آن‌ها بورزیم.
۵- آن‌ها را باور کنید و این باور را به آن‌ها نشان دهید.
۶- شرایط پیروزی‌های کوچک را مهیا کنید.
۷- مهارت‌ها را به آن‌ها آموزش دهید.
۸- به رفتارهای مثبت تمرکز کنید.

من توقع دارم فرزندم مسئولیت‌پذیر باشد.

آیا شما هم دوست دارید فرزند مسئولی داشته باشید. مسئولیت مانند کوله‌پشتی است دو نفر هم‌زمان نمی‌توانند آن را بپوشند. اگر در خانه همسر من قبض‌ها را پرداخت می‌کند و مدیریت مالی و پس‌انداز را خوب‌تر از من انجام بدهد، مطمئناً من دیگر در آن مورد دغدغه‌ای ندارم و اوست که همیشه مسئول انجام آن‌هاست. اگر از من کمک هم بگیرد اما **یادآوری** و رسیدگی آن‌ها با اوست. او است که مسئولیت این کار را در خانه پذیرفته است و کوله‌پشتی آن مسئولیت بر دوش اوست. باید بدانید که هر مسئولیت را مانند یک کوله‌پشتی فقط می‌توان روی یک شانه گذاشت.

قانون طلایی من و مسئولیت‌های من

کوله‌پشتی هر مسئولیتی را بر شانه خود گرفتید کودکان آن را بر دوش نمی‌کشند. بسیاری از کارها و مسئولیت‌ها را ما مادران و پدران با حساسیت زیاد، یادآوری و تکرار فراوان از دوش بچه‌ها ناخواسته برمی‌داریم و به دوش خود می‌گیریم. هر روز صبح من فرزندم را از خواب بیدار می‌کنم او ۱۲ سال دارد و تاکنون هر بار که ساعت زنگ‌دار گذاشتم و از او خواستم که خودش بیدار شود او با هیچ نوع ساعتی بیدار نمی‌شد تا ماه گذشته برای یک سفر کاری من و همسرم هر دو سه روز از شهر بیرون رفتیم و او که با مادربزرگش بود می‌دانست که مادربزرگش او را بیدار نمی‌کند او هر سه روز سر موقع بیدار شد چون کوله‌پشتی از خواب بیدار شدن حالا مسئولیت او بود.

با تکرار، حساسیت و یادآوری‌های بیشمار برای انجام وظایفی که از کودکانمان انتظار داریم، تنها کول پشتی را به دوش خود می‌گیریم. شاید بهتر باشد گاهی به جای هر روز صبح صد بار گفتن زود باش مهدت دیر شد، چیزی نگوییم و یکروز به مهدکودک دیر برود. شاید یک‌بار به دلیل فراموشی پوشیدن کاپشن سردش بشود و شاید به دلیل جمع نکردن اسباب‌بازی‌هایشان یکی از آن‌ها در جاروبرقی برود. گاهی نیاز است درد گرسنگی را بکشند زمانی که نهارشان را تا ته نخوردند. زمانی بار مسئولیت را به دوش خود می‌گیرند که پیگردهای قبلی را دیده باشند و درس گرفته باشند و مادر و پدر هم بجای طعنه و *"من که به تو گفتم"* بهتر است فقط از آن‌ها سؤالات کنجکاوانه بپرسند؛ مانند

"می دونی چرا سردت شد؟ حال باید چه کنی که دفعه دیگر به پارک که می‌آییم سردت نشود؟"

"به نظرت، می‌توانی چه کنی که یادت بماند بعد از بازی اسباب‌بازی‌هایت را جمع کنی که در جاروبرقی نرود."

"به مهدکودک دیر رسیدی؟ می‌دانم که خیلی ناراحت شدی که با بچه‌ها نتوانستی به هواخوری صبحگاهی بروی؟ آیا باید چه کنیم که دیگر این اتفاق نیفتد؟"

فصل هشتم : توجه زیاد – توقع زیاد

این‌گونه فرزندمان یاد می‌گیرد که این مسئولیت‌های اوست و نه مسئولیت‌های والد. زمانی که یاد بگیرد کوله‌پشتی‌هایش را یکی‌یکی به دوش خود بکشد در زندگی مسئولیت‌پذیر بودن را یاد می‌گیرد.

۹۰ درصد اعتماد و استقلال زیر ۶ سالگی شکل می‌گیرد

وقتی شیرین زبون شدی

خلاصه فصل هشتم:

- اضطراب ما پدرها و مادرها به دلیل این است که نمی‌دانیم مرز توجه و توقع کجاست.
- بر اساس نظریه بومراند چهار نوع شیوه پدری و مادری داریم والدگری بی‌اراده، والدگری غافل، والدگری دیکتاتور و والدگری بااقتدار مثبت.
- هدف اصلی این است که شیوه و متد فرزندپروری خود را هر روز کمی بیشتر به سمت والد بااقتدار مثبت نزدیک کنیم؛ یعنی والدی بشویم که کودک را خوب می‌شنود و و او را احساس می‌کند و می‌داند که دلایل کارهای کودکش چیست.
- موارد اساسی در زندگی کودک که برای زنده ماندنش ضروری است نیازهای او است.
- خواسته‌های کودک عبارت است از هر نوع درخواستی که خارج دسته نیازها باشد.
- درک کردن و همدردی کردن با انجام خواسته‌ها یکی نیست.
- ایجاد توانمندی درونی است. عزت‌نفس و احساس توانمندی با **تشویق** کودک به انجام کارها ساخته می‌شود و خودبینی با **تحسین** کودک.
- حال آنکه تمرکز بروی کاری که انجام می‌دهد و ارزش دادن به تلاش، پشتکار و علاقه او باعث می‌شود که تلاش بیشتری کند و هر بار با هر پیروزی احساس دستیابی درونی کند که به آن **انگیزه درونی** می‌گویند
- اولین کاری که قرار است انجام دهیم تغییر جملات و سؤالاتمان است. کودکان مانند ما بزرگ‌ترها نمی‌توانند کلیات را درک کنند و جملات عمومی ما را متوجه نمی‌شوند باید انتظاراتمان کاملاً مشخص و ویژه آن مبحث باشد.
- پدران، مادران و مربیانی که حس شوخ‌طبعی دارند و خلاق هستند بسیار بچه‌های حرف‌گوش‌کن تری دارند با مادرانی که رفتار جدی دارند.
- یک انسان زمانی که قوانینی دارد بر سر قوانینش می‌ماند اگر برای اجرای قوانین از راه جبر، سرسختی، عصبانیت، خشکی و جدیت پیش برود آنگاه کودک در اجرای آن مشکل دارد اما اگر همان والد در اجرای قوانین از خنده، بازی، خلاقیت، شوخی، آهنگ خواندن و تشویق استفاده کند کودک به اجرای قوانین ترغیب می‌شود.
- مسئولیت مانند کوله پشتی است دو نفر هم‌زمان نمی‌توانند آن را بپوشند.

EPIC

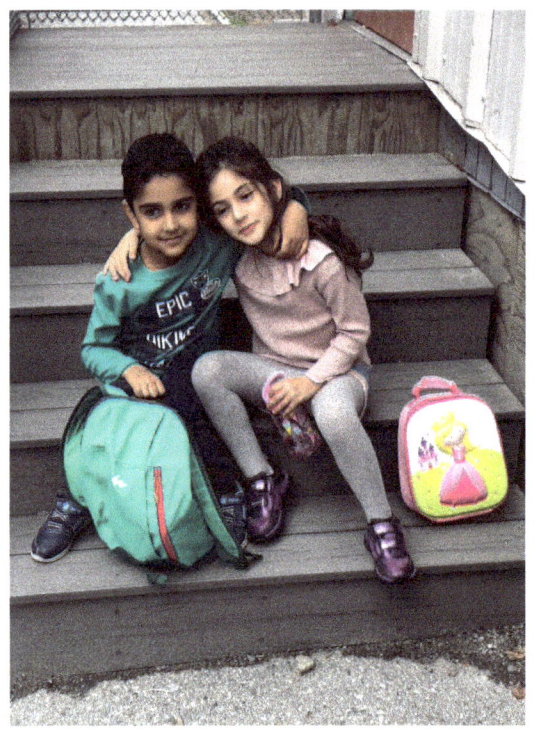

بخش نهم

نگرانی‌ها و مشکلات والدین و راهکارها

در این فصل به بررسی دلیل و راهکار تعدادی از مشکلات معمولی که والدین در سنین ۳ تا ۶ سالگی کودکان روبرو می‌شوند می‌پردازیم. این فصل به دو دلیل در آخر کتاب قرار داده شده است. دلیل اول اینکه اگر مطالب این کتاب را با ذهنی باز مطالعه کرده باشید و راهکارها را انجام داده باشید از تمرینات کتاب کیانا ۲ استفاده کرده باشید مشکلات شما حل‌شده است و نیازی نیست این فصل را بخوانید اما اگر در انجام بعضی از راهکارها مشکل‌دارید می‌توانید بدانید که مشکل یا مشکلاتی که شما با کودک خود دارید به کدام بخش کتاب بازمی‌گردد. دلیل دوم اینکه جواب تمام مشکلات در فصول قبلی کتاب وجود دارد و زمانی که به راهکارها اشاره می‌کنیم، چون قبلاً آن را مطالعه کرده‌اید به گوشتان آشناست.

بیشتر والدین با یک یا چند از این مشکلات مواجه هستند و دانستن اینکه ما تنها نیستیم که با این مشکلات مواجه هستیم به مادران و پدران احساس خوبی می‌دهد اما به شما قول می‌دهم که بسیاری از این مشکلات قابل‌حل شدن است درصورتی‌که والدین راهکارهای یک والد بااقتدار مثبت را پیش بگیرند.

بدخوابی:

کودکم مسواکش را زده و به تخت رفته است اما می‌گوید " مامان من گرسنه هستم" یا " خسته نیستم" دقیقاً زمانی که کودکان بدخواب می‌خواهند دلیل‌تراشی کنند که از خواب فرار کنند آن‌ها انیشتین می‌شوند.

واقعیت این است که ما نمی‌توانیم کودکان را بخوابانیم و خواب باید خودش بیاید. بیشتر پدر و مادرها کودکان را به تخت می‌فرستند زیرا از بودن و سروصدای آن‌ها خسته‌اند و نیاز دارند که کودک برای مدتی دوروبرشان نباشد و این را کودک می‌داند. حتی بعضی از والدین پا را فراتر می‌گذارند و به‌صراحت این موضوع را می‌گویند که "مامان و بابا دیگه نیاز به آرامش دارند و یا خسته‌اند و تو باید به تخت بروی"

دلیلی که برای کودکان می‌آوریم بسیار مهم است. یک مادر و یا پدر بااقتدار مثبت دلیل خوابیدن کودک را این‌گونه به کودک نشان می‌دهد "بدن تو نیاز به ۱۰ساعت خواب دارد. تو اکنون این فرصت را در اتاقت می‌توانی به بدنت بدهی" البته با کلماتی که کودک متوجه بشود. بهترین راهی که من پیشنهاد می‌کنم استفاده از برگ‌های برنده انتخاب است. گفتیم کودکان نیاز به قدرت دارند اما قرار نیست که همه کنترل را به کودک دهیم. زمانی که مادر و یا پدر بعضی از انتخاب‌ها را به کودک بدهند. کودک می‌داند که زمان خواب فرارسیدهاست. پرسیدن یکی از این سؤالات می‌تواند به کودک این سیگنال را بدهد که باید به تخت برود.

" پسرم امشب می‌خواهی داستان فسقلی‌ها را برایت بخوانم و یا این کتاب در مورد قورباغه‌ها؟"

" دخترم چراغ‌خوابت را روشن بگذارم یا خاموش؟"

"قبل از خواب شیر می‌خوری یا آب؟"

"پیژامه سبز را می‌پوشی یا این زردرنگ را؟"

اگر کودک بگوید که خسته نیست یا خوابش نمی‌آید. با یک همدردی ساده می‌توانیم با او همراهی کنیم که "می‌توانم بفهمم که احساس خستگی نمی‌کنی اما همین‌که به تخت نرمت بروی و آن خرس قهوه‌ای خوشگلت را در بغل بگیری، خواب خودش به چشمانت می‌آید"

فراموش نکنید که اگر خستگی در بدن کودک باشد، کودک خودش تمایل به خواب دارد و احساس خواب زمانی می‌آید که شرایطش فراهم شود. به نکات زیر دقت کنید:

- اگر می‌خواهید کودک شب‌ها زودتر بخوابد او را صبح زود بیدار کنید. بعد از چند صبح که زودتر بیدار شد عادت می‌کند که شب‌ها راحت‌تر بخوابد.
- ۳ ساعت قبل از خواب موبایل، تلویزیون و تبلت استفاده نکند.
- ۳ ساعت قبل از خواب غذای سنگین و چرب نخورد.
- ۵ ساعت قبل خواب شکر و محرک‌هایی مثل چای و شکلات نخورد.
- کودکان ۳ تا ۵ سال بهتر است بعد از نهار یک خواب نیمروز یک‌ساعته بروند اما این خواب بعد از ساعت ۳ نباشد و بیشتر از یک ساعت و نیم نباشد.

این موضوع بسیار مهم است که همه کودکان مانند هم نیستند و اگر تمام شرایط را رعایت می‌کنید اما کودکتان کماکان سخت می‌خوابد و یا شب‌ها بیدار می‌شود ممکن است به شرایط ژنتیکی کودک برگردد. باید بدانید که نمی‌توان تمام شرایط یک کودک را به‌صورت ایده آل درآورد. اگر کودکم به‌صورت ژنتیکی خواب کمی دارد من نمی‌توانم این قضیه را عوض کنم اما همین‌که این موضوع را بدانم به من این آمادگی را می‌دهد که بجای فشار بیشتر آوردن به این موضوع و بدتر کردن این عادات در کودک با این موضوع کنار بیایم. حدود ۱۲ درصد کودکان در دنیا بدخواب شناخته می‌شوند که آمار پایینی است. قبل از هر چیز ببینید که کودک شما برای بهتر خوابیدن به چه تغییراتی نیاز دارد.

وقتی شیرین زبون شدی

بدخوراکی:

مریم تمام صبح را در آشپزخانه بود، با عشق آشپزی کرد و خورشت قورمه‌سبزی با برنج شمالی بسیار خوش عطر تدارک دیده بود و همسرش و هر دو دخترش که یکی ۶ ساله و دیگری ۳ ساله و نیمه بود دور میز بودند و منتظر او که غذا را بکشد. او برنج را آورد و همین‌که کاسه حاوی قورمه‌سبزی را بر سر میز آورد. دختر ۶ ساله‌اش گفت "آخ، این غذا را نمی‌خوام بوی گند می‌ده!" و دختر ۳ ساله‌اش نیز پیرو حرف خواهرش گفت "منم نمی‌خوام" مادر بسیار ناراحت شد؛ اما مریم می‌دانست چه کند او با آرامش گفت شما هر دو این غذا را بسیار دوست داشتید اما اشکالی ندارد مطمئن هستید که نهار نمی‌خواهید؟ دختر ۶ ساله گفت من گرسنه هستم اما این را نمی‌خوام؛ و به سمت یخچال رفت. مادر گفت الان فقط همین غذا هست. اگر شما نمی‌خواهید می‌توانید تا زمان شام صبر کنید. کودک ۳ ساله قاشقش را در بشقاب چرخاند اما دختر ۶ ساله گفت که از این غذا متنفر است. مادر با صبوری بشقاب او را که حاوی برنج و خورشت بود در سطل آشغال ریخت و گفت باشه عزیزم هیچ اشکالی نداره. شما تا شام حتماً می‌توانی صبر کنی، فقط فراموش نکن که بشقابت را در ظرفشویی بگذاری؟

بله یک مادر و پدر مقتدر بجای بحث و دعوا تنها او را از خوردن نهار محروم می‌کنند و مطمئناً دخترک این‌قدر گرسنه خواهد شد که بعدازظهر به مادر شکایت کند و مادر می‌تواند بگوید " تو خودت انتخاب کردی که غذایت را نخوری؟ متأسفم باید تا شب صبر کنی."

فصل نهم: نگرانی ها، مشکلات والدین و راهکارها

- یادمان نرود که بدغذایی گاهی اوقات نشانه‌ی این است که کودکان به‌اندازه کافی در خانه احساس قدرت نمی‌کنند و ظرف قدرتشان خالی است. درنتیجه می‌خواهند قدرت را با شکایت از غذا نشان دهند و نیاز است که به‌اندازه کافی به آن‌ها حق انتخاب داده شود.
- بدغذایی ممکن است به دلیل وسواس و بدغذایی والدین هم باشد. اگر شما به یک غذا لب نزنید مطمئناً کودک شما به ۵ غذا لب نخواهد زد.
- بدغذایی ممکن است به دلیل سیستم جایزه دادن به کودک برای خوردن غذا نیز باشد در این صورت غذا به یک مسئولیت برای والدین تبدیل شده است.
- بدغذایی ممکن است به دلیل ترس کودک از والدین هم باشد.
- بدغذایی ممکن است به دلیل، وجود میان وعده‌های شکر دار و نامناسب نیز باشد. بهترین میان وعده‌ها سبزی جات و آجیل‌ها هستند.

وقتی شیرین زبون شدی

ترس از هیولا، زامبی و تاریکی

بعضی وقت‌ها زیر تختشان هستند، گاهی در گوشه‌ای از آشپزخانه. کار این هیولاها این است که در تاریکی قایم می‌شوند و کودکان را زمان تنهایی شکار می‌کنند. تمام کودکان با قوه خیالات قوی‌شان می‌توانند هیولاهایی خلق کنند که به ذهن هیچ انسان بالغی نخواهد رسید.

از خلاقیت آن‌ها اگر می‌توانستیم فیلم بسازیم بهترین فیلم‌های هیجانی- ترسناکی دنیا ساخته می‌شد این‌یک اصل اساسی در کودکان است که از تاریکی و موجودات خیالی که در ذهن خود می‌پرورانند بترسند.

این یک مشکل نیست و بیشتر کودکان تخیلاتی مانند این دارند؛ اما این موضوع ممکن است بیش‌ازاندازه با مسائل و مشکلات روانشناسی کودک مخلوط شود و برای کودک و والدین دردسرساز شود. اگر به خاطر ترس از این هیولاها کودک نتواند زندگی شاد داشته باشد و یا با آن‌ها ساعت‌ها حرف بزند، بهتر است والدین او را نزد روان‌درمانگر ببرند اما درصورتی‌که کودک تنها از تاریکی و تنهایی می‌ترسد، بسیار طبیعی است و مادر و پدر باید با او حرف بزنند. نقش آن‌ها بسیار مهم است.

آن موجودات را واقعی جلوه ندهید اما با لحن کامل و جدی هم آن‌ها را تکذیب نکنید. اگر نشان دهید که آن‌ها را باور دارید کودکان را می‌ترسانید و اگر نشان دهید که این موجودات وجود ندارند و یا حرف کودک را باور ندارید باعث می‌شود که کودک خیال کند که او را درک نکرده‌اید چون در ذهن او این موجودات وجود دارند. به او بگویید که مطمئن هستید که کودک شما این‌قدر قوی هست که هیچ موجود خیالی جرئت ندارد به او نزدیک شود. بهترین راه این است که خیلی ساده از کودک بخواهیم در مورد قیافه آن هیولا توضیح دهد و یا آن را نقاشی کند و بعد به آن هیولای خیالی یک عینک مسخره و یا کفش قرمز احمقانه اضافه کنید و بگویید که مطمئن هستید این هیولای خیالی نمی‌تواند به هیچ بچه ایی نزدیک شود و تو امن هستی چون تو قوی‌تر از او هستی. یک صحبت کوتاه بکنید و سپس از آن موضوع بگذرید و آن شب قصه‌ای تعریف کنید که کودک شما قهرمان آن قصه است و به خاطر اینکه بسیار قوی هست به تمام مردم شهر کمک می‌کند.

حتی می‌توانید اجازه دهید که چراغ اتاقش روشن بماند.

می‌توانید بگویید که شما هم‌زمانی که کودک بودید این هیولاها را داشته‌اید اما با آن‌ها جنگیده‌اید و پیروز شده‌اید و دیگر آن‌ها را ندیده‌اید.

گاهی کودکان برای اینکه به تخت والدین بیایند از این بهانه استفاده می‌کنند. بهتر است بهانه دست آن‌ها ندهید یعنی اگر به این دلیل به اتاق شما آمدند او را به اتاقش برگردانید و آرام اش کنید؛ و به اتاق خود بازگردید اگر شده این کار را ۱۰ بار انجام دهید اما اگر یک‌بار اجازه دادید به تخت شما بیاید، دیگر برای همیشه این کار را خواهد کرد.

وقتی شیرین زبون شدی

تیک عصبی (لکنت زبان، خوردن ناخن)

کودکان گاهی در سنین ۳ تا ۶ سالگی عاداتی به هم می‌زنند مانند درآوردن شکلکی در صورت (پایین دادن دماغ یا خوردن لب بالایی) خوردن انگشت، چرخش غیرارادی گردن در جهت‌های مختلف، بالا انداختن شانه‌ها، کشیدن دست به مو و سروصورت، خم کردن زانو و یا خوردن ناخن‌ها. به این موارد تیک‌های عصبی می‌گویند که در طول زمان ممکن است به یک عادت تبدیل شود بیشتر این تیک‌های عصبی خودبه‌خود از بین می‌روند مگر اینکه کودک تحت اضطراب بیش‌ازحد باشد. مادر و پدرهایی که بسیار امرونهی می‌کنند و یا شرایطی که کودک در آن قرار می‌گیرد مانند دوری یکی از والدین و تغییر شرایط می‌تواند این تیک‌ها را به وجود بیاورد و یا بیشتر کند. این عادات غالباً زمانی ظاهر می‌شوند که کودک دچار فشار روانی یا خستگی می‌گردد و هنگامی‌که کودک به حالت عادی برگردد، تیک‌ها هم ناپدید می‌شوند. در کودکان کم سن تر برخی از انواع تیک‌ها نسبتاً شایع هستند و معمولاً نشانه بیماری نمی‌باشند، بنابراین تیک‌ها خطرناک نیستند؛ اما می‌توانند تحریک‌کننده باشند والدین هم نباید نسبت به تیک واکنش غیرطبیعی نشان دهند، زیرا ممکن است به اضطراب کودک افزوده شود و تیک را بیشتر کند. از سوی دیگر هر وقت کودک خسته شود، تیک‌های او بیشتر می‌شود پس والدین باید سعی کنند که استراحت کافی به کودکانشان بدهند، خونسرد باشند تا فشار روانی کودک شدت نیابد. همچنین اگر تیک کودک تکان دادن سر است، هیچ‌گاه والدین او را تنها نگذارند و اطراف تختخواب بالش‌هایی بگذارند تا به خودش صدمه نرساند.

بهترین کار برای کم کردن این تیک‌های عصبی، از طریق توجه خاص به کودک است. تجربه کاری به من نشان داده است که مادران و پدرانی که سفر به سیاره فرزند (فصل پنجم) را به‌طور دقیق بکار گرفته‌اند تیک عصبی یا به‌طور کامل قطع‌شده یا بسیار کم شده است.

این تیک‌های عصبی می‌تواند نشانه یک اضطراب باشد. اگر کودک شما علائم اضطراب را دارد قبل از اینکه حادتر بشود دلایل آن را پیدا کنید.

نق زدن و بدعنقی

کودکان نیز مانند ما بزرگ‌ترها هستند. آن‌ها چون معمولاً شاد و پرانرژی هستند ما به این انرژی و خوشحالی آن‌ها عادت می‌کنیم اما آن‌ها هم موضوعاتی دارند که ناراحتشان می‌کند و این موضوعات شاید برای ما بسیار کوچک باشد اما برای آن‌ها دغدغه است. ناراحتی اگر به بدعنقی تبدیل شود بهتر است از طرف والدین ندیده گرفته شود؛ اما اگر این بدعنقی تکرار شود و کودک به والدین بی‌اعتنا شود و یا با زبان بدن منفی به والدین جواب بدهد و یا مرتباً به والدین نق بزند این کودک رویش را از آسمان آبی برگردانده است و مادر و پدر باید به دنبال دلیل آن در خودشان بگردند در بیشتر موارد والد، مربی و یا کسی که برای کودک بسیار مهم است او را بسیار سرزنش می‌کند. سرزنش و سرکوفت به کودک دلیل اصلی بدعنقی کودک است.

مشکل همیشگی " حوصله‌ام سر رفته،

فقط چندساعتی بعد از تحویل سال بود که ارشیا ۴ ساله من بااینکه اسباب‌بازی موردعلاقه‌اش را گرفته بود به من می‌گفت که حوصله‌اش سر رفته است. من که مشغول تلفن‌های تبریک همیشگی بعد از سال نو بودم و هم‌زمان در حال چیدن میز نهار واقعاً وقت این را نداشتم که با او وقت بگذرانم به او گفتم مگر این اسباب‌بازی را خودت نخواستی خوب برو و باهاش بازی کن و او دوباره بعد از ۵ دقیقه بازمی‌گشت و با پاهای من آویزان می‌شد

حوصله‌ام سر رفته جمله بسیار آشنا برای مادران و پدران است اما معنی واقعی آن این است "با من وقت بگذران"

در این مواقع من از ارشیا می‌پرسم که چه بازی‌هایی می‌تواند بکند و او معمولاً با نمی‌دانم به من جواب می‌دهد و باز سؤالاتی می‌پرسم که چه اسباب‌بازی‌هایی در اتاقش است که می‌تواند با آن‌ها بازی کند و به او می‌گویم آیا می‌خواهد من با او بازی کنم که همیشه می‌گوید بله و آنگاه به او می‌گویم من تنها یک بازی با او می‌کنم و باید به آشپزخانه بازگردم و از او قول می‌گیرم که برای بازی دوم به من اصرار نکند.

زمانی که با یک اسباب‌بازی با او بازی می‌کنید سعی کنید او را ترغیب کنید که بازی دوم را خودش انجام دهد.

دروغ‌گویی

زمانی که اولین بار دروغی از کودکمان می‌شنویم بسیار ناراحت می‌شویم؛ اما چه کنیم که کودکان دروغ‌گویی را یاد نگیرند. کودکان این ناهنجاری رفتاری را معمولاً از ۴ سالگی می‌آموزند. کودکانی که والدینی دارند که آن‌ها را تنبیه می‌کنند و یا در برابر کارهای بد واکنش خیلی زیادی نشان می‌دهند دروغ‌گوهای حرفه‌ای‌تری می‌شوند.

چه کنیم که کودکان دروغ‌گو نشوند.

دنیای کودکان سیاه‌وسفید است اما دنیای ما بزرگ‌ترها در بین سیاه‌وسفید قسمت خاکستری زیادی دارد. در دنیای کودکان یک حرف یا دروغ (سیاه) است و یا دروغ نیست (سفید).

زمانی که به خانه اقوام می‌روید و برای اینکه آن‌ها به‌زحمت نیفتند به آن‌ها می‌گویید گرسنه نیستید. درصورتی‌که فقط چند لحظه قبل در ماشین به همسرتان گفتید که گرسنه هستید شما در دنیای خاکستری بودید. حرفی که زدید به سیاهی دروغ نبود؛ اما کودک شما که دنیای خاکستری ندارد مجبور است آن را در قسمت سفید یا سیاه بگذارد که مطمئناً آن را در سیاه قرار می‌دهد و با خود می‌گوید پس می‌توانم گاهی دورغ بگویم، چون مادر دروغ گفت.

حال به یک روز خود نگاه کنید. زمانی که روی مبل افتاده‌اید و مادر همسرتان زنگ می‌زند و فقط حوصله ندارید جواب دهید و جواب نمی‌دهید و چند ساعت بعد که زنگ زدید می‌گویید گرفتار بودید؛ و یا به رئیستان می‌گویید مریض هستید اما با خانواده به شمال می‌روید و یا به دوستتان می‌گویید که نمی‌توانید آنجا بروید چون ماشینتان خراب است اما این واقعیت ندارد. بعضی‌اوقات پا را فراتر می‌گذاریم و از کودکمان می‌خواهیم در دنیای خاکستری با ما شریک باشد به او می‌گوییم "به بابات نگو که خاله اومد اینجا" یا به مامان‌بزرگ نگو که ما " شام رفتیم بیرون" ...

و این‌گونه کودک برای روراست نبودن و دروغ گفتن از ما مجوز می‌گیرد.

وقتی شیرین زبون شدی

سختی در دوست‌یابی و شریک نکردن دوستان در بازی و اسباب‌بازی

تک‌فرزندها بیشتر از بقیه با پیدا کردن دوست و بازی‌های اشتراکی فرزند مشکل‌دارند، طبیعی است چون همیشه مادر و پدر از حق خود گذشته‌اند و کودک دیگری نبوده که یاد بگیرند حق چیست و تقسیم کردن به چه معناست. اگر مشکلات ما با کودکمان در پیدا کردن دوست و اشتراک گذاشتن اسباب‌بازی است، راهکارها بسیار ساده است. در حقیقت مادر و پدر در این سنین می‌توانند پایه‌های یک شخصیت اجتماعی را برای کودک بسازند.

راهکارهای کمک به کودکان

- هوش عاطفی؛ برای آموزش و تمرین های هوش عاطفی به فصل ششم مراجعه کنید.

- قرارهای بازی؛ برنامه‌ریزی قرارهای دو ساعته بازی‌های دونفره و در مرحله پیشرفته قرار های سه‌نفره‌ی بچه‌ها باهم بازی‌هایشان.

- تعریف داستان‌هایی که در آن قهرمان داستان دوستانی دارد که به آن‌ها کمک می‌کند و آن‌ها هم به او کمک می‌کنند و چقدر با دوستانش به او خوش می‌گذرد.

- در خانه نمایش هایی که اسباب‌بازی‌ها را چطور با بقیه قسمت کنیم. (بازی‌هایی که در آن مادر و پدر نقش دوستان را بازی کنند و کودک نقش بچه مهربانی که اسباب‌بازی را می‌دهد و برعکس آن)

- ندادن حق اضافی به کودک زمانی که نیاز نیست. به‌طور مثال اگر کیک را به سه قسمت تقسیم کرده‌اید و او قسمت خود را بخورد و قسمت شما را نیز طلب کند حتی اگر میل ندارید به او ندهید. کودک باید یاد بگیرد که حقوق دیگران را هم محترم بشمارد.

- از روابط خوبتان با دوستانتان بگویید و کارهایی که دوستانتان برایتان انجام می‌دهند و اینکه چطور این دوستی‌ها شکل‌گرفته است.

فصل نهم: نگرانی ها، مشکلات والدین و راهکارها

= به کودکانتان آداب دوست شدن را یاد بدهید:

- پرسیدن اسم و به خاطر سپردن آن وصدا زدن شخص با اسم.
- نگاه کردن در چشمان شخص زمانی که با او حرف می زنیم.
- گوش دادن به حرف های او به طور کامل.
- تعریف کردن واقعی از رفتار، کردار و شخصیت شخصی که در مقابل مان است. اگر کاری نیکو انجام بدهد.
- پرسیدن در مورد علایق اش و پیدا کردن اشتراکات.
- دعوت به بازی و تقسیم اسباب بازی.
- پرسیدن نظرات شخص مقابل.

البته به شما اطمینان می‌دهم که کودکان به‌صورت بالقوه بهتر از ما می‌توانند با کودکان دیگر ارتباط بگیرند.

وقتی شیرین زبون شدی

فحاشی و تکرار کلمات زشت:

حتماً برای شما هم پیش‌آمده که کودکتان ناگهان کلماتی را به زبان بیاورد که انگار یک کوه یخ بروی سر شما ریخته‌اند و اگر درجایی باشید که کسی دیگر هم حضور دارد که دوست دارید در آن لحظه زمین دهان باز می‌کرد و شما را قورت می‌داد. هر کاری می‌کنید که به فردی که آنجاست ثابت کنید که این اولین بار است که از کودکتان این حرف زشت را می‌شنوید. اغلب اوقات کودکان این کلمات را از کودکان دیگر که مخصوصاً بزرگ‌تر هستند می‌شنوند و برای اینکه نشان دهند بزرگ‌شده‌اند به زبان می‌آورند و سپس حساسیت ما را که می‌بینند گاهی تحریک می‌شوند که برای برانگیختن توجه ما دوباره آن را تکرار کنند.

بهترین راه برای اینکه این کلمات کمتر تکرار نشوند بی‌توجهی به آن‌هاست. اگر واکنش شدید نشان بدهیم شاید بیشتر و بیشتر تکرار بشود و کودک به دنبال توجه منفی از آن استفاده کند. اگر کودکتان اصرار دارد که شما کلمات زشت او را بشنوید به او به‌آرامی بگویید اکنون نمی‌توانم به تو گوش کنم و با تو حرف بزنم زمانی که آرام شدی و از کلمات تمیز استفاده کردی خوشحال می‌شوم که با تو حرف بزنم.

می‌توانید به او بگویید کسانی که از این نوع کلمات استفاده می‌کنند، احساس خوبی نسبت به خودشان ندارند و خودشان را اصلاً دوست ندارند و کلمات زیادی بلد نیستند تو کلمات بهتر و زیباتری بلد هستی.

مخالفت و جنگ با والدین

طغیان کودکان به رفتارهایی گفته می‌شود که معمولاً با گریه، داد زدن، به زمین انداختن، کوباندن پا یا سر به زمین و جیغ زدن شروع می‌شود و گاهی ساعت‌ها ادامه می‌یابد. کودکان ۲ تا ۴ ساله گاهی این کار را فارغ از رفتارهای پدر و مادر می‌کنند اما تکرار زیاد آن بستگی به این دارد که با راه انداختن این طغیان به چیزی که می‌خواهند می‌رسند یا خیر؟!

به مادران و پدران توصیه می‌کنم که اگر می‌خواهند کودکشان این‌گونه طغیان‌ها را به‌کرات انجام ندهد، چندین بار تحمل کنند و اجازه ندهند کودک به خواسته‌اش برسد. اگر کودک بداند این طغیان نتیجه‌ای ندارد. درصورتی‌که مادر و پدر به او در حالت‌های عادی که رفتار مناسبی دارد به‌اندازه کافی حق انتخاب بدهند این طغیان‌ها به حداقل و یا به صفر می‌رسد.

در دنیای روانشناسی مدرن عقیده بر این است که نباید شرایط مخالفت ایجاد شود و پدر و مادر تمام تلاش خود را بکنند که کار به مخالفت کشیده نشود چون در بیشتر موارد زمانی که کار به طغیان می‌کشد، مادر و پدر برنده نیستند. بیاییم کاری کنیم مقابل آن‌ها قرار نگیریم. اگر مادر و پدری نتوانست یاد بگیرد که این طغیان‌های کودکش را کم کند و تا ۵ سالگی کاملاً قطع نشد، باید بگوییم متأسفانه صد در صد والدین مقصر اصلی‌اند و بهتر است ابتدا به روان‌درمانگری خود بپردازند.

یک طغیان معمولاً با چیزهای ساده شروع می‌شود مانند رفتن از پارک و یا خواستن بستنی؛ اما زمانی که کودک بداند که با گریه و فریاد به خواسته‌اش می‌رسد این رفتارها بسیار تکرار می‌شود.

زمانی که کودک دستانش را مشت می‌کند و یا لب پایین را می‌خورد و یا اخم بزرگی کرده و شانه‌هایش را بالا می‌گیرد شاید شروع یک طغیان باشد بهتر است او را به فعالیتی جدید سرگرم کنید اما اگر این طغیان شروع شود دیگر کار زیادی برای متوقف کردن کودک نمی‌توانید بکنید.

او دیگر نه گوش می‌دهد و نه اجازه می‌دهد که کسی او را در آغوش بگیرد و یا آرامش کند. بدترین کاری که یک والد می‌تواند بکند این است که بر سر او داد بزند؛ مانند این است که روی آتشی که شعله‌وراست بنزین بریزید. بسیاری از والدین وقتی این مثال را برایشان می‌زنم به من

وقتی شیرین زبون شدی

می‌گویند که "چرا کودک باید عصبانی باشد؟ این ما هستیم که عصبانی هستیم." راستش را بگویم چرا ما به خودمان حق بدهیم که عصبانی باشیم اما کودک نباید عصبانی بشود. دلایل عصبانیت کودک شاید برای ما قابل‌قبول نباشد اما او عصبانی است و تنها کاری که می‌توانیم بکنیم این است که آرام شود و سپس با او صحبت کنیم.

کودک را به اتاقی ببرید و به او بگویید نمی‌توانید حرف‌هایش را بشنوید. بگویید می‌دانم عصبانی هستی وقتی آرام شدی بیا تا باهم حرف بزنیم.

من معمولاً می‌گویم "می‌خواهی در اتاق خودت گریه کنی و یا در دستشویی؟"

"زمانی که می خواهی خودت را آرام کنی چراغ اتاقت روشن باشد و یا خاموش؟"

اگرچه که گاهی کودک اصلاً به این‌ها گوش نمی‌دهد اما بغل کردن کودک زمانی که بی‌دلیل و یا برای دلیل بی‌خودی گریه می‌کند اصلاً صحیح نیست.

اما اگر گریه کودک به دلیل درد و یا زمین خوردن و امثال آن‌هاست آنگاه دیگر این عصبانیت و طغیان نیست و کودک نیاز به آرامش در آغوش والد دارد.

وابستگی به تلویزیون، تبلت و یا تلفن والدین

متأسفانه بسیاری از ما والدین به خاطر سرگرم کردن این بمب‌های انرژی (منظورم همان کودکان بسیار پرانرژی) در این سن و سال ناچار می‌شویم به‌عنوان صدا خاموش‌کن موبایل و یا تبلتمان را بدهیم تا بازی کنند و یا تلویزیون را روشن کنیم تا سرگرم شوند و کاری به کار ما نداشته باشند اما غافل از اینکه کودکان نیز می‌آموزند که اگر بخواهند با گوشی موبایل والدین بازی کنند کافی است زمان گرفتاری والدین آنها را اذیت و عاجز کنند. درک دنیای مجازی برای کودکان زیر ۲ سال و نیم اصلاً توصیه نمی‌شود صفحه دوبعدی تلویزیون و موبایل و اندازه‌های غیرواقعی برای مغز در حال رشد کودکان بسیار مضر است.

اما دو ساعت استفاده وسایل الکترونیکی برای کودکان در سنین بالای ۳ سال در روز اشکالی ندارد بلکه گاهی مفید و آموزنده نیز هست. کودکی که به‌اندازه کافی می‌خوابد و به‌اندازه کافی بازی و تحرک بدنی دارد می‌تواند بعضی از مطالب مفید را از کارتن‌ها بیاموزد و مهارت‌هایی مثل سرعت عمل و تعادل مغز راست و چپ را از بازی‌های کامپیوتری یاد بگیرد. تعادل در استفاده از وسایل الکترونیکی نیز ازجمله کارهایی ایست که می‌توان به کودک یاد داد و کوله‌پشتی مسئولیتش را به عهده خودشان گذاشت.

به شرطی اینکه دلیل استفاده را بدانند و دلیل محدودیت زمانی را بدانند و خود به‌صورت خودکار بیاموزند که خود را محدود کنند.

اگر از ابتدا مادران و پدران بجای اینکه از تلویزیون و موبایل به‌جای صدا خاموش‌کن استفاده کنند، با برنامه و روی اصول از آنها استفاده کنند، کودکان نیز یاد می‌گیرند که برای خودشان محدودیت بگذارند.

یادمان باشد زمانی که خودمان بیشتر اوقاتمان سرمان در موبایل و یا تلویزیون هست نمی‌توانیم کودکان را محدود کنیم.

وقتی شیرین زبون شدی

زیاد حرف زدن و سؤالات زیاد کودک

در این سنین مخصوصاً ۳ تا ۵ سالگی کودکان بسیار حرف می‌زنند، بسیار سؤال می‌کنند و بسیار نیاز است که به آن‌ها حرف بزنیم. البته که برای پدر و مادر سنین سختی است. مهم‌تر این است که کودک همه حرف‌های شما را یاد می‌گیرد و جایی در ذهنش پنهان می‌کند و اشتباهات ما، یا زمان‌هایی که دلیل‌های بی‌ربط می‌دهیم و یا می‌خواهیم ازسرمان بازشان کنیم همه درجایی به ما بازمی‌گردد.

در سه‌سالگی ارشیا پسرم بسیار حرف می‌زد و من که ۸ ساعت در روز با مشتری سر کله زده بودم فقط نیاز به سکوت و آرامش داشتم، یک روز به اشتباه به او گفتم؛ " آدم‌ها کلماتی که می‌توانند بگویند در طول عمرشان محدود است. اگر تمام کلماتت را بگویی روزی تمام می‌شود و دیگر نمی‌توانی حرف بزنی!"

اما ندانسته اشتباهی کردم که پسرم روزها حرف‌های خود را می‌خورد و باعث ایجاد استرس در او شد. حتی مدتی بعد که متوجه شدم از او معذرت‌خواهی کردم و گفتم که اشتباه کرده‌ام اما او هنوز که ۱۲ ساله است به این حرف من فکر می‌کند با اینکه می‌داند واقعیت ندارد.

کودکان در این سنین بسیار سؤال دارند با صبوری سؤالات را با سؤالات مفیدتر جواب دهید و یا آن سؤال را دوباره تکرار کنید و از آن‌ها بپرسید که چرا این سؤال برایشان جالب است و به نظر خود آن‌ها جوابش چیست. اگر برای هر سؤال آن‌ها سریعاً جوابی دهید که ازسرتان بازش کنید سؤال بعدی می‌آید و سپس سؤال بعدی. اما اشکال کار این است که سؤالات بعدی سؤالات بی‌محتوا و بی‌ارزش است و تنها به دلیل این است که زمان گفتگو با شما طولانی‌تر شود؛ اما اگر سؤال آن‌ها را جدی بگیریم و دلیل پرسیدن و جالب بودن جواب برای آنها را بپرسیم، کودک در انتخاب سؤالاتش دقت بیشتری می‌کند؛ زیرا می‌داند باید در مقابل آن سؤال نظراتش را بگوید. در ضمن حتی اگر آن سؤال برای ایجاد فرصت گفتگو با شما باشد اما اگر درست هدایت شود باعث برانگیختن حس کنجکاوی و فکر بیشتر در مورد یک موضوع و آموزشی جدید می‌شود.

اگر کودک زیاد حرف می‌زند به این معنی است که ما شنونده خوبی نیستیم. اگر به فصل چهارم و ارتباط با کودک برگردیم و شنونده خوب بودن را تمرین کنیم و به حرف‌های او خوب گوش کنیم و از او سؤال بپرسیم او نیز به‌مرورزمان کم‌حرف‌تر می‌شود.

بسیاری از سؤالاتی که جوابش را نمی‌دانیم را بهتر است باصداقت بگوییم که جوابی که دقیق باشد را الان نمی‌دانم اما به تو قول می‌دهم که در اولین فرصت آن را باهم در اینترنت یا کتاب جستجو کنیم و یا از کسی که می داند می‌پرسید.

تمام سؤالات کودکان را جدی بگیرید، حتی مسخره‌ترین سؤالات را، زیرا کودکانی که آن‌ها را به خاطر سؤالات مسخره و یا زشت، سرزنش کرده‌اند در مدرسه و دانشگاه و کار نمی‌توانند سؤالات درست از خود و از دیگران بپرسند و بسیاری از اوقات از موفقیت عقب می‌مانند زیرا سؤال خوب پرسیدن خود یک مهارت است.

زمانی که سؤالی می‌پرسد به او بگوییم که چه سؤال جالبی؟ و اگر حتی جواب دادن برایتان سخت است به او بگویید که به‌زودی جواب سؤالش را می‌دهید. چون می‌خواهید برایش به‌خوبی توضیح دهید.

سؤالات کودکان را درست جواب دهید می‌توانید از سایت‌های معتبر روانشناسی کودکان جواب‌های خوب برای سؤال‌های کودک در سنین مختلف پیدا کنید؛ اما هیچ سؤالی را بد و نهی نکنید و کودکان را برای پرسیدن تشویق کنید.

به سؤالات جنسی آن‌ها نگویید زشت است. به طریق درست جواب دهید.

وقتی شیرین زبون شدی

احساس گناه‌کاری

تارا دختر ۴ ساله ایست که مادرش سرطان خون دارد و در حال جنگ است. تارا بسیار آرام و گوشه‌گیر شده است و نمی‌تواند حتی با کسی ارتباط بگیرد. مادرش او را پیش من آورد و در جریان چند جلسه صحبت با او زمانی که به من اعتماد کرد به من گفت که مادرش به خاطر اذیت‌های او مریض شده است و او بسیار غمگین است.

بیشترین احساس گناه‌کاری را کودکان در سنین ۳ تا ۸ سالگی و همچنین در سنین ۱۴ تا ۱۷ سالگی دارند. زمانی که والدین دعوا می‌کنند کودکان احساس گناه می‌کنند. مادر و پدر که مریض می‌شود و هر اتفاق بیرونی و درونی که رخ می‌دهد آن‌ها احساس گناه می‌کنند زیرا تفکر آن‌ها این است که بزرگ‌ترها هیچ‌گاه اشتباه نمی‌کنند. دانستن این موضوع بسیار مهم است. در این مواقع بهتر است به کودک بگوییم که هیچ‌چیزی تقصیر کودک نیست و این اتفاق‌ها ممکن است در زندگی بیفتد. مخصوصاً در دعوای والدین و طلاق باید به کودک گفته شود که به‌هیچ‌وجه دلیل دعوای آن‌ها کودک نیست و همیشه من می‌گویم اگر در مقابل کودک دعوا می‌کنید در مقابل او هم آشتی کنید.

اگر در مقابل کودک باهم مخالفت می‌کنید در مقابل او هم همدیگر را ببوسید و یا نوازش کنید و از هم تعریف کنید.

فصل نهم: نگرانی ها، مشکلات والدین و راهکارها

لجبازی

لجبازی یعنی من قدرت دارم یعنی من می‌خواهم بزرگ شوم و یعنی نمی‌خواهم تو برای من تصمیم بگیری.

به کودک قدرت دهید تا لجبازی نکند. از کودک نظر بپرسید و به او حق انتخاب‌های کوچک دهید تا بتوانید انتخاب‌های مهم و بزرگ را خود انجام دهید.

وقتی شیرین زبون شدی

رئیس بازی

دو دسته از کودکان رفتار رئیس مآبانه و فرمایشی دارند. دسته اول، کودکانی هستند که مادران و پدران رئیس و دیکتاتور دارند و دسته دوم، آن‌هایی که مادران و پدران بی‌اراده دارند. دسته اول کودکان، یاد می‌گیرند معمولاً به کودکان دیگر و به افراد دیگر و یا زمان طغیان، به والدین این رفتار را نشان دهند و کودکان دسته دوم به مادر، پدر و دیگران رفتار فرمایشی دارند و دوست دارند فرمان دهند. راه‌حل اصلی آن تبدیل‌شدن به یک مادر و پدری است که هم توجه زیادی نشان می‌دهد و هم توقع زیادی از کودک خود دارد یعنی یک مادر و پدر بااقتدار مثبت.

اگر رفتار رئیس مآبانه از آن‌ها سر زد به آن‌ها نگوییم نباید رئیس بازی دربیاوری. بجای آن از او سؤال بپرسیم چه شد که بچه‌ها با تو بازی نکردند؟ به آن‌ها چه گفتی؟

آیا آنچه گفتی جواب داد؟

سعی کنید بچه‌ها را دعوت کنید احساس فرد مقابل را درک کنند و از آن‌ها بخواهید بجای فرد مقابل فکر کنند.

اگر خواهرت این‌گونه از تو می‌خواست که از اتاقش بیرون بروی تو ناراحت می‌شدی؟

مدیریت زمان

کودکان درک درستی از زمان ندارند این ما هستیم که باید از پارامترهایی استفاده کنیم که آن‌ها زمان را درک کنند و مسئله دوم اینکه کودکان از اتفاق‌های بدون برنامه و ناگهانی اذیت می‌شوند.

ما هم از اینکه ندانیم برنامه روزمره چیست و کسی ما را به این‌طرف و آن‌طرف بکشاند، اذیت می‌شویم.

زمانی که صبحانه می‌خورید، به کودکانتان برنامه روز را شرح دهید. این کار به آن‌ها یاد می‌دهد که برنامه‌ریزی کنند و مدیریت زمان داشته باشند و در طول روز غافل‌گیر نشوند.

اگر برنامه عوض شد به آن‌ها هم اطلاع دهید. زمانی که از خانه می‌خواهید بیرون بروید و کودکان در حال بازی هستند به آن‌ها از ۱۰ تا ۱۵ دقیقه قبل اطلاع بدهید و بگویید این عقربه که بیاید اینجا ما باید از خانه بیرون برویم. یا بگویید تا یک‌بار دیگر که بازی کنی باید برویم و مثال‌هایی قابل‌درک برای کودکان بزنید.

زمان یکی از اموری است که کودکان را کلافه می‌کند. دانستن اینکه قبل از تاریک شدن هوا به خانه برمی‌گردیم برای کودکان وقتی در پارک بازی می‌کنند بسیار بهتر از آن است که در میان بازی ناگهان به آن‌ها بگوییم هوا تاریک شد باید همین الان برویم.

بهتر است، زمانی که به آن‌ها اعلام می‌کنیم هم بر سر حرفمان بمانیم کاری که گفتیم را سر همان زمان انجام دهیم و اگر هم مجبور شدیم برنامه را تغییر دهیم به آن‌ها بگوییم.

برای اینکه مدیریت زمان را یاد بگیرند بهتر است برای آن‌ها برنامه‌ریزی‌هایی کنیم مثلاً بگوییم "امروز یک ساعت می‌توانی در وان بازی کنی من تایمر می‌گذارم تا بعد از یک ساعت زنگ بزند و بعد از آن لباس می‌پوشی و باهم نهار می‌خوریم."

و یا "صبح‌ها نمی‌توانیم با اسباب‌بازی‌ها بازی کنیم چون مهدکودک دیر می‌شود؛ اما می‌توانیم بازی *تا ۱۰ می‌شمارم و توکفشت را می‌پوشی* انجام دهیم قبل از اینکه سوار ماشین شویم."

بخش دهم

سخن آخر

باهم بزرگ شویم:

در قدیم اعتقاد داشتند که اگر زن و شوهر باهم اختلاف دارند باید بچه‌دار شوند تا پایه زندگی محکم شود و شاید سرگرم شوند تا وقت به هم گیر دادن نداشته باشند. البته علم روانشناسی دنیا با این مسئله بسیار مخالف است و اعتقاد دارد که مشکلات بنیادین بین زن و مرد با آمدن فرزند بسیار بدتر شده و امکان دارد در شکل سازی آینده کودک اثر مخرب داشته باشد.
اما واقعیت این است که عده‌ای از انسان‌ها با وارد شدن به دنیای والدگری، زمانی که تلاش می‌کنند که فرزندی را پرورش دهند، خود نیز تغییر می‌کنند. (البته درصورتی‌که خودشان هم بخواهند که تغییر کنند).

در درجه اول یک مادر و پدر یاد می‌گیرد که بدون دلیل و بدون توقع عاشق شود.

زمانی بوده که تمام ارتباط ما با شخصی که برای همسری انتخاب کردیم بر اساس توقع متقابل بوده، اما اکنون شخصی به زندگی ما وارد می‌شود که بی توقع دوستش داریم و برای دوست داشتنش توقع نداریم که تغییر کند. بسیاری از والدین به‌صورت ناخودآگاه به این فلسفه بزرگ می‌رسند که انسان‌های اطرافشان را همان‌گونه که هستند دوست بدارند و اگر انتظار تغییر دارند باید از خودشان شروع کنند.

وقتی شیرین زبون شدی

این یک تئوری بسیار پرطرفدار است به نام **تئوری انتخاب**[1] که توسط دکتر **ویلیام گلاسر**[2] اولین بار مطرح شد و اکنون درحال‌توسعه در همه دنیاست. به شما پیشنهاد می‌کنم که کتاب‌های دکتر گلاسر را با ترجمه دکتر علی صاحبی بخوانید.

با تبریک به والدینی که برای تشویق فرزندانشان به یک رفتار خوب و پسندیده، ابتدا خودشان آن رفتار را انجام می‌دهند و در مسیر بزرگ شدن فرزندشان آن‌ها نیز رشد می‌کنند. من اطمینان دارم شما یکی از این والدین هستید.

اگر همسرمان همراه نیست چه کنیم:

در بسیاری از سمینارها و فراخوان‌ها این سؤال یکی از سؤالاتی بود که بسیاری از والدین مخصوصاً مادران می‌پرسیدند. برای همین لازم دیدم که در این کتاب اشاره‌ای به آن بکنم.

بسیاری از مادران از این شکایت داشتند که در راه‌ها و اصول فرزندپروری همسرشان با آن‌ها همراه نیستند و هر چه آن‌ها می‌کارند همسران خراب می‌کنند و حاضر نیستند کتاب بخوانند و یا حتی درس‌های آنلاین را بشنوند و آن‌ها را نیز به مسخره می‌گیرند.

چند دلیل وجود دارد:

- ساختار ذهنی هر انسان معمولاً به‌گونه‌ایست که دوست ندارند کسی به آن‌ها بگوید چیزی را انتخاب کنند.
- بسیاری از ما انسان‌ها، درست ارتباط گرفتن باهمسرمان را به‌خوبی نیاموخته‌ایم. بر اساس تئوری انتخاب که در صفحه قبل به آن اشاره کردم: هرکسی مسئول تغییرات خود است و نمی‌توانیم دیگران را وادار کنیم که تغییر کنند.

شما کافی است، هر جا که می‌توانند تغییراتی که می‌دانید در جهت پرورش فرزندتان خوب است را با اعتمادبه‌نفس انجام دهید و هیچ‌گاه همسرتان را به خاطر اینکه اصول شما را رعایت نمی‌کند سرزنش نکنید.

---

[1] Choice theory
[2] William Glasser, MD,

فصل دهم: سخن آخر

او را دعوت به خواندن کتاب یا شنیدن مطالب فرزندپروری بکنید و یا از او بخواهید گوش کند که نظرش را بدهد، اما به یاد داشته باشید که اگر این مسئله تبدیل به دعوا و کشمکش شود به شما اطمینان می‌دهم که اثراتش به‌مراتب بدتر از بکار گیری شیوه‌های غلط است. ارتباط خوب شما و احترام به نظر او، در پرورش فرزند بسیار مهم است.

شما کافی است شیوه‌های مدرن فرزندپروری که آموختید را اعمال کنید و زمانی که همسر شما، نتیجه‌اش را ببیند، به‌تدریج او نیز به انجام آن‌ها علاقه‌مند می‌شود.

یادمان باشد اولین درس فرزندپروری مثبت این است که کودک ما یک انسان کاملاً مستقل است با علایق و توانمندی‌هایش، ما به‌عنوان پدر و مادر فقط راهنما و هدایت‌کننده او هستیم تا به سمتی که می‌خواهد برود.

وقتی شیرین زبون شدی

- با قلب والدگری کنیم:

بسیاری از رفتارهای اشتباه والدین به خاطر دوست داشتن بچه‌هایشان است:

"من اگر فرزندم
را کتک می‌زنم، به خاطر خودش است.
چون می‌خواهم خوب تربیت شود"
"چون بچه‌ام را دوست دارم، مجبورش می‌کنم که این کار را بکند."
"من برایش تصمیم می‌گیرم، چون عاشقش هستم و نمی‌خواهم که بدبخت بشود"
"من و پدرش برای او خیلی زحمت کشیدیم."

اصلاً شکی در آن نیست که ما عاشق بچه‌هایمان هستیم؛ اما روشی که این علاقه را به فرزندانمان نشان می‌دهیم، مهم است می‌تواند باعث شود که توانایی‌هایی که می‌توانسته در او رشد کند سرکوب شود و یا روش درست آن می‌تواند فرزندمان را به سمت شکوفا شدن توانایی‌هایش در بالاترین حد ممکن سوق دهد و به‌طوری‌که او هم با تمام وجود از انتخاب‌هایش خوشنود باشد.

درست است که یادگیری شیوه‌های فرزندپروری بسیار مهم است اما یادمان باشد که والدگری باید از قلب باشد. من به‌عنوان یک مادر اگر قرار است، راهنمای خوبی برای فرزندم باشم تا او بتواند راهش را پیدا کند در درجه اول باید با قلب یک مادر یا پدر که سرشار از عشق بدون شرط است این کار را انجام دهم.

این قلب است که شب‌های مریضی را تحمل می‌کند، این قلب است که به دنبال کودک سه ساله می‌دود، این قلب است که دلیل لجبازی‌های کودک را می‌فهمد و این قلب است که رابطه عمیق عاطفی را می‌فهمد و باعث می‌شود فرزند ما در تمام دوران زندگی راه بهتر را انتخاب کند چون باوجود چنین والدینی و چنین رابطه و دلبستگی امنی همیشه احساس مهم بودن و متعلق بودن را در قلبش دارد.

فصل دهم : سخن آخر

سخن آخر

نکات بسیاری گفته شد، به یادآوردن و بکار بستن تمام نکات این کتاب کار آسانی نیست. البته حتماً تاکنون بسیاری از آن‌ها را بکار بسته‌اید و نتیجه‌اش را هم دیده‌اید؛ اما اگر من بخواهم تنها یک درس نه به‌عنوان یک مربی و نه به‌عنوان نویسنده این کتاب بلکه به‌عنوان یک مادر خوشبخت به شما بدهم، این است که قدر این لحظاتی که در اختیار دارید را بدانید، منتظر معجزه‌ای نباشید که کودک شما را به کودک منظمی تبدیل کند و یا یک دارویی که کودکتان را آرام کند و لجبازی نکند و یا وردی که بخوانید تا فرزندتان بزرگ شود و دردسرهایتان کمتر شود. از این پروسه که در حال یادگیری چیزهای تازه هستید، لذت ببرید. وقتی خواب است نفس‌هایش را ببینید، از بالا پایین پریدنش فیلم بگیرید، کلمات شیرینش را بنویسید رؤیاپردازی کنید، با او بخندید و بازی کنید، وسایل خانه با ارزش‌تر از این لحظات نیست، نهار ظهر با ارزش‌تر از او نیست، مهمان‌ها می‌توانند کمی صبر کنند، دیوارهای خانه را می‌توانید رنگ بزنید، لیوان‌های نو می‌خرید، می‌توانید بعداً ساعت‌ها بخوابید و در آرامش چای بنوشید، اما اگر این لحظات تمام شدند و لذت نبردیم دیگر فقط حسرتش را می‌کشیم.

از والدگری لذت ببریم

لذت بردن، نسبی است و صد در صد بستگی به زاویه دید ما نسبت به زندگی دارد.

وقتی شیرین زبون شدی

امیدوارم که این کتاب به شما کمک کرده باشد و اطلاعات خوبی گرفته باشید تا در شیرین ترین سن کودکتان بهترین قدم‌ها را بردارید و باهم یاد بگیرید و تجربه کنید.

تقدیر و تشکر:

آیا می دانید دلیل اینکه در آخر کتاب از دوستانی که مرا در نگارش این کتاب یاری کردند تشکر می کنم زیرا شما خوانندگان عزیز پس از مطالعه کامل کتاب از اهمیت نقش آنها آگاه شوید، از این رو تشکر می کنم از

سرکار خانم نجما حبیبی برای تصحیح نگارشی.
سرکار خانم سمانه شقاقیان برای همکاری در تهیه کتاب صوتی.

تقدیر و تشکر:

همچنین با تشکر از کودکان عزیزی که افتخار چاپ عکسهای زیبایشان را در این کتاب داشتم

عکس روی جلد:

آسانا ۶ ساله از نیوزلند

نام کودکان عزیزی که عکسشان در داخل کتاب به چاپ رسیده است به ترتیب حروف الفبا:

آراد کهیاری از ایرانشهر
آرتا اسدی از شیراز
آناهید و آدریان عرفان شیراز
آیسا از شیراز
ارشیا سروریان از ونکوور
امیر حسین و امیر عباس از تهران
امیر علی بابایی از لنگرود
باراد بنی هاشمی از ونکوور
بنیتا از تهران
دانیال مرادی از ازمیر
دلسا بصیرت از ونکوور
رستا رشیدی از اصفهان
نگار احمدی تهران
غزل از تهران
کمند رزمی از شیراز

کیارش بهرامی از زاهدان
مهراد اسپری از گچساران
هانا از شیراز
یاس سودبخش از ونکوور

آثار دیگری از نغمه کشاورز:

کیانا ۲

کتابچه یاداشت اقدامات، نظرات و احساسات والدین ۳ تا ۶ سال

این کتاب برای یک مکمل عالی برای کتاب وقتی شیرین زبون شدی می باشد.

کتاب وقتی به دنیا اومدی

راهنمای مادران و پدرانی که کودکان ۰ تا ۳ سال دارند

کیانا ۱

کتابچه یاداشت اقدامات، نظرات و احساسات والدین

این کتاب برای یک مکمل عالی برای کتاب وقتی به دنیا اومدی می باشد.

برای تهیه این آثار به نشریه اهل سخن در ایران و به سایت آمازون در خارج از ایران می توانید مراجعه کنید.

اگر مایل هستید در مدرسه فرزندپروری ما شرکت کنید، کافی است به این آدرس زیر مراجعه کنید:

http://kidsocado.com

در قسمت محصولات "مهندسی مغز" را انتخاب کنید.

در این محصول آموزشی می‌خوانید:

- چگونه فرزندانمان بدون دعوا و داد و غر زدن به ما گوش کنند.

- چگونه در خانه آرامش را برقرار کنیم. این محصول برای مادرها و پدرهایی طراحی‌شده است که از دعوا و آشوب در خانه خسته شده‌اند و استرس دارند از اینکه چرا فرزندانشان با آن‌ها و دیگر خواهر برادرانشان، بر سر قدرت دعوا دارند.

- در این دوره آموزشی یک سری استراتژی‌ها آموزش داده می‌شود که ستون اصلی فرزندپروری است و برای همه بچه‌ها با هر خلق‌وخویی کاربرد دارد. به شما راهکارهای یک مادر قاطع مثبت بودن را آموزش می‌دهد.

- جلسات پرسش و پاسخ رایگان و عضویت در کانال تلگرام برای مادر و پدرانی که این دوره را تهیه می‌کنند، تدارک دیده‌شده است.

منابع فارسی:

کودک کامل-مغز: *۱۲ راهکار شگفت‌انگیز برای پرورش ذهن در حال رشد فرزندتان،* دکتر دانیل جی. سیگل، دکتر تینا پین برایسون؛ برگردان مهرناز شهرآرای، چاپ دوم، نشر تهران: آسیم، ۱۳۹۶

تئوری انتخاب: *درآمدی بر روانشناسی امید،* دکتر ویلیام گلسر، برگردان دکتر علی صاحبی، چاپ یازدهم، سایه سخن، تهران،۱۳۹۵

منابع انگلیسی:

References

Raising an Emotionally Intelligent Child: The Heart of Parenting, John Gottman, Simon & Schuster, 1998

Emotional Intelligence, Daniel Goleman, Bantam Books, 1996

Touchpoints: Your Child's Emotional and Behavioral Development, T. Berry Brazelton, Da Capo Press. 2006.

Punished by Rewards: The Trouble with Gold Stats, Incentive Plans, A's, Praise, and other bribes, Alfie Kohn, Houghton Mifflin Publishing Company, New York, 1993

Positive Discipline: *The First Three Years,* Jane Nelson, ED.D, Cheryl Erwin, M.A. and AnnDuffy, Harmony Books New York,2014
How to Raise a Child with High EQ.: *A Parent's Guide To Emotional Intelligence,* Lawrence E. Shapiro, PH.D. Harper, New York, 2003
Parenting from the Inside Out: *How A Deeper Self-Understanding Can Help You Raise Childeren Who Thrive,* Daniel J. Siegel, M.D. and Mary Hartzell, M.Ed. A TarcherPerigee Book, New York, (2014)

Healty Sleep Habits, Happy Child, 4th Edition: A Step-by-Step Program for a Good Night's Sleep, Marc Weissbluth M.D., Ballantine Books, New York, (2015)

The Lost Art Of Listening: *How learning to listen Can Improve Relationship,* Michael P. Nicholas, PhD., The Gulford Press, London, (2009)

Transactional Analysis in psychotherapy: *A Systematic Individual and Social Psychiatry,* Eric Berne M.D., Souvenir Press, London, (1989)

Primer of Adlerian Psychology: *The Analytic - Behavioural - Cognitive Psychology of Alfred Adler,* Harold Mosak & Michael Maniacci, Routledge,London, (1999)

Thomas And Chess: *Temperament Type,* Longitudinal Study And Findings in new yourk longitudinal study (1963)

Games Can Make You a Better Strategist, Martin Reeves, Georg Wittenburg. Retrived from Harvard Harvard business review. Setember 2015

Game Theory at Work: *How to Use Game Theory to Outthink and Outmaneuver Your Competition,* James D. Miller, Hardcover – April 3, (2003)

The whole-brain child: *12 revolutionary strategies to nurture your child's developing mind.* Siegel, D. J., & Payne Bryson, T. New York, NY, US: Bantam Books. (2011).

The Life Cycle Completed Erikson, Erik H., and Joan M. Erikson., New York: W.W. Norton, (1997).

منابع آنلاین:

https://www.kidsocado.com

https://www.bishtarazyek.com/

https://www.wikiravan.com/

https://childdevelopmentinfo.com

https://www.healthlinkbc.ca

https://qbi.uq.edu.au/brain-basics/memory/how-are-memories-formed

https://www.betterhelp.com/advice/temperament/thomas-and-chess-temperament-type-longitudinal-study-and-findings

https://extension.psu.edu/mindfull-or-mindful

https://www.reddit.com/r/pics/comments/2do0ou/creative_kid_more_creative_mom

کتاب های کودکان در کیدزوکادو

https://www.kphclub.com/child-books

برای تهیه کتاب ها از آمازون یا وبسایت انتشارات می توانید بارکدهای زیر را اسکن کنید

kphclub.com

Amazon.com

Kidsocado Publishing House
خانه انتشارات کیدزوکادو
ونکوور، کانادا

تلفن : ۸۶۵۴ ۶۳۳ (۸۳۳) ۱+
واتس آپ: ۷۲۴۸ ۳۳۳ (۲۳۶) ۱ +
ایمیل: info@kidsocado.com
وبسایت انتشارات: https://kidsocadopublishinghouse.com
وبسایت فروشگاه: https://kphclub.com

کتاب های فرزندپروری انتشارات ما:

Amazon.com
kphclub.com

Kidsocado Publishing House
خانه انتشارات کیدزوکادو
ونکوور، کانادا

تلفن : ۸۶۵۴ ۶۳۳ (۸۳۳) ۱+
واتس آپ: ۷۲۴۸ ۳۳۳ (۲۳۶) ۱ +
ایمیل: info@kidsocado.com
وبسایت انتشارات: https://kidsocadopublishinghouse.com
وبسایت فروشگاه: https://kphclub.com

چند کتاب پیشنهاد سردبیر انتشارات برای شما

برای تهیه کتاب ها از آمازون یا وبسایت انتشارات می توانید بارکدهای زیر را اسکن کنید

kphclub.com

Amazon.com

Kidsocado Publishing House
خانه انتشارات کیدزوکادو
ونکوور، کانادا

تلفن : ۸۶۵۴ ۶۳۳ (۸۳۳) ۱+
واتس آپ: ۷۲۴۸ ۳۳۳ (۲۳۶) ۱+
ایمیل: info@kidsocado.com
وبسایت انتشارات: https://kidsocadopublishinghouse.com
وبسایت فروشگاه: https://kphclub.com